ARCHIV
DES HISTORISCHEN VEREINS
DES KANTONS BERN

84. BAND 2007

Frontispiz

Werbekarte für die Berner Alpenmilch «Bärenmarke», welche ein idealisiertes, idyllisches Bild von den Berner Alpen zeigt: Vor dem Hintergrund der Gletscher und Bergspitzen der Blümlisalp, des Balmhorns und der Altels tanzen fröhliche und gesunde Kinder auf einer Alp mit saftigen Wiesen und würzigen Kräutern um das Markenzeichen der Berneralpen Milchgesellschaft – eine Bärenmutter, welche ihr Bärenkind mit «Bärenmarke»-Milch säugt – herum, indem sie sich eine Konservenbüchse mit Alpenmilch weitergeben. Das Bild ist vermutlich um die Jahrhundertwende entstanden. (Fabrik Nestlé, Konolfingen).

BERNER ALPENMILCH
BÄRENMARKE
14

THOMAS FENNER

DIE MILCHWELLE

AUFSTIEG UND NIEDERGANG DER BERNERALPEN MILCHGESELLSCHAFT 1892–1971

HISTORISCHER VEREIN DES KANTONS BERN
2007

Redaktion: Emil Erne, Martin Fenner

Publiziert mit Unterstützung des Lotteriefonds des Kantons Bern

Archiv des Historischen Vereins
des Kantons Bern, 84. Band 2007

Büchermacher,
Produktions-Koordination & Organisation:
Jürg Rub, Kirchdorf
Herstellung und Produktion: Rub Graf-Lehmann AG, Bern
Lithos: Marti Media AG, Hinterkappelen
ISSN 0250-5673
ISBN 3-85731-024-3

INHALTSVERZEICHNIS

VORWORT

Wer mit der Eisenbahn von Burgdorf nach Thun durch das hügelige, von der Landwirtschaft geprägte Emmental fährt, steht in Konolfingen plötzlich vor einem grossen Industriekomplex mit einem hohen Kamin, der auf den ersten Blick überhaupt nicht in die Landschaft passt. Diese Fabrik mitten in einem ländlichen Gebiet faszinierte mich. Der Schriftzug «Stalden» am Eingangstor verriet, dass hier die bekannten Fertigcrèmen hergestellt wurden, welche bei uns manchmal bei Besuch serviert wurden. Obwohl es für mich als Kind immer etwas Besonderes war, wenn zum Dessert eine Stalden-Crème aufgetischt wurde, war es schliesslich nicht die süsse Verlockung, welche mich auf die Idee brachte, eine Lizentiatsarbeit über die Berneralpen Milchgesellschaft in Konolfingen zu schreiben, sondern meine Fächerkombination während des Studiums an der Universität Bern: Geschichte, Geographie und Volkswirtschaftslehre. Am Anfang der Arbeit stand die volkswirtschaftlich motivierte Frage, warum sich die Wirtschaftsdynamik des Kantons Bern in der zweiten Hälfte des letzten Jahrhunderts zunehmend abschwächte. Diese Frage versuchte ich mit Hilfe von wirtschaftsgeographischen Theorien am Beispiel des Unternehmens in Konolfingen historisch aufzuarbeiten. Aus dem Zusammenwirken dieser drei Disziplinen entstand im Juni 2005 am Historischen Institut

Abb. 1: Die Milchsiederei in Konolfingen auf einer Werbeschrift, vermutlich um die Jahrhundertwende entstanden. (Fabrik Nestlé, Konolfingen). Mit den rauchenden Kaminen der Siederei und der neuen Eisenbahnlinie hält um 1900 die Moderne Einzug im Landschaftsbild des Emmentals mit den Berner Alpen im Hintergrund.

der Universität Bern bei Prof. Dr. Christian Pfister eine Lizentiatsarbeit über die Konjunkturwellen der Milch- und Schokoladeindustrie im Kanton Bern, welche vom Historischen Verein des Kantons Bern in seine Reihe «Archiv des Historischen Vereins des Kantons Bern» (AHVB) aufgenommen wurde.
Für das Gelingen der Arbeit und die Publikation des Buches waren verschiedene Personen mitverantwortlich, denen ich an dieser Stelle danken möchte:

Für die Unterstützung bei meinen Recherchen bedanke ich mich ganz herzlich bei den Mitarbeitern der «Archives Historiques Nestlé» in Vevey und speziell beim Archivar Dr. Albert Pfiffner, der mir den Zugang zu den Akten im Nestlé-Archiv ermöglichte. Dankbar bin ich Olivier Girardbille von den «Archives de la Ville de Neuchâtel», dem ehemaligen Fabrikangestellten Fritz Rüegsegger aus Konolfingen, der Familie Peter Weidmann aus Bern und der Fabrik Nestlé in Konolfingen, die mich bei der Suche nach Unternehmensakten und Bildmaterial stets tatkräftig unterstützt haben. Sehr hilfreich und fruchtbar waren die beratenden Gespräche mit Oliver Plüss vom Wirtschaftsarchiv in Basel, Beat Brodbeck, Prof. Dr. Paul Messerli und Prof. Dr. Christian Pfister. Ebenfalls danken möchte ich meinen Eltern, die mir im Hintergrund stets hilfreich zur Seite standen.

Besonderen Dank schulde ich dem Historischen Verein des Kantons Bern für die Bereitschaft, die Arbeit in seine Archivreihe aufzunehmen, sowie der Nestlé S.A. und dem Lotteriefonds des Kantons Bern für ihre grosszügige Unterstützung zur Deckung der Druckkosten. Bedanken möchte ich mich besonders auch bei Dr. Martin Fenner für die sorgfältige Redaktion sowie Dr. Emil Erne und Jürg Rub für die Betreuung der Drucklegung.

Burgdorf, im Januar 2007 Thomas Fenner

EINLEITUNG

Einführung und Fragestellung

«Der Erfolg der Schweiz auf internationalen Märkten ergab sich aus einem ungewöhnlichen, wenn nicht einzigartigen Zusammenspiel von fortschrittlicher Technologie mit arbeitsintensivem Gewerbe. Daraus gingen Produkte hervor, die eine hohe Qualität hatten, einen hohen Preis erzielten und in denen ein hoher Wertschöpfungsanteil steckte»[1], beschreibt der amerikanische Wirtschaftshistoriker Rondo Cameron den Aufstieg des kleinen Alpenlandes in der zweiten Hälfte des 19. Jahrhunderts zu einem der reichsten Länder Europas.[2] Im Kanton Bern traf dieses Erfolgsrezept neben der Uhrenindustrie auch auf die Milch- und Schokoladeindustrie zu. Dabei wurde der Rohstoff Milch, welcher aufgrund seiner raschen Verderblichkeit ökonomisch kaum nutzbar war, durch Verarbeitung zu erfolgreichen Exportprodukten mit hohem Wertschöpfungsanteil wie dem Käse, der Kondensmilch oder der Schokolade veredelt. Daraus gingen um die Jahrhundertwende Schweizer Quali-

Abb. 2 und 3: Werbeumschlag der Berneralpen Milchgesellschaft für den Milchexport nach Südostasien und ein Werbeplakat der SVP Zürich gegen den neuen Finanzausgleich. (Fabrik Nestlé, Konolfingen und SVP, Zürich).
Während der Berner Bär (hier am Beispiel der «Bärenmarke»-Milch) bis in die 1960er-Jahre ein stolzes Symbol für die Wirtschaftskraft des Kantons war, änderte sich dieses Bild in den letzten Jahren, als er 2004 auf Plakaten zur Abstimmung über den neuen Finanzausgleich als wirtschaftsschwacher Faulpelz dargestellt wurde.

tätsprodukte wie die «Toblerone» von Chocolat Tobler, die «Ovomaltine» der Firma Wander oder die Bärenmarke-Milch der Berneralpen Milchgesellschaft hervor. Aber auch der Nahrungsmittelkonzern Nestlé hatte seine Ursprünge als Kondensmilch- und Kindernahrungsmittelunternehmen in der Schweizer Milchbranche des 19. Jahrhunderts. Das florierende Geschäft der Milchindustrie scheint daher auf den ersten Blick ein Beispiel für die Erfolgsgeschichte der Schweizer Qualitätsprodukte zu sein. Umso mehr erstaunt es, dass die erfolgreichen und ökonomisch gesunden Berner Unternehmen wie Wander, Tobler oder die Berneralpen Milchgesellschaft Ende der 1960er-Jahre innerhalb kurzer Zeit[3] ihre Eigenständigkeit aufgaben. Aber warum verschwanden die grossen Milch- und Schokoladeunternehmen im Kanton Bern? Welche Faktoren waren ausschlaggebend, dass diese erfolgreichen Unternehmen mit weltbekannten Qualitätsprodukten ihre Eigenständigkeit aufgaben, während sich Nestlé andererseits zum grössten Nahrungsmittelkonzern der Welt entwickelte?

In diesem Buch sollen am Beispiel der Berneralpen Milchgesellschaft (welche 1926 in eine Holding mit dem Namen Ursina AG umgewandelt wurde) die Gründe für den Erfolg und das Verschwinden der Milch- und Schokoladeindustrie im heutigen Espace Mittelland[4] aufgezeigt werden und gleichzeitig die Geschichte der Berneralpen Milchgesellschaft erstmals über die gesamte Zeitspanne von 1892 bis 1971 aufgearbeitet werden. Damit wird der strukturelle Wandel der Milch- und Schokoladeindustrie im westlichen Mittelland über eine lange Zeitspanne betrachtet und gleichzeitig ein historischer Beitrag zur Erklärung der latenten wirtschaftlichen Strukturschwäche des Kantons Bern[5] seit den 1960er-Jahren zu geben versucht, was angesichts der zum Teil einfachen Erklärungsmuster in politischen Diskussionen notwendig scheint.[6] Die Berneralpen Milchgesellschaft, welche Ende der 1960er-Jahre zu den drei grössten Nahrungsmittelunternehmen mit Sitz auf dem europäischen Kontinent gehörte[7] und mit der Alpenmilch unter dem Namen «Bärenmarke» ein höchst erfolgreiches Milchprodukt herstellte, scheint sich aufgrund ihres Firmenprofils dafür zu eignen, den Aufstieg und Niedergang der Schweizer Milchindustrie zu beleuchten. Dabei sollen die wesentlichen Einflüsse, welchen die Berneralpen Milchgesellschaft im vielschichtigen und komplexen Spannungsfeld zwischen Politik, Wirtschaft und Gesellschaft ausgesetzt war, aufgezeigt werden. Die Untersuchung beschränkt sich hauptsächlich auf die Berneralpen Milchgesellschaft in Konolfingen, während den übrigen Tochterunternehmen unter dem Dach der Ursina-Holding nur eine untergeordnete Bedeutung beigemessen wird.

Zudem soll anhand der vorhandenen Forschungsliteratur untersucht werden, inwiefern sich die gewonnenen Erkenntnisse aus der Geschichte der Berneralpen Milchgesellschaft auch auf andere Unternehmen der Schweizer Milch- und Schokoladeindustrie, namentlich die Firmen Tobler, Suchard und Wander sowie Nestlé übertragen lassen.

Aufbau und Gliederung

Abgesehen von der Einleitung und dem Schlusswort ist das Buch chronologisch nach den politischen, wirtschaftlichen und gesellschaftlichen Rahmenbedingungen, welche für die Geschichte der Berneralpen Milchgesellschaft wesentlich waren, in drei Kapitel gegliedert, welche ähnlich aufgebaut sind: Jedes Kapitel beginnt mit einem skizzenhaften Überblick über die wichtigsten Rahmenbedingungen in Politik, Wirtschaft und Gesellschaft der Zeit, der die Zusammenhänge zwischen der Weltgeschichte und der Unternehmensgeschichte der Berneralpen Milchgesellschaft sichtbar machen soll. Darauf folgen je drei Unterkapitel zur Geschichte des Unternehmens, und am Ende jedes Kapitels werden die gewonnen Ergebnisse mit der vorhandenen Forschungsliteratur über andere Milch- und Schokoladeunternehmen der Schweiz verglichen und die wichtigsten Erkenntnisse kurz zusammengefasst.

Das erste Kapitel widmet sich der Entstehung und Etablierung der Berneralpen Milchgesellschaft im langen 19. Jahrhundert, in welchem sich eine weltweite Wirtschaft mit Zentrum in Europa ausformulierte, der Freihandel sich durchsetzte und die bisherige Agrargesellschaft[8] durch die Industriegesellschaft[9] abgelöst wurde. Dabei steht die Frage im Zentrum, warum die Berneralpen Milchgesellschaft in diesem Kontext entstand und aufblühte.

In der Zeit zwischen 1914 und 1950 wurde die Weltwirtschaft gleich mehrmals von Kriegen und Krisen erschüttert: Im Ersten Weltkrieg brach das internationale Wirtschaftssystem zusammen[10], die Weltwirtschaftskrise in den 1930er-Jahren führte zu einer weiteren Desintegration der internationalen Wirtschaftsbeziehungen[11], welche in der Schweiz mit der Umzingelung des Landes durch die Achsenmächte während des Zweiten Weltkrieges einen weiteren Höhepunkt fand[12]. Das zweite Kapitel beschäftigt sich deshalb mit der Frage, mit welchen Strategien die Berneralpen Milchgesellschaft bzw. ab 1926 die Ursina als internationales Unternehmen diese Kriegs- und Krisenzeit bewältigte und ökonomisch überleben konnte. Dabei wird den beiden Weltkriegen sowie der Weltwirtschaftskrise je ein Unterkapitel gewidmet.

In den 1950er-Jahren setzte in Europa, Nordamerika und Japan unter der Wirtschaftshegemonie der Vereinigten Staaten ein anhaltendes Wirtschaftswachstum ein mit Raten, die bis heute in der Wirtschaftsgeschichte einmalig geblieben sind.[13] Der Lebensstandard der Bevölkerung stieg stetig an und führte im gesellschaftlichen Bereich zu einem Wandel von der Industriegesellschaft zur Konsumgesellschaft.[14] Paradoxerweise geriet die Berneralpen Milchgesellschaft ausgerechnet in jener Aufschwungphase in eine Krise, welche 1971 schliesslich mit der Absorption des Ursina-Franck-Imperiums durch den Erzrivalen und Nahrungsmittelgiganten Nestlé endete. Das dritte Kapitel sucht nach Erklärungen, warum die Berneralpen Milchgesellschaft in jener Zeit der wirtschaftlichen Blüte als eigenständiges Unternehmen verschwand.

Im Schlusswort werden wesentliche Thesen zum Aufstieg und Niedergang der Schweizer Milch- und Schokoladeindustrie formuliert und mit Hilfe von theoretischen Modellen interpretiert.

Quellenlage und Quellenkritik

Bei der Quellenlage gilt es grundsätzlich zwischen den Quellenbeständen der Berneralpen Milchgesellschaft und der Ursina AG, welche 1926 als Holdinggesellschaft aus der Berneralpen Milchgesellschaft hervorging, zu unterscheiden.

Die Unternehmensakten der Berneralpen Milchgesellschaft, welche auf dem Fabrikgelände in Stalden/Konolfingen archiviert worden waren, wurden 1971 mit der Absorption der Ursina-Franck durch die Nestlé Alimentana zum grössten Teil vernichtet. Auf dem Fabrikgelände erinnern nur noch einige Fotoalben und Statistiken an die Vergangenheit. Trotzdem ist die Geschichte des Unternehmens aus Konolfingen nicht wegzudenken: Verschiedene pensionierte Fabrikangestellte und die Siederei selbst trugen anlässlich der Sonderausstellung «Milchsiederei ‹Siedi› – Berneralpen Milchgesellschaft Konolfingen» im Dorfmuseum zum Alten Bären im Jahre 2003 beachtliche Privatbestände zusammen. Das Archiv des Museums zum Alten Bären in Konolfingen verfügt seither über diese privaten Bestände, welche vor allem Werbematerial beinhalten. Aber trotz der Erhaltung dieser Relikte ist die Quellenlage über das Unternehmen in Konolfingen insgesamt schlecht. Die Geschichte der Berneralpen Milchgesellschaft liess sich daher fast nur noch anhand von Sekundärquellen erschliessen.

Anders verhält es sich mit den Akten der im Jahre 1926 gegründeten Holdinggesellschaft Ursina AG, welche bis 1971 an der Brunnadernstrasse 42 in Bern archiviert wurden und sich heute in den Archives Historiques Nestlé (AHN) in Vevey befinden. Die Bestände der Ursina-Chronik umfassen insgesamt 10 Meter Quellenmaterial, gelagert in 16 Kartonkisten. Dabei handelt es sich vor allem um juristische Akten, welche ab den 1950er-Jahren besonders zahlreich erhalten geblieben sind. Zudem verfügt das Nestlé-Archiv über die Verwaltungsratsprotokolle und Protokolle des Verwaltungsratsausschusses, welche allerdings aufgrund der Archivbestimmungen nur aus zweiter Hand eingesehen werden durften.

Weitere Primärquellen wurden im Schweizerischen Wirtschaftsarchiv (SWA) in Basel gefunden, und auch die Archivbestände von Suchard, welche sich in den Archives de la Ville de Neuchâtel (AVN) befinden, lieferten wertvolle Erkenntnisse. Nicht sehr ergiebig waren dagegen die Jahresberichte der Berneralpen Milchgesellschaft, welche von 1905–1971 erschienen und sehr knapp abgefasst wurden.

Sehr wertvoll zur Rekonstruktion der Unternehmensgeschichte waren dagegen die Manuskripte von Edwin Weidmann, der seit 1908 der Berneralpen

Milchgesellschaft angehörte[15] und lange Jahre eine wichtige Person im Exportgeschäft des Unternehmens war. Die älteste Schrift von ihm ist die Darstellung des Exportgeschäftes der Berneralpen Milchgesellschaft vom März 1942.[16] Dank der Mithilfe der Familie Weidmann konnte diese äusserst wertvolle und mit vielen empirischen Angaben versehene Quelle in diese Arbeit einfliessen. Weitere zwei Manuskriptbücher von ihm beschreiben die Geschichte der Ursina und ihre Tochtergesellschaften von 1926 bis 1958.[17] Warum er diese Manuskripte schrieb, ist unbekannt. Da Weidmann 1958 als Delegierter im Verwaltungsrat zurücktrat und seine Manuskripte eine gewisse Ähnlichkeit mit den Verwaltungsratsberichten aufweisen, ist zu vermuten, dass diese Bücher eine Art Rechenschaft über seine Amtszeit als Prokurist, Direktor und Verwaltungsratsmitglied[18] ablegen.

Wichtige Quellen waren zudem die Jubiläumsschriften des Unternehmens. Im April 1942 erschien eine interne Schrift zum 50-Jahr-Jubiläum der Berneralpen Milchgesellschaft. Angesichts der unsicheren Zeiten während des Zweiten Weltkrieges verzichtete der Verwaltungsratsausschuss 1941 darauf, eine öffentliche Festschrift zu verfassen, sondern liess diese historische Arbeit nur zum internen Gebrauch anfertigen.[19] Der Charakter der Jubiläumsausgabe war stark geprägt von der ungewissen Situation des Unternehmens während des Zweiten Weltkrieges. Der unbekannte Autor betonte in seinen Ausführungen die schweren Krisen, welche das Unternehmen seit seiner Gründung zu bestehen hatte, und verwies auf den Einsatz, die Opferbereitschaft und den Durchhaltewillen der Unternehmensführung und der Arbeiterschaft, mit denen diese schweren Ereignisse gemeistert wurden. Ganz anders präsentierte sich dagegen die veröffentlichte Festschrift zum 75-jährigen Bestehen des Unternehmens[20] von 1967 während des europäischen Wirtschaftsaufschwungs, in welcher die Ursina als international erfolgreichen Konzern mit Tochterfirmen von Deutschland bis nach Australien dargestellt wurde. Die unterschiedlichen Darstellungen zeigen, dass hinter Festschriften immer auch Absichten stehen. Während die interne Darstellung sehr detaillierte Fakten liefert und als Ansporn für die Mitarbeiter gedacht war, bleibt die Jubiläumsbroschüre aus dem Jahre 1967 als historisches Werbematerial, welches an die breite Öffentlichkeit adressiert war, sehr oberflächlich. Eine letzte interne Jubiläumsschrift wurde 1992 von Nestlé herausgegeben, welche vor allem die Geschichte des Unternehmens ab 1971 beschreibt.[21]

Die heute erhaltenen Primärquellen des Unternehmens geben zeitlich und thematisch einen selektiven Einblick in den Untersuchungsgegenstand: Aus der Zeit vor 1926 existieren praktisch keine Primärquellen mehr, weshalb zur Beschreibung dieser Zeitspanne vorwiegend auf Sekundärquellen zurückgegriffen werden musste. Die Firmengeschichte nach 1926 ist dagegen anhand der Originalquellen im AHN gut rekonstruierbar, insbesondere ab den 1950er-Jahren ist die Geschichte des Emmentaler Unternehmens sehr gut dokumentiert.

Thematisch sind die Vorgänge an der Unternehmensspitze und die Beziehungen der Ursina AG zu anderen Unternehmungen sehr gut dokumentiert, während die Prozesse innerhalb des Unternehmens und die Sicht der Arbeitnehmer anhand der vorhandenen Quellen, von einigen Ausnahmen abgesehen, nicht mehr rekonstruiert werden können.

Forschungsstand

Obwohl die Ursina-Franck-Gruppe mit einem Jahresumsatz von 1,8 Milliarden Schweizer Franken zu Beginn der 1970er-Jahre weltweit zu den 50 grössten Unternehmen der Lebensmittelindustrie zählte[22], blieb die Geschichte der Firma bis heute weitgehend unerforscht. Die Geschichte der «Bärenmarke»-Milch wurde vor allem in Deutschland untersucht[23], während in der Schweiz (als Mutterland der «Bärenmarke») die Geschichte der Berneralpen Milchgesellschaft nur in den Büchern und Artikeln von Emil O. Bohnenblust[24], Jean Heer[25], Hans Schmocker[26] und dem Historischen Lexikon der Schweiz[27] marginal Erwähnung fand. Dabei handelt es sich ausschliesslich um Zusammenfassungen von Sekundärquellen. Einzig ein Geschichtsreferat von Barbara Hofer liefert anhand von Primärquellen einen aufschlussreichen Beitrag zu den sozialen Verhältnissen innerhalb des Unternehmens.[28]

Wesentlich besser erforscht als die Berneralpen Milchgesellschaft sind dagegen die anderen Unternehmen der Milch- und Schokoladeindustrie. Die historische Forschung auf diesem Gebiet begann 1991 mit der Schrift von Jean Heer zum 125-Jahr-Jubiläum des Nestlé-Konzerns und erlebte in den letzten fünf Jahren einen wahren Forschungsschub, wobei die meisten Arbeiten nur einen sehr punktuellen Einblick in das grosse Forschungsgebiet geben und ein gesicherter Forschungsstand über die Schweizer Milch- und Schokoladeindustrie über längere Zeiträume noch weitgehend fehlt. An der Universität Freiburg entstanden Lizentiatsarbeiten über die Firma Guigoz als innovatives Unternehmen im Baby-Nahrungssektor und den Sonderweg des Schokoladeunternehmens Villars[29], in Neuenburg wurde die Geschichte von Chocolat Suchard in mehreren Lizentiatsarbeiten[30] aufgearbeitet und zum Gedenken an die Gründung von Chocolat Tobler im Jahre 1901 wurde hundert Jahre später an der Universität Bern die wechselhafte Geschichte des Unternehmens in Kurzbeiträgen abgefasst.[31] Dazu gesellen sich eine Arbeit über die Anglo-Swiss Condensed Milk Company[32] und zahlreiche Abhandlungen über den Nahrungsmittelkonzern Nestlé[33]. Sehr aufschlussreich sind zudem die Hefte des Vereins für Wirtschaftshistorische Studien über Schweizer Wirtschaftspioniere[34] sowie die Arbeiten zur Schweizer Schokoladewerbung von Roman Rossfeld und Myriam Berger[35].

Für diese Arbeit lieferten einerseits die Studie der Ökonomen Stocker und Risch zur Einkommenslage und Wirtschaftsstruktur des Kantons Bern und andererseits die Unternehmensgeschichte des süddeutschen Harmonikaherstellers Hohner von Berghoff Erklärungsansätze für das Verschwinden der selbständigen Unternehmen der Milch- und Schokoladeindustrie des Kantons Bern. Risch und Stocker kamen zum Ergebnis, dass «übersteigertes Wirtschaftswachstum», bei dem die Investitionen nur in den konsumnahen Sektoren getätigt wurden und an den volkswirtschaftlichen Grundsektoren wie Verkehr, Energie oder Wissenschaft Raubbau getrieben wurde, für die Strukturschwäche des Kantons Bern eine Rolle spiele[36], und Berghoff hielt fest, dass Hohner die primär politisch induzierten Transformationsprozesse seiner Absatzmärkte weit besser auffangen konnte als den marktinhärenten Wandel, den der Durchbruch des modernen Massenkonsums seit den 1950er-Jahren mit sich brachte. Hohner sei letztlich an den neuen Konsumgewohnheiten und der Beschleunigung des technischen Wandels gescheitert.[37]

Theoretische Konzepte

Unternehmensgeschichte in ihrer gegenwärtigen Form verfügt noch nicht über ein eindeutiges Paradigma, das heisst weder über einen eindeutig gesicherten Stand des Wissens, noch über eine unstrittige Methode zur Generierung neuen Wissens. Theoretisch muss die Unternehmensgeschichte Wege suchen, um an Kategorien, Konzepte und Ergebnisse der Nachbardisziplinen anzuknüpfen.[38] Nach Berghoff kann Unternehmensgeschichte auf die Dauer nur dann wissenschaftlich fruchtbar sein, wenn sie interdisziplinär und theoriegeleitet vorgeht. Sie muss dabei die Eigenlogik des Gegenstandes verstehen, also sowohl mit den einschlägigen ökonomischen als auch historischen und soziologischen Ansätzen vertraut sein.[39] Die Theorieangebote der Nachbardisziplinen sind dabei als Hilfsmittel zu verstehen, welche Zugänge zur Empirie eröffnen sollen, um den Blick für spannende Fragestellungen zu schärfen und den Quellen relevante Antworten zu entlocken.[40] In den folgenden Teilkapiteln werden nun einige Theorien kurz vorgestellt und Begriffe definiert, welche in dieser Arbeit von Bedeutung sind.

Unternehmen, Netzwerke und die Cluster-Theorie

Unter der Annahme perfekt funktionierender Märkte kann in der klassischen Wirtschaftstheorie die Existenz von Unternehmen nicht erklärt werden. Dies änderte sich erst mit der Erkenntnis von Ronald Coase, dass Transaktionen nicht gratis sind, sondern Informationskosten verursachen. Er argumentierte, dass sich der Preis keinesfalls automatisch aus dem Verhältnis von Angebot und Nachfrage ergebe, wie dies unter optimalen Marktbedingungen der Fall sei, sondern dass sich Käufer und Verkäufer zuerst finden und die Akteure über die Marktpreise informiert sein müssten und die Qualität der Ware bekannt sein müsse. Dadurch würden Transaktionskosten entstehen, welche nach Coase dadurch gesenkt werden können, dass man Tauschakte dem Marktgeschehen entzieht und Unternehmen gründet, in denen hierarchische Weisungsbefugnisse die Tauschaktionen besser regeln als der Markt. Angebot und Nachfrage oder die Qualität eines Vorproduktes werden dann innerhalb der hierarchischen Organisation des Unternehmens festgelegt. Betriebliche Hierarchien sind unsicheren oder unvollständig funktionierenden Märkten überlegen. Alchian und Demsetz betrachten das Unternehmen deshalb als Koordinationsagentur. Wettbewerb wird dabei durch Kooperation ersetzt, indem Unternehmen externe in interne Akteure verwandeln und sie in gemeinsame Strukturen einbinden.[41]

Doch für die intern erbrachten Koordinationsleistungen durch die hierarchische Unternehmensorganisation fallen ebenfalls Informationskosten, Kommunikationskosten, Leitungskosten und Überwachungskosten an. Die Grenzkosten für den organisatorischen Aufwand eines Unternehmens steigen dabei mit zunehmender Unternehmensgrösse an.[42] Die hierarchische Bürokratie eines Unternehmens lässt sich bei funktionierenden Märkten auch als Zeichen von Ineffizienz deuten. Jedenfalls gibt es keinen empirischen Nachweis für eine Überlegenheit von Grossunternehmen.[43] Ob der Markt oder die hierarchischen Organisationsstrukturen eines Unternehmens effizienter sind, hängt davon ab, wie perfekt die Märkte funktionieren.

Die Organisation von Transaktionen kann aber nicht nur auf Märkten oder in Hierarchien erfolgen, darüber hinaus gibt es eine Reihe von Organisationsformen zwischen diesen beiden Extremen, welche unter dem Begriff unternehmensübergreifender Netzwerke zusammengefasst werden. Oliver Williamson beschreibt Netzwerke anhand des Transaktionskostenansatzes als temporäre und labile Organisationsformen, welche die Unsicherheit auf Märkten und das Tauschrisiko durch Zusicherungen vermindern. In solchen Netzwerken agieren die Unternehmen zwar als ökonomisch unabhängige Individuen, durch Verträge sind sie jedoch in einer hierarchischen Struktur miteinander verbunden. Aus sozioökonomischer Perspektive spricht Mark Granovetter Netzwerkstrukturen eine hohe Persistenz zu, da sich ökonomisches Handeln nicht zwischen isolierten Akteuren abspiele, sondern in fortdauernde Systeme sozialer Beziehungen integriert sei. Kooperationen würden nicht nur auf der Basis von Verträgen funktionieren, sondern auch das Vertrauen sei von Bedeutung, welches durch positive Erfahrungen zwischen zwei Unternehmungen aufgebaut werde.[44] Auch Pierenkemper ist der Ansicht, dass die Austauschbeziehungen in Netzwerken nicht gleichwertig sind, sondern auf Wechselseitigkeit und Vertrauen beruhen. Dadurch seien die Tauschpartner nicht mehr autonom, sondern durch ungeschriebene Verträge miteinander verbunden.[45] Die Beziehung zu einem Partner werde folglich nicht allein durch ökonomische Motive eines Unternehmens bestimmt, sondern auch durch die Geschichte dieser Beziehung und der daraus resultierenden Erwartungssicherheit. Ein Unternehmen ist nach diesem Ansatz der «embeddedness» in einen sozialen Kontext eingebettet, von welchem sich das ökonomische Handeln nicht trennen lässt. Ökonomisches Handeln ist demnach in eine Gesamtstruktur von Netzwerkbeziehungen eingebettet.[46]

In der Vergangenheit wurde anhand von empirischen Studien immer wieder die Beobachtung gemacht, dass sich neu entstehende Industrien in bestimmten Regionen konzentrieren. Eine Erklärung dafür bietet die Annahme, dass die räumliche Nähe Beziehungen erleichtert und der soziale Kontext eines Unternehmens als lokaler Kontext zu verstehen ist.[47]

Den wohl bekanntesten Ansatz zur Erklärung der räumlichen Ansammlung von Unternehmen einer bestimmten Branche stellt der «Cluster-Ansatz» von Michael Porter dar. Ballungen von Unternehmen der gleichen Branche werden von Porter als Cluster bezeichnet, welche dadurch entstehen, dass Unternehmen in einer Region dauerhafte Wettbewerbsvorteile erlangen. Das Entstehen von Wettbewerbsvorteilen erklärt er durch das Zusammenwirken von vier Faktorbündeln, welche Porter in Diamantstruktur miteinander in Verbindung setzt:

1. Die Verfügbarkeit der benötigten Rohstoffe
2. Geeignete Nachfragebedingungen im Inland
3. Unternehmensübergreifende Netzwerke, die branchenspezifisches Wissen austauschen (Technologie-Transfers) und damit Innovationen erleichtern
4. Konkurrenzunternehmen in der Region, welche durch den starken Wettbewerbsdruck zu ständigen Verbesserungen anregen.

Die konkurrenzierenden Unternehmen haben nicht unbedingt enge Kontakte untereinander und sind nicht durch intensive Austauschbeziehungen miteinander verflochten. Dennoch profitieren sie in erheblichem Masse von der Präsenz der Konkurrenz in der gleichen Region, denn Beobachtungen und Vergleiche mit der Konkurrenz lösen Lern- und Verbesserungsprozesse aus, welche die Wettbewerbsfähigkeit eines Unternehmens stärken.[48]

Vom nationalen Unternehmen zum transnationalen Grosskonzern

Unternehmen können räumlich sehr unterschiedlich organisiert sein. Die geographische Organisation von Unternehmen lässt sich grundsätzlich in vier Typen unterteilen: Das nationale, das internationale, das multinationale und das transnationale Unternehmen.

Die meisten Unternehmen stellen bei ihrer Gründung ein nationales Unternehmen dar, welches an einem Produktionsstandort den Inlandmarkt mit

Produkten versorgt. Nationale Unternehmen sind geographisch auf ein Land konzentriert.

Als erster Internationalisierungsschritt beginnen Unternehmen, ihre Produkte nicht nur im Inland zu verkaufen, sondern diese auch ins Ausland zu exportieren. Solche Firmen werden internationale Unternehmen genannt. Schweizer Unternehmen mit internationalem Charakter produzieren ihre Produkte vor allem in der Schweiz und verkaufen diese dann auf den internationalen Märkten in andere Länder.

Im Vergleich zum internationalen Unternehmen zeichnet sich das multinationale Unternehmen dadurch aus, dass es in zahlreichen Ländern eigene Produktionsstätten unterhält und somit nicht nur der Verkauf von Produkten in mehreren Ländern stattfindet, sondern auch die Produktionsorganisation internationalisiert ist. Ein Unternehmen mit multinationalem Charakter konzentriert sich nicht mehr auf den Export, sondern stellt die Produkte in den einzelnen Ländern selbst her.

Während bei multinationalen Unternehmen die weltweiten Operationen hierarchisch vom Heimatstandort aus koordiniert werden, sind in transnationalen Unternehmen wichtige Kompetenzen und Koordinationsaufgaben dezentral gesteuert. So werden beispielsweise einzelne Standorte des Unternehmens mit spezifischen Aufgaben betraut, die innerhalb dieses Kompetenzbereichs die weltweiten Aktivitäten des Gesamtunternehmens koordinieren. Die transnationalen Unternehmen sind weitgehend länderübergreifend tätig und gegenüber einzelnen Staaten tendenziell unabhängig.[49]

Das Unternehmen aus evolutionsökonomischer Sicht

In der klassischen Wirtschaftslehre von Adam Smith und David Ricardo werden Unternehmen von der «unsichtbaren Hand des Marktes» geleitet. Die Unternehmen müssen sich deshalb andauernd neuen Marktsituationen anpassen, um im Konkurrenzkampf mit anderen Unternehmen zu bestehen. Unternehmen, die sich nicht der Marktnachfrage anpassen, scheiden aus dem Marktprozess aus.[50] Die Evolutionsökonomie versuchte diesen Sachverhalt mit der Evolutionstheorie von Charles Darwin zu verknüpfen. In Analogie zur Biologie wird das Unternehmen als Organismus mit einmaligen Verhaltensroutinen und Fähigkeiten betrachtet. Diese werden als «genetischer Code» beschrieben, welcher die Individualität und Identität des Unternehmens ausmacht. Der genetische Code besteht aus spezifischen Informationen, die untrennbar mit dem Unternehmen verknüpft sind und sich als «tacit knowledge» oft nicht ausformulieren lassen. Unternehmen als «Mikroorganismen der Wirtschaft» dürfen sich jedoch nicht alleine auf die Vererbung vorhandener Kompetenzen verlassen, sondern sind angesichts der dynamischen Veränderungen in ihrer Umwelt dem Anpassungsdruck des

Marktes ausgesetzt. Nach der evolutionsökonomischen Theorie überstehen nur die anpassungsfähigsten Unternehmen die Selektion. Der Wettbewerb der Marktwirtschaft entspricht also dem Überlebenskampf in der biologischen Evolution.[51]

Die Vorzüge der evolutionsökonomischen Sichtweise liegen im Fokus auf historische Prozesse in der Ökonomie. Denn im Gegensatz zur klassischen Wirtschaftslehre, die auf reversiblen Gleichgewichten beruht, betrachtet die Evolutionsökonomie Wirtschaftsprozesse als irreversibel.[52] Zum Beispiel entdeckte Chandler, dass Pionierunternehmen häufig in ihren jeweiligen Branchen Marktführer wurden und dies auch für längere Zeit blieben, während es später in den Markt eintretende Unternehmen schwer hatten, die von den «first movers» besetzten Marktanteile zu erobern. Er spricht in diesem Zusammenhang von «first-mover advantages» der Pionierunternehmen.[53] Der evolutionstheoretische Ansatz ermöglicht es, den sozio-institutionellen Kontext (embeddedness) auf eine dynamische Perspektive zu übertragen, um die Entwicklung von Unternehmen und Produktionssystemen zu verstehen. Evolutionäre Theorien versuchen zu erklären, warum sich der Wandel in einer bestimmten Weise oder Richtung vollzogen hat.[54] Eine solche Sichtweise impliziert Pfadeabhängigkeiten, welche sich ergeben, wenn die Sequenz vorangegangener Ereignisse Einfluss auf zukünftige Ereignisse hat. Die zukünftige Entwicklung eines Unternehmens ist demnach von den in der Vergangenheit getroffenen Entscheidungen und gewonnenen Erfahrungen abhängig. Bei der Suche nach Zukunftsstrategien richten sich Unternehmen oft nach Regeln, welche sich aus positiven Erfahrungen und früheren Lernprozessen ableiten. Aufgrund des «genetischen Codes» sind die Entwicklungsmöglichkeiten eines Unternehmens beschränkt. Dadurch entstehen unternehmensspezifische Entwicklungspfade. Diese können im Management- und Forschungsbereich dazu führen, dass sich Unternehmen nicht rechtzeitig den Marktbedingungen anpassen können und dadurch in eine Sackgasse geraten. In solchen Fällen sprechen Evolutionstheoretiker von einem «lock-in».[55]

Problematisch finden Bathelt und Glückler an der evolutionsökonomischen Sichtweise, dass sich die biologische Semantik nicht immer auf Wirtschaftsprozesse übertragen lässt und Veränderungen nur von aussen her erfolgen, während der innere Wandel des Unternehmens unterschätzt wird.[56]

Der wellenförmige Verlauf der Wirtschaft

Evolutionsökonomen wie Freeman und Louçã sind der Ansicht, dass die Wirtschaft nicht kontinuierlich wächst, sondern von Wellen des ökonomischen Aufschwungs geprägt ist, die wieder verebben.[57] Als entscheidende Antriebskraft für diesen wellenförmigen Verlauf wird dabei der technische Fortschritt angesehen. Grundlegende technische Neuerungen werden als Basisinnovationen bezeichnet[58], welche nach Nikolai Kondratieff und Joseph Schumpeter gewaltige Wachstumsschübe auslösen.[59]

Die von Kontradieff und Schumpeter entwickelte «Theorie der langen Wellen» besagt, dass Basisinnovationen nicht nur räumlich, sondern auch zeitlich konzentriert in gleichmässigen Abständen von 40 bis 60 Jahren auftreten.[60] Dieses Modell war zu deterministisch und liess sich empirisch nicht nachweisen.[61] Schliesslich entwickelte Ernest Mandel das Modell weiter, indem er sich vom Gedanken trennte, dass Wellen in gleichmässigen Zyklen auftreten müssten. In seinem Modell gab er auch Zufälligkeiten ihren Platz, welche den Wellen unterschiedliche Längen und Amplituden geben.[62] Auf dieser Basis hat die These, dass der technologische Fortschritt durch Innovationscluster in Schüben erfolgt, ihre Bedeutung nicht verloren.

Die Innovationscluster erklären zwar den Aufschwung eines Wirtschaftszweiges, aber warum verebben diese Wellen wieder? Eine Erklärung dafür liefert die Produktzyklus-Hypothese, welche zu Beginn der 1960er-Jahre von Vernon und Hirsch begründet wurde. Die grundlegende Annahme dieser Hypothese besagt, dass Produkte nur eine begrenzte Lebensdauer besitzen. Basierend auf einer Reihe vereinfachender Massnahmen wurde der Lebenszyklus eines Produktes dabei in drei Phasen[63] unterteilt:

1. Die Innovationsphase, in der ein neues Produkt entwickelt und auf den Markt gebracht wird, wo es sich in der Wachstumsphase zunehmend durchzusetzen vermag. Während in der Innovationsphase aufgrund der hohen Entwicklungskosten und des geringen Absatzes meistens Verluste resultieren, ist die Wachstumsphase von exponentiell wachsenden Erlösen und Gewinnen geprägt.
2. Die Reifephase, in der das Produkt standardisiert wird. Marktsättigung und steigender Konkurrenzdruck führen in dieser Phase trotz Rationalisierungsinvestitionen zu abnehmenden Gewinnen.
3. Die Schrumpfungsphase, die durch fallende Erlöse und zunehmende Substitution des Produktes durch bessere Alternativen gekennzeichnet ist.[64]

Dem eben dargestellten Wellen- bzw. Produktzyklusmodell wird oft vorgeworfen, rein technisch zu argumentieren und dabei soziale Prozesse zu vernachlässigen.[65] In seiner Erweiterung der Wellentheorie schloss Gerhard Mensch auch soziale Prozesse mit ein. Im Gegensatz zu Schumpeter sieht er in seinem Metamorphose-Modell nicht die Innovationen, sondern die Stagnation als Auslöser und treibende Kraft eines Aufschwungs an. Dadurch werden die Vorauswirkungen der Stagnation auf die Innovation und die Rückkoppelung der Innovation auf die Stagnation ins Modell integriert. Mensch kommt dabei zum Schluss, dass eine gegenseitige Wechselwirkung zwischen Innovation und Stagnation besteht, welche den wellenförmigen Wirtschaftsverlauf erklärt. Stagnationen haben demnach ihre Ursachen einerseits in der sich erschöpfenden Verbesserungsfähigkeit der alten Techniken und andererseits in der Nachfragesättigung der Gesellschaft nach standardisierten Gütern. Er betrachtet die Stagnation der Wirtschaft deshalb nicht nur als ökonomische Krise, sondern auch als gesellschaftliche Identitätskrise.[66]

Abb. 4: Die idealisierte Umgebung von Konolfingen auf einer Werbebroschüre der Berneralpen Milchgesellschaft für den ostasiatischen Markt, vermutlich um 1915 hergestellt. (Fabrik Nestlé, Konolfingen).

DIE GRÜNDUNG UND ETABLIERUNG DER BERNERALPEN MILCHGESELLSCHAFT (1892–1914)

Charakter der Epoche

Im Verlaufe des 19. Jahrhunderts wurden die wirtschaftlichen und gesellschaftlichen Prozesse zusehends dynamischer und sie stellten den Beginn eines neuen, industriellen Zeitalters dar.[67] Die Anfänge dieser Entwicklung lagen in Grossbritannien, wo 1776 der schottische Philosoph und Aufklärer Adam Smith mit seinem Buch «Inquiry into the Nature and Causes of the Wealth of Nations» die geistige Grundlage für die modernen Wirtschaftswissenschaften legte. In seinem Werk setzte sich Smith für den Freihandel und den Wettbewerb in der Wirtschaft ein, die nach seiner Überzeugung den Wohlstand der Nationen maximieren würden.[68] Die Forderung nach internationalem Freihandel unterstrich David Ricardo 1817 in seinem Werk «Principles of Political Economy and Taxation», welches den Grundstein für die moderne Aussenhandelstheorie legte.[69] In den 1820er-Jahren war Grossbritannien das erste Land, welches von den merkantilistischen Grundsätzen abrückte.[70] Der entscheidende Durchbruch des liberalen Handels in Grossbritannien erfolgte aber erst 1846 mit der Aufhebung der Getreidezölle (Corn Laws), nachdem die Kartoffelfäule in Irland und Schottland eine grosse Hungersnot ausgelöst hatte.[71] Der englische Liberalismus konnte sich in den folgenden Jahren gegenüber dem merkantilistischen Protektionismus der übrigen europäischen Staaten durchsetzen. Dies führte zu einem allgemeinen Umdenken in der Wirtschaftspolitik. 1860 wurden im Cobden-Chevalier-Vertrag zwischen Grossbritannien und Frankreich Einfuhrverbote und Zölle auf Importe aufgehoben. Diesem Beispiel der damals führenden Wirtschaftsnationen schlossen sich die meisten westeuropäischen Nationen an, u.a. auch die Schweiz. In den 1860er-Jahren waren die europäischen Wirtschaftsbeziehungen von weitgehendem Freihandel geprägt. Auf der Basis eines Netzwerkes von bilateralen Verträgen entstand ein europäischer Wirtschaftsraum, welcher sich von seiner Qualität her durchaus mit den Wirtschaftsverhältnissen nach dem Zweiten Weltkrieg vergleichen liess.[72] Nicht nur Waren, sondern auch Personen und Kapital bewegten sich frei über die Landesgrenzen hinweg. Bis auf den Boden waren damit alle Produktionsfaktoren mobil.[73] Dank der Kohle als neuem Energieträger und den damit verbundenen Transportmitteln wie den Eisenbahnen oder den Dampfschiffen konnten weite Strecken in viel kürzerer Zeit überwunden und die Transportkosten reduziert werden. Dadurch nahm nicht nur der Handel unter den europäischen Nationen, sondern auch der transatlantische Überseehandel neue Dimensionen an. Gegen Ende des 19. Jahrhundert formte sich erstmals ein weltweites Wirtschaftssystem aus, welches auch bisher weitgehend abgeschottete Märkte in einen einzigen Wirtschaftsraum integrierte.[74] Richard Tilly spricht in diesem Zusammenhang von einer ersten Globalisierung[75] der Weltwirtschaft.[76] Die dichten Austauschverbindungen innerhalb Europas bildeten die dynamische Kernzone dieses globalen Wirtschaftsraumes, dessen unumstrittener Mittelpunkt in London, der Hauptmetropole Grossbritanniens, lag. Schwächer ausgeprägt, aber ebenfalls bedeutend waren in der damaligen Zeit des Imperialismus die Handelsbeziehungen zwischen der europäischen Kernzone und den peripheren Kolonien Europas in Afrika und Asien, während entlang der Peripherie nur schwache Austauschbeziehungen vorhanden waren.[77]

Das Prinzip der Selbstversorgung, welches für die bisherige Agrargesellschaft kennzeichnend war, wurde zugunsten einer räumlichen Spezialisierung der Wirtschaft aufgegeben.[78] Durch die Industrialisierung, das liberale Welthandelssystem und die Konkurrenz unter den Nationen erlebte Europa im 19. Jahrhundert einen starken Wirtschaftsaufschwung.[79] Dieses Wirtschaftswachstum verlief allerdings nicht linear, sondern wurde durch Krisen unterbrochen. Als Folge der wirtschaftlichen Globalisierung synchronisierten sich die Preisbewegungen über die Staatsgrenzen hinweg und es bildeten sich weltweite Konjunkturzyklen heraus. Dies führte 1873 zu einer ersten Weltwirtschaftskrise, der sogenannten «Grossen Depression». Von den negativen Effekten der Globalisierung waren die europäischen Agrarmärkte besonders stark betroffen. Die sinkenden Transportkosten von billigen Agrargütern aus Übersee und die Erschliessung riesiger Getreideanbauflächen in Russland durch die Eisenbahn liessen das Angebot an bodenintensiven Landwirtschaftsgütern in Europa enorm ansteigen. Die bis dahin geschützten Agrarmärkte sahen sich dadurch plötzlich heftigem Wettbewerb ausgesetzt[80]. Die Getreideinvasion hatte für die europäische Landwirtschaft dramatische Folgen, wie das Beispiel Grossbritanniens zeigt: Dort fielen die realen Weizenpreise um fast 30 Prozent und auch die Auswirkungen auf die Bodenpreise und die Grundrenten waren verheerend, indem diese zwischen 1880 und 1910 um 40 Prozent sanken.[81]

Ab den 1870er-Jahren wurde deshalb der Freihandel durch protektionistische Massnahmen wieder eingeschränkt, allerdings darf diese Protektionismuswelle nicht überbewertet werden, denn der Aussenhandel blieb nach wie vor bedeutend.[82] Die liberale Wirtschaftsordnung überdauerte bis zum Ende des langen 19. Jahrhunderts, ehe der Erste Weltkrieg dieser Wirtschaftsepoche im Jahre 1914 ein abruptes Ende bereitete.[83]

Von der Agrarmodernisierung bis zur Käseexportkrise – Voraussetzungen für die Entstehung der Milchindustrie im Kanton Bern

Agrarmodernisierung und Talkäsereien: Der Beginn einer intensiven Milchwirtschaft in der Voralpenregion

Bis ins 18. Jahrhundert hatte die bernische Landwirtschaft in erster Linie eine selbstversorgende Funktion. Die Bedeutung der Marktwirtschaft blieb dagegen bescheiden. Im damaligen Dreizelgensystem gab es Individualeigentum nur innerhalb einer kollektiven Ordnung (Zelg- und Flurzwang), welche die Bewirtschaftung der privaten Äcker reglementierte. Das Verhältnis zwischen Acker- und Mattland war durch diese Ordnung rechtlich fixiert.[84] Aufgrund dieser starren Strukturen konnte das landwirtschaftliche Ertragsniveau, welches im wesentlichen von den im Boden enthaltenen Nährstoffen abhängig war, nicht gesteigert werden. Die Landwirtschaft der alten Agrargesellschaften beruhte also auf einem Nullwachstum.[85]

In der Mitte des 18. Jahrhunderts erfolgte ein Paradigmenwechsel innerhalb der ökonomischen Lehre durch die Physiokraten, welche den Boden als Schlüssel des Wirtschaftsertrages betrachteten und deshalb unter Wirtschaftsförderung eine Verbesserung des Landwirtschaftsertrages verstanden.[86] Auf dem physiokratischen Nährboden erwuchsen eine Vielzahl an landwirtschaftsfördernden Gesellschaften im In- und Ausland. 1759 wurde die «Ökonomische Gesellschaft Bern» gegründet, welche sich sehr aktiv um die Steigerung der Landwirtschaftserträge bemühte.[87] Sie propagierte im Kanton Bern die Aufhebung der alten Dreifelderwirtschaft, um dem Individuum die nötige Entscheidungsfreiheit zu geben, welche Gewinnstreben erst ermöglicht. Damit wurde die Grundlage für eine zunehmende Marktorientierung der Landwirtschaft geschaffen. Durch die Beseitigung des gemeinen Weidegangs und die Teilung der Allmenden konnte der Anbau kleeartiger Futterpflanzen und die Sommerstallfütterung des Viehs eingeführt werden, welche mit Hilfe von Knöllchenbakterien und der Sammlung von Nährstoffen in Form von Jauche die verfügbare Nährstoffmenge wesentlich erhöhten. Durch diese Art Biorecycling konnte die Produktivität in der Landwirtschaft stark erhöht werden. Die positive Rückkoppelung von Viehbestand, Jauche und landwirtschaftlichem Ertrag führten zu einer wesentlichen Vergrösserung der urbaren Landwirtschaftsfläche und des Viehbestandes. Der traditionelle Getreidebau behielt dabei seine starke Stellung, an Stelle der Brachen und Allmenden traten dagegen die grünen Wiesen.[88] Der eigentliche Durchbruch der Agrarmodernisierung erfolgte in der Regenerationszeit, als 1831 die Feudalabgaben in Form des Zehnten und damit das Dreizelgensystem endgültig abgeschafft wurden. In der Folge dehnten sich der Ackerfutter- und Kartoffelbau aus, die Viehhaltung wurde vermehrt und der Stickstoffkreislauf intensiviert.[89]

Mit den grösseren Viehbeständen (vorwiegend Kühen) mehrten sich auch die Milchmengen. Doch obwohl die Milch ein sehr gesundes Lebensmittel darstellte, welches alle für den Körperbau notwendigen Nährstoffe (unter anderem Calcium, Magnesium, Vitamine und Immunstoffe) enthielt, bekömmlich und leicht verdaulich war,[90] mussten die anfallenden Milchüberschüsse verbuttert oder ins Mistloch geschüttet werden, da die Rohmilch neben all diesen Vorzügen auch einen entscheidenden Nachteil hatte: Sie war auch ein ausgezeichneter Nährboden für Mikroorganismen und Bakterien, welche sich unter günstigen Bedingungen in der Milch alle 20–40 Minuten verdoppelten. Bei einer Aufbewahrungstemperatur von mehr als 10 Grad Celsius konnte die Milch bereits innerhalb eines Tages nicht mehr geniessbar oder gar für den menschlichen Körper schädlich sein.[91] Da Rohmilch aufgrund ihrer schlechten Haltbarkeit von geringem Wert war, lag es auf der Hand, die Milch so zu veredeln, dass sie länger haltbar wurde und ihre positiven Eigenschaften trotzdem erhalten blieben. Während die Käseproduktion bis ins 19. Jahrhundert vor allem in den alpinen Bergregionen begrenzt gewesen war, wurde es nun durch die wachsenden Kuhbestände auch im Flachland möglich, den notwendigen, minimalen Milchertrag[92] zu erreichen, um fetten Hartkäse für den Export herzustellen. 1813 erstellte Oberst Rudolf Effinger von Wildegg die erste bernische Talkäserei in Kiesen und er liess neun Jahre später eine zweite in Wangen an der Aare folgen. Die beiden Käsereien bildeten das Vorbild einer grossen Zahl von weiteren Gründungen im Mittelland, die ab 1835 stark zunahmen.[93] Die Dorfkäsereien vermehrten sich besonders im Emmental, wo die Viehzucht und die Käseproduktion seit jeher[94] eine gewisse Bedeutung hatten.[95] 1847 gab es im Amt Konolfingen, vermutlich von Kiesen inspiriert, bereits 37 Käsereien. Konolfingen stellte damit zusammen mit dem Amt Signau den grössten Käseproduzenten des Kantons Bern dar.[96] Der Käseexport wurde bis 1850 zu einer der wichtigsten Einnahmequellen des Kantons Bern und die Landwirtschaft im Emmental erlebte dank der Milchverarbeitung zu Käse eine wahre Blütezeit.[97] Damit war ein erster Schritt zum Aufstieg der Milch- und Käseproduktion im Emmental vollzogen.

Die Spezialisierung auf die Milchwirtschaft als Folge der ersten Globalisierungswelle

Bis 1850 war die Wirtschaftsstruktur der Schweiz noch weitgehend vorindustriell geprägt. Während 57 Prozent der Bevölkerung in der Landwirtschaft tätig waren, gingen nur 4 Prozent in Fabriken arbeiten.[98] Der entscheidende Wendepunkt zu einer industriell ausgerichteten Wirtschaft erfolgte in der Schweiz in der Mitte des 19. Jahrhunderts, als mit der Gründung des Bundesstaates im Jahre 1848 die politisch-rechtlichen Voraussetzungen für den Eisenbahnbau geschaffen wurden, der zur Grundlage für die schnelle Industrialisierung nach

1850 wurde.[99] Die Senkung der Transportkosten dank der Eisenbahn öffnete die bis anhin sehr kleinräumigen Versorgungs- und Lebensräume der Schweiz und es entstanden grossräumige, arbeitsteilige Wirtschaftsräume.[100] Mit dem Eisenbahnbau in den 1850er-Jahren und den 1870er-Jahren öffnete sich die Schweiz dem Weltmarkt und entwickelte sich zu einer kleinen, offenen Volkswirtschaft, welche in starkem Masse von den internationalen Märkten abhängig war.[101]

Diese Öffnung galt nicht nur für die exportorientierte Industrie, sondern auch für dic Landwirtschaft. Mit der Anbindung an das weltweite Verkehrsnetz durch die Eisenbahn kam plötzlich billiges Importgetreide in die Schweiz, welches zu massiv sinkenden Kornpreisen führte, während die Milch- und Fleischpreise andererseits leicht anstiegen.[102] Der Anschluss an die Weltmärkte führte deshalb zu grundlegenden Veränderungen in der bernischen Agrarwirtschaft: Die Milch- und Fleischerzeugung wurde stark ausgedehnt, während die Getreideproduktion nicht mehr markttauglich war. Am radikalsten erfolgte diese Umstellung im niederschlagsreichen Voralpengebiet, wo die

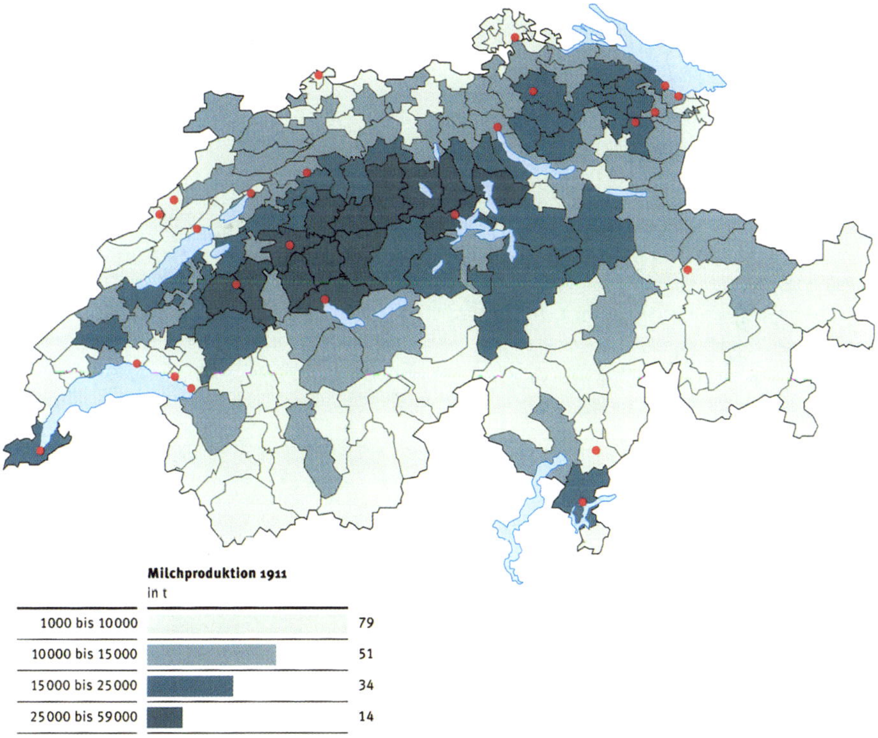

Abb. 5: Die regionale Verteilung der Milchproduktion um 1911. (Aus: Fritzsche, Historischer Strukturatlas: 117). Die Kernzone der Milchproduktion erstreckte sich den Voralpen entlang vom Greyerzerland bis nach Cham in Kanton Zug.

Milchwirtschaft stark zunahm.[103] Ab 1866 nahm die Milchproduktion im Amt Konolfingen durch eine Ausweitung der Kuhbestände und die Verbesserung der Milchleistung der Kühe massiv zu, der Getreideanbau blieb allerdings zur Selbstversorgung weiterhin erhalten.[104] Die verstärkte Milchproduktion, welche mit der Durchsetzung der Agrarrevolution in den 1830er-Jahren ihren Anfang nahm, wurde durch die Spezialisierung der Landwirtschaft auf Milchprodukte als Reaktion auf die Öffnung gegenüber dem Weltmarkt weiter vorangetrieben. Der Emmentaler- und Greyerzerkäse wurden zu weltweit bekannten Exportprodukten der Schweiz, welche auf dem Weltmarkt eine Art Monopolstellung inne hatten.[105] Der Käseboom im Kanton Bern spiegelt sich eindrücklich in den Statistiken wieder: Zwischen 1847 und 1885 stieg die Zahl der Berner Talkäsereien von 219 auf 585 an und konnte sich damit innerhalb von 40 Jahren mehr als verdoppeln. In der gleichen Zeitspanne stieg die exportierte Käsemenge um mehr als das Fünffache an. In dieser Phase des Aufschwungs formte sich vermutlich die Kernzone der Milchwirtschaft aus, welche sich 1914 entlang der Voralpen vom Greyerzerland bis nach Cham im Kanton Zug erstreckte, während die Milch- und Käseproduktion im Alpengebiet ihre einstige Bedeutung verlor.[106]

Kakao, Kondensmilch und Kindernahrung – Die Anfänge der Milch- und Schokoladeindustrie in der Schweiz

Ab den 1860er-Jahren konnten sich neben der Käseproduktion weitere Verwertungsarten der Milch in der Schweiz etablieren, welche den Aufstieg der Milchwirtschaft zusätzlich vorantrieben. Entscheidend für die Entwicklung dieser neuen Milchprodukte waren der Aufstieg des Bürgertums, die Verfügbarkeit von Kohle als billigem Brennstoff und die neuen wissenschaftlichen Erkenntnisse auf den Gebieten der Chemie, der Biologie[107] sowie der naturwissenschaftlich orientierten Medizin.

Während die hohe Säuglingssterblichkeit noch bis zu Beginn des 19. Jahrhunderts als normal oder notwendiges Übel wahrgenommen wurde und das Verhältnis der Eltern zu ihren Kindern deshalb weitgehend unsentimental gewesen war, erhielten die emotionalen Aspekte der Eltern-Kind-Beziehung in der bürgerlichen Gesellschaft grosse Bedeutung. Durch die elterliche Zuwendung und individuelle Fürsorge wurden die Kinder emotional unersetzbar und dementsprechend wurde der Verlust eines Kindes anders beurteilt. Daraus erwuchs die Bereitschaft der Eltern, in die Gesundheit eines Kleinkindes zu investieren.[108] Von Paris ausgehend, konnten sich die naturwissenschaftlichen Methoden in der Medizin in der zweiten Hälfte des 19. Jahrhunderts innerhalb weniger Jahrzehnte durchsetzen, welche krankhafte Veränderungen mit einer logisch-rationalen Vorgehensweise zu ergründen versuchten.[109] Man begann den Körper als Mechanismus zu begreifen, dessen optimales Funktionieren von der Zufuhr der nötigen Nährstoffe, der Unschädlichmachung der anfallenden Umsetzungsprodukte und der Abwehr der aus der Umwelt eindringenden Krankheitserreger und Störfaktoren abhängig war. Die Vermittlung des neuen medizinischen Wissens über die Körperfunktionen zeigte sich u.a. in einer gezielten Gesundheitserziehung: Häusliche Hygiene und richtige Ernährung wurden propagiert.[110] Der Verbrennungswert von Nahrungsmitteln und die in ihnen enthaltenen Elemente begannen die Mediziner zu interessierten und man entdeckte dabei die Milch als besonders gesundes Nahrungsmittel. So enthielt zum Beispiel auch das Originalrezept des «Bircher-Müesli» aus dem Jahre 1895 als Krankheitsdiät des Doktor Bircher kondensierte, gezuckerte Milch.[111]

Schon in den 1860er-Jahren brachten die positiven Ernährungseigenschaften der Kuhmilch den Apotheker Henri Nestlé angesichts der hohen Säuglingssterblichkeit bei künstlicher Ernährung[112] auf den Gedanken, mit dieser Milch einen Ersatzstoff für die Muttermilch herzustellen. Damit wollte er die Überlebenschancen von Säuglingen erhöhen, deren Mütter nicht in der Lage waren, ihr Kind selbst zu stillen.[113] Der in Frankfurt am Main geborene Henri Nestlé zog nach seiner Apothekerlehre vermutlich aus politischen Gründen nach Vevey am Genfersee. Er war sowohl Unternehmer als auch leidenschaftlicher Forscher: Einerseits betätigte er sich als Verkäufer von Petroleumlampen und Mineralwasser, andererseits war er eine Tüftlernatur, welche sich stark für die Chemie interessierte.[114] 1866 entwickelte Nestlé ein Kindermehl, welches durch ein spezielles Trockenverfahren aus Milch, gemälztem Getreide und Zucker hergestellt wurde.[115] Zwei Jahre später wurde das neue Produkt in der Schweiz (Vevey und Lausanne) und in Deutschland (Frankfurt) gleichzeitig lanciert. Das Geschäft lief so gut, dass Nestlé bald darauf Vertretungen in den damaligen Wirtschaftsmetropolen Paris und London eröffnete. 1873 wurde das Kindermehl bereits in Argentinien, Mexiko, Russland, Niederländisch-Ostasien und in den Vereinigten Staaten verkauft. Seine Kundschaft sah Henri Nestlé nicht nur in der Oberschicht. Er versuchte sein Produkt möglichst günstig auf den Markt zu bringen, damit das Kindermehl für jeden Geldbeutel erschwinglich war. Sein Grundsatz lautete: Günstig anbieten, um viel zu verkaufen.[116] 1875 verkaufte Nestlé im Alter von 61 Jahren seine inzwischen florierende Firma und das Unternehmen wurde in eine Aktiengesellschaft unter dem Namen «Farine Lactée Henri Nestlé» umgewandelt.[117]

Im Jahre 1866, also praktisch gleichzeitig wie Nestlé, wurde das Verfahren der Milchkondensierung von den Gebrüdern Charles und George Page aus den Vereinigten Staaten in die Schweiz gebracht. In Cham gründeten sie das erste Kondensmilchunternehmen Europas, die «Anglo-Swiss Condensed Milk Company», die rasch Erfolg hatte und Filialen in der Schweiz wie im Ausland eröffnete.[118] Das Kondensmilchverfahren der Gebrüder Page beruhte auf der Eindickung der Milch bei einer Temperatur von 55–63 Grad Celsius durch Vakuumverdampfung, wodurch ein Grossteil der Bakterien abgetötet werden konnte und die positiven Eigenschaften der Milch durch die geringere Erhitzung wesentlich besser erhalten blieben als mit den bisherigen Techniken.[119] 1878 brachte Anglo-Swiss ebenfalls ein Kindermehl auf den Markt um die Kondensmilch als Kindernahrung zu erhalten. Damit war Anglo-Swiss ins Hoheitsgebiet von Nestlé eingedrungen. Als Folge davon beschloss Nestlé, ebenfalls Kondensmilch zu produzieren. Weil der Produktionsstandort und das Milcheinzugsgebiet in Vevey zu klein waren, errichtete Nestlé eine neue Fabrik in Bercher, später folgten weitere Fabriken in Payerne und Neuenegg.[120] Mit dem Aufstieg der Unternehmen Anglo-Swiss und Nestlé wurde die Milchverarbeitungsindustrie zu einem bedeutenden Wirtschaftszweig der Schweiz. Die industrielle Verarbeitung der Milch ermöglichte erstmals den Konsum einer qualitativ guten und längere Zeit haltbaren Milch in den urbanen Ballungszentren. Dadurch gewann die Milch als Nahrungsmittel an Bedeutung und schaffte im Zusammenhang mit der Urbanisierung und Industrialisierung innerhalb weniger Jahrzehnte den Durchbruch zum modernen Massengetränk[121] - die Nachfrage nach industriell hergestellter Milch war also stark mit den neuen Bedürfnissen der aufkommenden Industriegesellschaft verbunden.

Die aufstrebende Milchverarbeitungsindustrie wiederum regte andere Branchen dazu an, neue Milchprodukte zu entwickeln. So wurde Daniel Peter durch die Nachbarschaft seines Freundes Nestlé, welcher Milch und Mehl mischte, dazu animiert, dasselbe mit Milch und Schokolade zu versuchen. Er nahm Kontakt mit der Anglo-Swiss Company in Cham auf, um von ihr aufbereitete Milch zu beziehen.[122] Die Idee von Peter war dabei keinesfalls neu: Trinkschokolade mit Milch zu verbinden war schon zu Beginn des 19. Jahrhunderts üblich, Anglo-Swiss verkaufte bereits ein Getränk mit dem Namen «Chocolat & Milk» und die Schokoladefabrik Suchard experimentierte an einem Produktionsverfahren für Milchschokolade, welche mit Milchpulver hergestellt werden sollte. Das entscheidende Problem bei der Herstellung von fester Milchschokolade blieb jedoch die schlechte Qualität und die rasche Verderblichkeit der Milch.[123] Dank seinen guten Verbindungen zu Nestlé und Anglo-Swiss gelang es Peter schliesslich, ein Verfahren zur Verfestigung des Milch- und Schokoladegemischs zu entwickeln. Die archaische Produktionsweise, bei welcher die Milch mehr als eine Stunde einer Temperatur von 90–95 Grad Celsius ausgesetzt wurde, vermochte Peter zunehmend zu verfeinern und 1887 brachte er mit dem Produkt «Gala Peter» die erste Milchschokolade der Welt auf den Markt.[124] Nur ein Jahr später gelang Rodolphe Lindt mit der Erfindung des Conchéverfahrens, mit welchem eine Schokolademasse mit feiner, zartschmelzender Konsistenz hergestellt werden konnte, ein weiterer entscheidender Schritt in der Geschichte der Schweizer Schokoladeindustrie. Obwohl die ersten Schokoladeunternehmen der Schweiz wie Cailler 1819 in Vevey oder Chocolat Suchard 1826 in Serrières/Neuchâtel bereits in der ersten Hälfte des 19. Jahrhunderts gegründet wurden, gelang der Schweizer Schokoladeindustrie der grosse Durchbruch erst im letzten Viertel des Jahrhunderts mit den Erfindungen der Milchschokolade und des Conchéverfahrens. Die Schokolade entwickelte sich seither zum Sinnbild eines typischen Schweizer Produktes.[125]

Die Erfindung und Weiterentwicklung der Kleinkindernahrung, der Milchschokolade und der Kondensmilch führten zu einer Erweiterung und Diversifikation der schweizerischen Milchindustrie.[126] Auf dieser Basis entwickelte sich die Nahrungsmittelindustrie zu einer bedeutenden Exportbranche der Schweiz. Käse, Schokolade, Kondensmilch und Kleinkindernahrung wurden zu Schweizer Erfolgsprodukten auf den internationalen Märkten, welche sich durch hohe Qualität, hohe Preise und einen hohen Wertschöpfungsanteil auszeichneten.[127]

Die Käseexportkrise als Chance für neue Milchverwertungsarten

Infolge der ersten Weltwirtschaftskrise zu Beginn der 1870er-Jahre ergriffen zahlreiche Länder protektionistische Massnahmen.[128] Diese Verschlechterung der äusseren Rahmenbedingungen führte zu einem verstärkten ausländischen Konkurrenzdruck auf die Schweizer Wirtschaft. Ab 1877 erlebte die Schweiz eine latente, abgeschwächte Wirtschaftsdepression.[129] Der Zerfall der Getreidepreise beschleunigte sich, was in der Schweiz zu einer Einschränkung der pflanzlichen Produktion führte, welche durch Auslandimporte substituiert wurde.[130] Während in den vorangegangenen Perioden die Verkleinerung der Getreidefläche durch eine Ausdehnung der Kartoffelfläche wettgemacht worden war, verkleinerte sich im Amt Konolfingen nun die Gesamtackerfläche zugunsten des Wieslandes und der Viehwirtschaft.[131] Dies führte zu einer zunehmenden ökonomischen Abhängigkeit der Landwirte von den Einkünften aus dem Milchsektor.

Bis in die 1880er-Jahre war der Aufstieg der bernischen Milchwirtschaft kaum von der ausländischen Konkurrenz gehemmt worden. 1885 brachen jedoch die Käsepreise als Folge der allgemeinen Wirtschaftskrise und der wachsenden ausländischen Konkurrenz ein. Bis in die frühen 1890er-Jahre folgte eine Periode stark schwankender und tendenziell sinkender Preise und Exportmengen. Die Einkommensausfälle aus der Fleisch- und Milchwirtschaft sowie dem Käseexport führten die bernische Landwirtschaft in eine Krise[132]. Wie am Beispiel des Landwirts und Patriziers Jean von Wattenwyl[133], der später zum ersten Präsidenten der Berneralpen Milchgesellschaft gewählt werden wird, gezeigt werden kann, führte diese Krise zu einer Suche nach neuen Milchverwertungsarten und Einkommensquellen für die Berner Landwirtschaft.

Als Direktionspräsident der Ökonomischen Gesellschaft Bern[134] beschäftigte sich Jean von Wattenwyl seit längerer Zeit mit der Frage, wie das landwirtschaftliche Gewerbe im Kanton Bern gehoben werden könnte. Im Jahre

1889 hielt er fest, dass das Korn zwar durch die Käseproduktion ersetzt worden sei, aber die Käsepreise nun auch nicht mehr stark anstiegen, weil in den Nachbarländern mit der Käsefabrikation im grossen Stil bedeutende Erfolge erzielt wurden. Als besonders bedrohend nahm Jean von Wattenwyl dabei die Konkurrenz aus Amerika wahr. Da er der Meinung war, dass im Kanton Bern kaum zu den Käsepreise der vergangenen Jahrzehnte zurückgekehrt werden könne[135], suchte der Patrizier mit guter landwirtschaftlicher Ausbildung nach alternativen Einkommensquellen für die Berner Landwirtschaft und erblickte diese in der Zucht und dem Verkauf von leistungsfähigeren Kühen der Berner Fleckviehrasse und neuen Verwertungsarten der Milch.[136] Das von der Krise sensibilisierte Umfeld sorgte also für günstige Voraussetzungen zur Ansiedlung der Milchindustrie im Kanton Bern.

Die Berneralpen Milchgesellschaft – Eine Ritz-Idee

Von London ins Emmental: Der Weg zur Gründung des Unternehmens

Die Gründung der Berneralpen Milchgesellschaft ist stark mit dem Namen Caesar Ritz verknüpft. 1850 wurde Ritz als dreizehntes Kind der Familie Johann-Anton Ritz in Niederwald geboren. Da nicht alle Kinder in diesem kleinen Walliserdorf ihr Auskommen finden konnten, war Caesar Ritz schon früh gezwungen, sein Glück in der weiten Welt zu suchen. Mit 17 Jahren wanderte er nach Paris aus und stieg dort vom Kellnerlehrling zum Oberkellner empor. In dieser Zeit lernte er im Hotel «Voisin» den berühmten Koch Auguste Escoffier kennen, welcher später zum engsten Vertrauten von Ritz in kulinarischen Fragen wurde. Nach Aufenthalten in Wien und der französischen und italienischen Riviera kehrte Ritz schliesslich als Direktor des Restaurants im Hotel «Rigi-Kulm» in die Schweiz zurück.[137] Das Hotel «Rigi-Kulm» zählte in der damaligen Pionierzeit des alpinen Tourismus zu den bedeutendsten und bekanntesten Hotels der Schweizer Fremdenindustrie, denn die Noblesse aus aller Welt wollte den berühmten Sonnenaufgang auf der Rigi bestaunen.[138] Hier erhielt Ritz aufgrund seines Ideenreichtums und seines Improvisationstalents den Ruf, Herr jeder schwierigen Lage zu sein. Sein Renommé drang bis nach Luzern, wo der Oberst und Architekt Alphons Pfyffer von Altishofen Besitzer des Nobelhotels «National» war. Die beiden Herren lernten sich kennen und verstanden sich sofort bestens. Bald darauf wurde das Hotel «National» zur neuen Wirkungsstätte von Ritz. In jener Zeit entstand eine enge Freundschaft zwischen Ritz und der Familie Pfyffer von Altishofen.[139] Obwohl das Hotel «National» unter der Leitung von Ritz zum Treffpunkt des europäischen Adels von Geblüt, Geist, Macht und Geld wurde, zog es den Hotelier weiter an die Côte d'Azur nach Monte Carlo und Cannes. Dort ereignete sich 1889 eine Katastrophe, gegen die sogar der «Herr jeder schwierigen Lage» und sein

Starkoch Escoffier machtlos waren: Eine Choleraepidemie sorgte für die panikartige Abreise der Gäste. Noch im gleichen Jahr übernahm Caesar Ritz die Leitung des Hotels «Savoy» in London, dem damaligen Mittelpunkt des internationalen Wirtschaftslebens. Innerhalb kurzer Zeit entwickelte sich das Hotel «Savoy» zur besten Hoteladresse in der Wirtschaftsmetropole. Adlige, Politiker und Wirtschaftsführer gingen im «Savoy» ein und aus, um sich von Ritz und seinem Koch Escoffier verwöhnen zu lassen. Ritz organisierte, erneuerte und liess die kühnsten Ideen verwirklichen, unbekümmert um den Preis, der dafür zu bezahlen war.[140] So wurde zum Beispiel der Hof des Hotels unter Wasser gesetzt und dadurch in einen venezianischen Canale Grande verwandelt. Das Diner wurde in Barken serviert, welche von echten venezianischen Gondolieren geführt wurden. Dies war eine von vielen sogenannten «Ritz-Ideen». Der Name «Ritz» wurde zum Synonym für Attribute wie schick, mondän oder luxuriös. König Eduard VII. von England nannte Caesar Ritz deshalb «Hotelier der Könige und König der Hoteliers».[141]

Im Jahre 1890 kam Ritz als Mitglied der Londoner Gesellschaft «The Improved Patent Sterilizer Syndicate Ltd.» erstmals mit dem Verfahren der Milchsterilisation in Kontakt, welches die Krankheitskeime in der Milch praktisch vollständig abtötete. Dabei wurde die Rohmilch während 20–45 Minuten auf 110–120 Grad Celsius erwärmt.[142] Im Sommer 1890 hatten die deutschen Chemiker Neuhauss, Gronwald und Oehlmann[143] erstmals ein

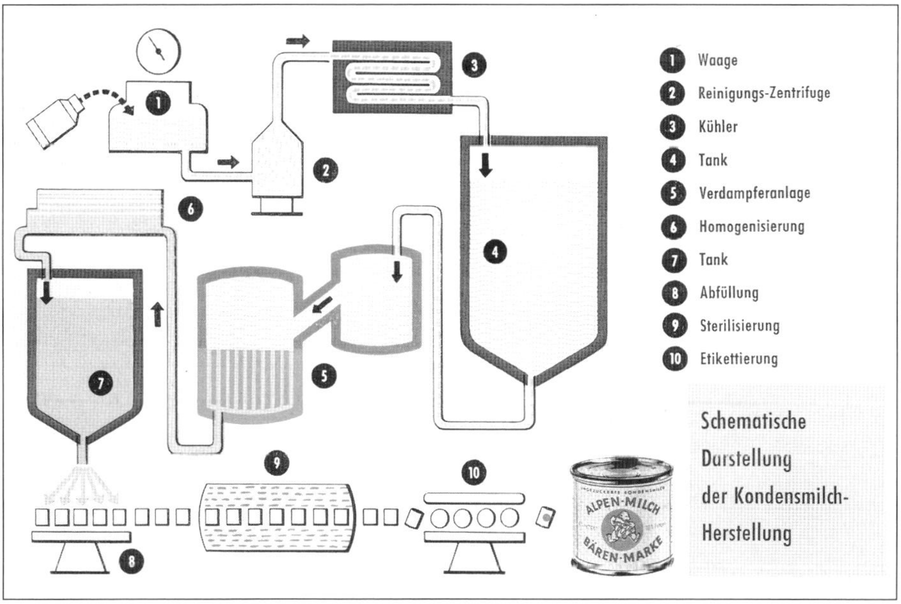

Abb. 6: Schematische Darstellung der Kondensmilchherstellung. (Archives historiques Nestlé, Vevey).

Sterilisationsverfahren entwickelt, bei dem die Milchflaschen noch im Apparat durch Vakuum augenblicklich geschlossen wurden.[144] Die Vorteile der sterilisierten Milch lagen in der vollständigen Sicherheit vor Krankheitserregern (Tuberkulose, Cholera, Typhus), in der langen Haltbarkeit und der sofortigen Anwendbarkeit als Fertigprodukt.[145] Aufgrund seiner jüngsten Erfahrungen mit der Choleraepidemie in Cannes dürfte Ritz den Wert eines solchen Verfahrens für Hotelbetriebe sofort erkannt haben. Er setzte sich mit seinen Luzerner Freunden Alphons und Hans Pfyffer von Altishofen in Verbindung, welche sich ihrerseits mit ihrem Freunde Emanuel Muheim in Luzern absprachen. In diesen Gesprächen wurde erstmals die Herstellung von sterilisierter Milch in der Schweiz in Erwägung gezogen. Im Frühjahr 1891 erwarb Caesar Ritz die schweizerischen Patente von Neuhauss, Gronwald und Oehlmann auf eigene Rechnung. Ritz und Muheim leiteten die nötigen Versuche und Vorstudien in die Wege und traten mit einer Reihe von kompetenten Persönlichkeiten in Verbindung. Schliesslich beschloss die Luzerner Gruppe (Ritz, Muheim, Alphons und Hans Pfyffer), ihr Patent im Emmental zu verwirklichen.[146] Für diese Standortwahl dürften zwei Faktoren ausschlaggebend gewesen sein: Erstens musste das Gebiet

Abb. 7: Porträtaufnahme von Caesar Ritz. (Aus: Kämpfen, Ein Leben für den Gast: 80).

Abb. 8: Die Eingangshalle des Hotel Savoy in London um die Jahrhundertwende. (Aus: Kämpfen, Ein Leben für den Gast: 100).

Abb. 9: Eine Werbekarte für die «Bärenmarke»-Milch um 1900. (Museum Alter Bären, Konolfingen). Als Hotelier in den gehobenen Gesellschaften von London und Paris kam César Ritz auf den Gedanken, von der Schweiz aus seine Kundschaft mit teurer, aber qualitativ hochstehender Milch zu versorgen.

Milch in grossen Mengen zur Verfügung stellen können und zweitens in einem günstigen industriellen Umfeld angesiedelt sein. Mit Nestlé und Anglo-Swiss verfügte die Schweiz damals über die bedeutendste Milchindustrie Europas[147] und stellte damit ein äusserst günstiges Umfeld mit grossem Innovationspotenzial dar. Von den natürlichen Voraussetzungen her war ein Standort in der milchreichen Voralpenregion am geeignetesten. Während Anglo-Swiss die Zentralschweiz und Nestlé bereits die Westschweizer Milchgebiete in Besitz genommen hatten und deshalb als Standorte ungünstig waren, bot sich das Berner Voralpengebiet als milchwirtschaftlich ausgerichtete Region an.

Die Luzerner Gruppe mit Ritz, Pfyffer und Muheim fand im Kanton Bern mit Jean von Wattenwyl, der in der Industrialisierung dieses Verfahrens eine günstige Verwertungsmöglichkeit der Milchproduktion erblickte, und den Banquiers Vinzenz von Ernst und Georges Marcuard Interessenten für ihr Projekt. Mit dieser Verbindung von Berner und Luzerner Unternehmern begannen sich die typischen Merkmale der Initiantengruppe auszuformen. Viele Mitglieder stammten aus Patrizierkreisen und hatten eine stolze Militärkarriere vorzuweisen. Angesichts der engen Zusammenarbeit der streng katholischen Familie Pfyffer von Altishofen[148] mit dem liberal eingestellten Jean von Wattenwyl schien sich nicht nur in der Politik, sondern auch in der Wirtschaft ein Bürgerblock zu formieren.

Nachdem sich der Genfer Professor Raoul Pictet äusserst positiv über die Erfindung von Neuhauss, Gronwald und Oehlmann geäussert hatte, fand am 22. August 1891 eine erste «Séance préparatoire» von interessierten Persönlichkeiten aus den Kantonen Bern, Luzern und Freiburg statt. Das Resultat dieser Tagung war die Bildung eines Komitees und der Beschluss, auf der Rütti bei Bern die ersten praktischen Versuche vorzunehmen[149]. Im September 1891 war es dann soweit: In Anwesenheit von Bundesrat Numa Droz und Escoffier wurde vor der Molkereischule auf der Rütti sterilisierte Milch in Flaschen abgefüllt und als Proben u.a. nach Berlin, Barcelona, Nizza und Paris verschickt.[150] Die Flaschen erwiesen sich als tadellos und die darin enthaltene Milch konservierte sich monatelang.[151]

Am 2. April 1892 fand in Bern die konstituierende Generalversammlung der Aktionäre statt, an welcher eine Aktiengesellschaft mit dem Namen «Société Laitière des Alpes Bernoises» gegründet wurde. Als Zweck dieser neuen Gesellschaft wurde die Zubereitung von konservierter Milch und anderen Milchprodukten, die in irgendeiner Weise mit der Milchindustrie oder dem Konservierungs- und Sterilisierungsverfahren in Verbindung gebracht werden konnten, genannt. Bereits an der zweiten Generalversammlung im Mai wurde aber das ursprünglich mit einer Million bezifferte Aktienkapital auf 400 000 Franken heruntergesetzt und die Gesellschaft in «Berneralpen Milchgesellschaft» umbenannt.[152]

Schon zu Beginn der Vorstudien im Frühjahr 1891 begann man sich mit der Frage zu befassen, wo die zukünftige Fabrik genau erstellt werden sollte. Zuerst stand Burgdorf als Standort im Vordergrund, später wurden Kiesen und Stalden in Betracht gezogen. Dabei machten Kiesen und Stalden das Rennen am Schluss unter sich aus. Während Kiesen ein reichlich teures Angebot machte, verstand es der Gemeindepräsident von Stalden, Gustav von May, die Firmengründer zu überzeugen. Vermutlich hatte sich die Wahl des Standortes Stalden während einer längeren Zeitspanne konkretisiert. Jedenfalls gehörte Gustav von May bereits am 27. Februar 1892 dem Initiativkomitee um Bundesrat Numa Droz an. Die entscheidende Initiative erfolgte schliesslich am 4. April, zwei Tage nach der Unternehmensgründung, als Gustav von May und 32 andere Gutsbesitzer aus Konolfingen, Ursellen, Häutligen, Niederhüningen und Stalden der neuen Milchgesellschaft ein äusserst lukratives Angebot unterbreiteten: Gleich neben der Bahnstation wurde der zukünftigen Fabrik eine Landparzelle zu guten Konditionen bereitgestellt und die Staldener waren

Emmanuel Muheim

George Marcuard

Jean von Wattenwil

Hans Pfyffer von Altishofen

Abb. 10–13: Die Gründungsmitglieder: Emmanuel Muheim, George Marcuard, Jean von Wattenwyl und Hans Pfyffer von Altishofen. (Aus: Ursina, 50 Jahre BAMG: 85).

auch bereit, dem neuen Unternehmen mit Rat und Tat zur Seite zu stehen, genügend Elektrizität zur Verfügung zu stellen und das Unternehmerrisiko durch Aktienkäufe mitzutragen. Zudem verfügte die Region über reichlich Milch und Wasser, niedere Gemeindesteuern und mit der Vollendung der Burgdorf-Thun-Bahn im Jahre 1901 wurde Konolfingen zu einem Eisenbahn-Knotenpunkt. Diese Argumente gaben schliesslich den Ausschlag zugunsten des Standortes Stalden. Am 3. Mai 1892 wurden die Terrainkäufe beschlossen und am 27. Mai besiegelt.[153]

Der letzte Schritt der Region Konolfingen ins Industriezeitalter

Die offenherzige Grosszügigkeit und Hilfsbereitschaft, mit der die Staldener die Verantwortlichen der Berneralpen Milchgesellschaft von der Standortwahl Konolfingen überzeugen konnten, hatte ihre Gründe. Der Eisenbahnanschluss durch den Bau der Bern-Luzern-Bahn im Jahre 1864 hatte nicht den erhofften Wirtschaftsaufschwung für die Region Konolfingen gebracht. Im Gegenteil: Die Gemeinden um den Bahnhof Stalden-Konolfingen gerieten immer stärker in eine Malaise, welche sich in den 1880er-Jahren mit der Käseexport-Krise noch zuspitzte.[154] In der zweiten Hälfte des 19. Jahrhunderts stieg durch die Modernisierung der Landwirtschaft die Zahl der verarmten Bauern stark an, welche sich als Taglöhner durchs Leben schlagen mussten. Da diese immer weniger Arbeit fanden, wanderten sie in grosser Zahl in die grösseren Schweizer Städte oder nach Amerika aus. Die Bevölkerungszahl im Amt Konolfingen sank während dieser schleichenden Krise («Crise larvée») um rund 6 Prozent.[155] Um diese negative Entwicklung zu überwinden, war die Region Konolfingen dringend auf neue Wirtschaftsimpulse angewiesen. Die Berneralpen Milchgesellschaft stellte in diesem Zusammenhang als «Symbiose» zwischen Landwirtschaft und Industrie einen geradezu optimalen Arbeitgeber für die von der Agrarwirtschaft dominierte Gegend dar: Zum einen schuf die Berneralpen Milchgesellschaft mit der Fabrik neue Arbeitsplätze, mit denen die Abwanderung gestoppt werden konnte, und zum andern erhielten die Bauern einen sicheren Abnehmer ihrer Milch.[156] Vor diesem Hintergrund wird klar, warum Gustav von May so stark um dieses Unternehmen buhlte. Die grosszügige Offerte war gleichermassen geschicktes Standortmarketing wie ökonomische Überlebensnotwendigkeit.

Mit der Gründung der Berneralpen Milchgesellschaft im Jahre 1892 vollzog die Region Konolfingen den letzten Schritt von der traditionellen Agrargesellschaft ins industrielle Zeitalter, mit welchem eine Ära des wirtschaftlichen Aufschwungs anbrach. Die Entstehung des Unternehmens in Stalden ist dabei im Zusammenhang mit dem Ausbau des Bahnnetzes in ländliche Regionen (Emmental-Burgdorf-Thun-Bahn) zu sehen[157], denn die Siederei

Abb. 14: Die Milchanlieferung bei der Berneralpen Milchgesellschaft in Konolfingen im Jahre 1910. (Fabrik Nestlé, Konolfingen).

brauchte möglichst frische Milch, in der noch keine Zersetzung auftrat, welche von der Bahn in grossen Mengen und in genügend kurzer Zeit beschafft werden konnte.[158] Im Frühsommer 1892 wurde mit den Bauarbeiten neben der Bahnstation Stalden-Konolfingen begonnen und noch im selben Jahr konnte die Produktion von sterilisierter Milch aufgenommen werden.[159] Die von der Fabrik verarbeitete Milch stammte aus 8 Genossenschaften der Umgebung: Stalden, Ried, Freimettigen, Häutligen, Niederhünigen, Ursellen, Wittenbach und Konolfingen.[160] Vom ersten Tag an gab es jedoch Schwierigkeiten mit den Frischmilchlieferungen. Nach erfolgter Lagerung wiesen viele Flaschen auf dem Boden einen verdächtig braunen Satz auf. Die Bauern waren sich an die Einlieferung von sauberer Milch nicht gewohnt. Enge Ställe, Mangel an Streue und dergleichen, vor allem aber ein gewisses Beharrungsvermögen am Althergebrachten, bildeten das Haupthindernis. Es musste ein langwieriger Kampf gegen die verschmutzte Milch geführt werden, wobei die Bauern mit Vorsicht und feinem Takt an die Gewinnung von sauberer Milch zu gewöhnen waren. Erst mit der Zeit trugen diese Erziehungsmassnahmen allerdings Früchte.[161]

Später gewann die Berneralpen Milchgesellschaft als Milchverarbeitungsunternehmen weit über die Region Konolfingen hinaus an Bedeutung. 1913 umfasste das Milcheinzugsgebiet der Siederei einen grossen Teil des Emmentals (bis nach Schafhausen) mit Ausläufern ins Aaretal (Münsingen) und Entlebuch (Wiggen).[162]

Von harten Strafen und sozialen Wohlfahrtseinrichtungen – Die Unternehmenskultur der Berneralpen Milchgesellschaft

Nicht nur die Bauern, sondern auch die Arbeiter in der Fabrik wurden von der Unternehmensführung erzogen. Die Arbeiterordnung von 1893 verlangte von den Fabrikarbeitern peinlichste Reinlichkeit, Pünktlichkeit und Arbeitsamkeit. Arbeiter, welche ohne Entschuldigung nicht zur Arbeit erschienen oder für nicht genügend sauber befunden wurden, konnten im Rückfalle sofort entlassen werden, ebenso wie jede grobe Pflichtvernachlässigung eine unmittelbare Kündigung zur Folge haben konnte.[163] Zu spätes Erscheinen am Arbeitsplatz hatte im Jahre 1905 eine Lohneinbusse von 20 Rappen zur Folge und schlechte Arbeitsmoral wie Schwatzen oder zu frühes Abbrechen der Arbeit (Hände waschen vor 6 Uhr) zog eine Geldstrafe von 50 Rappen nach sich.[164]

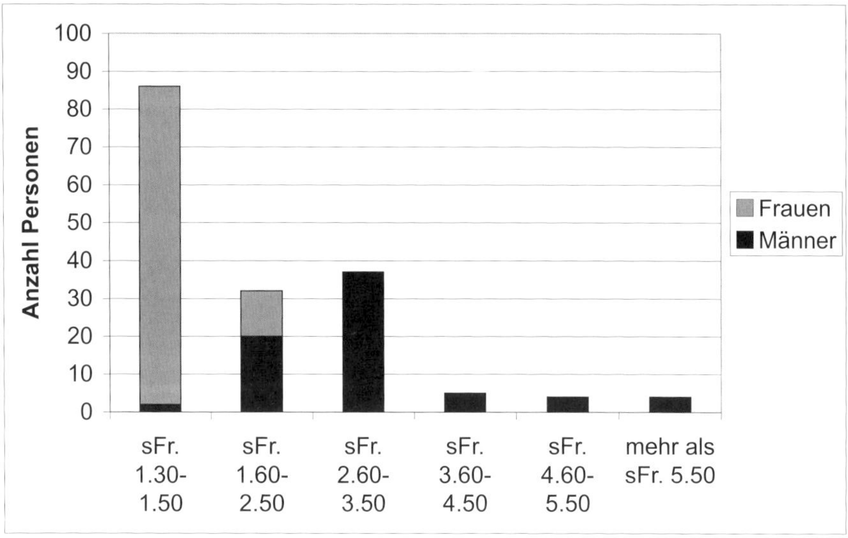

Grafik 1: Die Tageslöhne der Arbeitskräfte der Berneralpen Milchgesellschaft im Februar 1905. (Daten aus: PBR, Lohnstatistik: 1–5).

Wer am Arbeitsplatz rauchte oder unachtsam war, musste mit einer Tageslohn-Einbusse von 50 Prozent rechnen.[165] Andererseits wurden Überstunden mit einem Stundenlohn von 25 Rappen im Vergleich zum Durchschnittslohn eines Arbeiters sehr grosszügig vergütet. Die erste systematische Lohnstatistik aus dem Jahre 1905 offenbart, dass sich der Durchschnittslohn aller Arbeiterinnen und Arbeiter auf 2.20 Franken belief, wobei die Mehrzahl der Arbeiterschaft zwischen 1.30 bis 1.50 Franken verdiente.[166] Die Entlöhnung der ersten vier Arbeiter von 2.50 Franken, welche in Jubiläumsschriften immer wieder hervorgehoben wurde, war dem gegenüber als relativ hoch einzustufen.[167] Auf-

Abb. 15: Fabrikarbeiter und Fabrikarbeiterinnen in Konolfingen beim Verpacken und Beschriften der Milchdosen. (Fabrik Nestlé, Konolfingen).

Abb. 16: Auf die Sauberkeit wurde grossen Wert gelegt. Fabrikarbeiter waschen die Milchkessel und den Boden. (Fabrik Nestlé, Konolfingen).

fällig ist dabei, dass die Mehrzahl der Arbeitskräfte Frauen waren und zu wesentlich tieferen Tageslöhnen arbeiteten als die Männer.[168] Die tiefen Löhne sind einerseits auf die geringeren Arbeitszeiten von Frauen zurückzuführen[169], andererseits dürfte aber auch die geschlechterspezifische Arbeitsteilung für die Lohnunterschiede verantwortlich sein.[170]

Die harten Strafen bei der Berneralpen Milchgesellschaft waren selbst in der damaligen Zeit unüblich und verpönt: In der Musterfabrikordnung der eidgenössischen Fabrikinspektoren aus dem Jahre 1894 wurde klar von Bussen abgesehen und die monatliche Periode zur Lohnauszahlung entsprach nicht den damaligen Gesetzesnormen. Andererseits waren alle Arbeitnehmenden bei der Winterthur-Versicherung gegen Unfall versichert, ebenso bestand für die Arbeiter eine Krankenkasse, welche mit freiwilligen Beiträgen und Bussgeldern gespiesen wurde. Die Absicherung des Arbeitspersonals bei der Berneralpen Milchgesellschaft war im Vergleich mit der Musterfabrikordnung überdurchschnittlich gut[171]. Diese Tradition wurde nach der Gründungszeit fortgesetzt, wobei die sozialen Einrichtungen auch soziale Spannungen innerhalb des Unternehmens entschärften und den Zusammenhalt förderten. Als während dem Ersten Weltkrieg die hohen Gewinnausschüttungen an die Aktionäre bei gleichzeitig schlechteren Lebensbedingungen der Arbeiter durch steigende Preise bei den Grundnahrungsmitteln[172] zu sozialen Spannungen innerhalb des Unternehmens führten, entschloss sich die Unternehmensleitung im Jahre 1919, eine Pensionskasse für ihre Mitarbeiter zu gründen, um damit die Wogen zwischen Arbeitern und Kapitalgebern zu glätten[173]. Als Grundkapital spendete der Verwaltungsrat einen Beitrag von 200 000 Franken, die übrigen Beiträge kamen dadurch zustande, dass die Fabrik 6 Prozent der Arbeiterlöhne anstelle einer direkten Auszahlung in die Pensionskasse fliessen liess. 1932 wurde zudem eine Arbeitslosenkasse gegründet, um sozialen Härtefällen während der Weltwirtschaftskrise gerecht zu werden.[174] Die erzieherischen Massnahmen mit harten Strafen und Belohnungen sowie grosszügigen sozialen Einrichtungen weisen eindeutig auf eine «patriarchalische Stabilitätskultur»[175] in der Berneralpen Milchgesellschaft hin. Typisch für diese Unternehmenskultur ist ein streng hierarchisch gegliederter Unternehmensaufbau mit einem allmächtigen Patriarchen an der Spitze, der sich als fürsorglicher «Vater» der Arbeitnehmenden zu erkennen gibt. Das weitreichende Sozialfürsorgesystem band die Arbeiter an das Unternehmen und liess den Patriarchen als Wohltäter erscheinen. Daraus folgte ein Zusammengehörigkeitsgefühl, welches sich als eine Art «grosse Familie» beschreiben lässt.[176] Die Beziehungen der «grossen Familie» gingen über die Arbeit hinaus, denn viele Arbeiter siedelten sich in der Nähe der Fabrik an, wodurch sich das moderne Dorf Konolfingen um die Siederei und den Bahnhof herum entwickelte. Alte Landkarten zeigen schön, wie der Bahnhof und die Fabrik den Ausgangspunkt des Siedlungswachstums darstellten und wie langsam ein grosses Dorf um diesen Kern heranwuchs.[177]

Abb. 17: Konolfingen im Jahre 1898. (Museum Alter Bären, Konolfingen). Am Anfang der Dorfentwicklung im Tal stand die Milchsiederei. Während die Kirche noch im Bau war, stand die Fabrik bereits.

Abb. 18: Bis 1915 bildete sich um die Fabrik und die Bahnstation ein kleines Dorf. (Museum Alter Bären, Konolfingen).

Ein Qualitätsprodukt ohne Erfolg – Von den Schwierigkeiten in den Anfangsjahren

«Ich wurde mir bewusst, dass die Kundschaft in England nur das Allerbeste wünschte und bereit war, jeden Preis dafür zu zahlen»[178], notierte Caesar Ritz um 1890 in London. Dieser Satz traf auch auf die Unternehmensphilosophie der Berneralpen Milchgesellschaft zu: Das Unternehmen lieferte zwar nicht die billigste, dafür die qualitativ beste Milch. Da in den Grossstädten die Milchqualität sehr zu wünschen übrig liess, wurden als potentielle Kunden der sterilisierten Milch hauptsächlich die reicheren Bürger in Paris und London betrachtet. Die sterilisierte Milch schien dort als erstklassiges Qualitätsprodukt in eine Marktlücke zu springen.[179] Dieses Produkt zeichnete sich laut der Werbezeitschrift «Der Alpenbote»[180] durch folgende Qualitätsmerkmale aus:

1. Die Berner Alpenmilch besass einen ungewöhnlich hohen Nährwert.
2. Die Milch aus Stalden bot eine vollständige Sicherheit vor krankheitserregenden Keimen. Die Übertragung von Tuberkulose, Kinder-Diarrhöe, Typhus, Diphtherie oder der Cholera war damit ausgeschlossen.
3. Die Milch liess sich lange Zeit aufbewahren und behielt stets den vorzüglichen Geschmack der Alpenmilch.
4. Die Dosenmilch war ohne Weiteres für den Gebrauch bereit und konnte wie gewöhnliche Frischmilch verwendet werden.[181]

Damit die Kundschaft bereit war, für die sterilisierte Milch einen höheren Preis zu bezahlen, musste man sie von der Qualität dieser Milch überzeugen. Deshalb war ein geschicktes Marketing von Anfang an von grösster Bedeutung. Bei der Vermarktung der sterilisierten Milch spielte die romantische Verklärung der Alpenwelt, welche von Dichtern wie Albrecht von Haller, Horace-Bénédict de Saussure oder Lord Byron als Rückzugsgebiet der intakten und gesunden Natur besungen wurde, eine entscheidende Rolle. Die vermögenden Schichten in den Industriezentren verliessen regelmässig die vom Kohlestaub verschmutzten und ungesunden Industriestädte, um sich in den Alpen in der freien, unverdorbenen Natur zu kurieren.[182] In Bade-, Licht- und Luftkurorten entspannte und kräftigte sich das Bürgertum der damaligen Zeit im Bade oder auf ausgedehnten Bergwanderungen und achtete dabei auf eine gute Ernährung des Körpers.[183] Sowohl die Mineralwasserkuren als auch die Molkekuren wurden dabei als besonders gesundheitsfördernd angesehen.

Ein Plakatausschnitt aus einer Werbung für die Jungfraubahn um 1900 zeigt die scheinbar idyllische Welt der Alpen, in welcher die Landbevölkerung der vornehmen, städtischen Dame als besonders wertvolles Elixier aus der Natur ein Glas Milch reicht[184]. Die Darstellung der Milch als gesundes Produkt aus den Alpen wurde bereits in den 1870er-Jahren von der Kondensmilchindustrie zu Werbezwecken aufgegriffen und im Jahre 1891 erhielt das Bild der Schweiz als Alpennation mit der 600-Jahr-Feier der Eidgenossenschaft und dem Rückgriff auf den Tell-Mythos zusätzlichen Auftrieb.[185]

Abb. 19 und 20: Die Milch als Produkt aus der heilen Natur der Alpen. Ausschnitt aus einem Plakat der Jungfraubahnen um 1900 und eine Werbetafel für die Alpenmilch «Bärenmarke». (H.P. Treichler, Richterswil und Museum Alter Bären, Konolfingen).

Es war daher naheliegend, dass die Hoteliers Ritz und Pfyffer von Altishofen, welche längere Zeit in den beliebten Touristenzentren Luzern und Rigi-Kulm wirkten, die Vorstellung ihrer Kunden von einer heilen Alpenwelt und ihre Verknüpfung mit Gesundheit und unverfälschter Natur aufgriffen und im Namen des neu gegründeten Unternehmens integrierten. Mit der Bezeichnung «Berner Alpenmilch Gesellschaft» wurde die bodenständige Milchtradition des Emmentals[186] geschickt mit dem damaligen Bild der heilen Alpenwelt verknüpft. Dabei wurde durch den Ausdruck «Alpenmilch» die exquisite Qualität des Produktes bewusst zur Geltung gebracht. Diesem Selbstbild blieb das Unternehmen während seiner gesamten Geschichte treu.

Um 1890 wurden ungefähr 36 Millionen Liter Kondensmilch pro Jahr aus der Schweiz exportiert und die Berneralpen Milchgesellschaft rechnete damit, etwa einen Zehntel dieses Quantums jährlich verkaufen zu können.[187] Trotz günstiger Voraussetzungen blieb der Erfolg der Berneralpen Milchgesellschaft zu Beginn jedoch unter den Erwartungen. In der Schweiz wurde die Staldener Alpenmilch als Kleinkindernahrung zur Linderung der hohen Säuglingssterblichkeit sowie als stärkendes Präparat bei Blutarmut, Magen-

Abb. 21: Die sterilisierte Alpenmilch als Heilmittel, das in Apotheken vertrieben wurde. (Schweizerisches Wirtschaftsarchiv, Basel).

krankheiten und Bleichsucht empfohlen.[188] Doch aufgrund der anfänglichen technischen Schwierigkeiten und Fehlfabrikationen standen die Ärzte dem neuen Produkt sehr skeptisch gegenüber. Der grösste Teil der eingelieferten Milch musste deshalb in den Anfangsjahren verbuttert werden. Erst nachdem die nötige Qualität sichergestellt werden konnte, verbesserten sich der Absatz und der Ruf der sterilisierten Milch, welche als Heilmittel vorwiegend in Apotheken verkauft wurde. In diesem Zusammenhang wurde das Signet der «Bärenmarke» entworfen, auf welchem eine Bärenmutter ihr Kind mit einer Milchflasche nährte. Die «Bärenmarke», welche die natürliche Alpenmilch mit der Kraft des Berner Bären[189] verband, wurde zum Qualitätssiegel der Berneralpen Milchgesellschaft und ihrer Produkte.

Bald stellte sich jedoch heraus, dass sich mit der sterilisierten Milch als Medizin die nötige Umsatzmenge nicht erreichen liess. Da der Markt in der Schweiz viel zu klein war, versuchte die Berneralpen Milchgesellschaft in Paris und einigen Städten Südfrankreichs Fuss zu fassen. Obwohl die Milchversorgung in Paris zu wünschen übrig liess und mit allen erdenklichen Mitteln versucht wurde, das Geschäft in Gang zu bringen, blieb man vom erhofften Ergebnis weit entfernt. Die Alpenmilch war mit einem Preis von 50 Centimes für eine 6-Deziliter-Flasche selbst für die vermögende bürgerliche Gesellschaft zu teuer.[190] Im Frühling 1893 wurden ungefähr 400 Flaschen pro Tag verkauft, für ein rentables Geschäft hätte man aber mindestens 2400 Flaschen absetzen müssen.[191] Deshalb wurde eine intensive Werbekampagne in die Wege geleitet, welche potentielle Kunden wie Hotels, Ärzte und die Hausfrauen aus dem

Abb. 22: Werbeschrift der Berneralpen Milchgesellschaft um die Jahrhundertwende. (Fabrik Nestlé, Konolfingen).

bürgerlichen Milieu auf das neue Produkt aufmerksam machten. Ein grosses Blechplakat mit der Bärenmarke wurde in allen bedeutenderen Städten der Schweiz an gut sichtbaren Stellen angebracht, und überall, wo es sterilisierte Milch zu kaufen gab, stand ein Schild mit der Aufschrift «Sterilisierte Berneralpenmilch, hier zu haben». In verschiedenen Zeitungsinseraten wurde mit dem Spruch «Mütter, die ihr selbst nicht nähret, gebt euren Kindern sterilisierte Berner-Alpenmilch» auf die sinkende Kindersterblichkeit bei guter Ersatznahrung aufmerksam gemacht. Das «Journal de Genève» wusste anlässlich der Genfer Ausstellung zu berichten, dass die Princesse de Galle ihrem Direktor befohlen habe, keine Kühe an Bord ihrer Yacht zu halten, weil die vorzügliche Berner-Alpenmilch besser sei als frisch gemolkene Milch. Um die sterilisierte Milch auch in Frankreich einem grösseren Publikum bekannt zu machen, wurde im Februar 1894 der Redaktor einer bedeutenden französischen Tageszeitung nach Konolfingen eingeladen, welcher über das Unternehmen einen längeren Artikel abdruckte. Darin wurde das Emmental als blumenreiche Region mit saftigen Wiesen dargestellt, welche ein wahres «Mekka der Kühe» sei. Deshalb sei die Emmentaler Milch «le roi des laits», aus welcher schliesslich die sterilisierte Alpenmilch gewonnen werde. Im Sommer gleichen Jahres wurden ebenfalls englische Gäste zur Betriebsbesichtigung ins Emmental eingeladen. Dabei floss natürlich reichlich Milch und auch die gewünschte Atmosphäre durfte nicht fehlen: Der inszenierte Alpaufzug, das Jodeln, die Alphornbläser und die Schwingerkämpfe hinterliessen bei den ausländischen Gästen einen nachhaltigen Eindruck.[192]

Trotz dieser Werbeoffensive blieb der ökonomische Durchbruch aus. Die Glasflaschen erwiesen sich für den Export der Milch als ungeeignet, da sie während dem Transport sehr oft in Brüche gingen.[193] Aus diesem Grund musste eine neue Verpackung entwickelt werden. 1894 gelang es nach vielen Anstrengungen und dem Einsatz grosser Geldmittel, Milch in Büchsen zu sterilisieren.[194] Damit war aber nur eines von vielen Problemen gelöst: Die Miete für das Verkaufslokal in Paris blieb sehr hoch und mit dem zunehmenden Protektionismus zwischen Frankreich und der Schweiz wurde die Milch zudem mit einem Einfuhrzoll von 5 Franken belastet. Ausgaben und Einnahmen klafften immer stärker zu Ungunsten des Unternehmens auseinander.[195] Trotzdem gab man das Exportprojekt in jener schwierigen Phase nicht auf. Das Protokoll der ausserordentlichen Generalversammlung vom 16. Januar 1895 zeigt, dass man trotz aller Hindernisse die Filiale in Paris nicht aufgeben, sondern vielmehr die Expansion an weiteren Standorten in Südfrankreich, Holland, Belgien und Norddeutschland vorantreiben wollte, da sich der Absatz seit 1893 zwar um 60 Prozent gesteigert hatte, dies aber noch nicht reichte, um schwarze Zahlen zu schreiben.[196] Dank einem günstigen Abkommen mit dem Schokoladeunternehmen Sprüngli bezüglich der Mitbenützung der Lokalitäten auf dem Boulevard Sébastopol konnte die Filiale in Paris zu weit besseren Konditionen geführt werden[197], und in Antwerpen, Bremen, Hamburg, Marseille und London

Abb. 23 und 24: Werbemarken der Berneralpen Milchgesellschaft. (Fabrik Nestlé, Konolfingen). In der Alphütte wird der frische Alpenrahm in die «Bärenmarke»-Dosen abgefüllt und danach von den Bergen in die Industriezentren gebracht. Während die Bärenmutter arbeitet, treibt das Bärenkind auf den Werbemarken oft harmlosen Unfug.

wurden neue Generalagenturen gegründet.[198] Die Kundschaft erkannte jedoch den Wert der flüssigen, sterilisierten Milch in Büchsen nicht. Als Kindernahrung wurde die Milch, welche mehr oder weniger als Medikament galt, nur in Krankheitsfällen angewendet. Im alltäglichen Gebrauch fand sie dagegen keine Verwendung: «Wir können mit eurer Ware nicht viel anfangen, die ist zu dünn und zu teuer, schickt uns Kondensmilch» war der Kommentar der Kunden. Aus diesem Grund stieg die Berneralpen Milchgesellschaft entgegen ihrem ursprünglichen Vorhaben im Frühling 1895 ins Kondensmilchgeschäft ein. Weil Anglo-Swiss und Nestlé auf dem Gebiet der gezuckerten Kondensmilch eine starke Stellung innehatten, entwickelte man als neues Produkt die ungezuckerte Kondensmilch, welche zum neuen Hoffnungsträger des Unternehmens wurde. Da die Berneralpen Milchgesellschaft dieses Produkt als Erste auf den Markt brachte, stand sie vorerst ohne Konkurrenz da. Allerdings haftete der ungezuckerten Kondensmilch ein leichter Kochgeschmack an, weshalb sie im Vergleich zur gezuckerten Kondensmilch unbeliebt blieb. Einzig den Engländern schien diese Art von Kondensmilch zu schmecken. Erfolgreicher war dagegen der in Büchsen sterilisierte Rahm, weil der unbehandelte Rahm im Gegensatz zur sterilisierten Version im Sommer nach kurzer Zeit sauer wurde.[199] Der Alpen-Rahm der Berneralpen Milchgesellschaft war vor allem in Hotels, Restaurants und bei Konditoren sehr beliebt. Ein Attest aus einem Karlsruher Café im Jahre 1901 begründet auch, warum: «[...] er ersetzt den frischen Rahm nicht nur vollständig, sondern hat auch den unschätzbaren Vorteil, dass man ihn stets frisch und in beliebiger Quantität zur Stelle hat». Aber auch der sorgsamen Hausfrau wurde dieses Produkt, welches allen Verlegenheitsfällen wie zum Beispiel bei unerwartetem Besuch vorbeugte, ans Herz gelegt.[200] Auch die Sanatorien von Tuberkulosekranken und Schwindsüchtigen zählten zu den bedeutenden Kunden des Alpen-Rahms, welcher ein mikrobenfreies Produkt darstellte und deshalb für ihre Patienten besonders geeignet war.[201]

In Frankreich hatte die Alpen-Milch aus Konolfingen inzwischen die medizinischen Fachleute überzeugt. Im Jahre 1898 kam ein französischer Professor in seinen veröffentlichten Studien zu folgendem Ergebnis: Von den mit sterilisierter Milch aufgezogenen Kleinkindern fielen nur 2,8 Prozent der Säuglingssterblichkeit anhin, während es bei denjenigen ohne sterilisierte Milchnahrung 6,9 Prozent waren. Er folgerte daraus: «Die sterilisierte Milch scheint jedes Jahr dem Tode eine grosse Anzahl Kinder zu entreissen. Man wird sie bald beständig anwenden müssen, wo man am Platze der Muttermilch auf künstliche Ernährung angewiesen ist. [...] Der Gebrauch dieser Milch ist im Stande, die erschreckende Kindersterblichkeit zu vermeiden»[202]. Auch sonst waren Fachkräfte voll des Lobes über die Qualität der sterilisierten Milch, welche an verschiedenen Ausstellungen Ehrendiplome erhielt[203]. Im Jahre 1896 wurde die sterilisierte Alpenmilch an der Landesausstellung in Genf sogar mit der höchsten Auszeichnung versehen.[204]

Doch der ökonomische Erfolg blieb trotz der allseitigen Anerkennung der guten Qualität, trotz den erfolgreichen Werbekampagnen der Bärenmarke und trotz der unermüdlichen Innovationstätigkeit der Berneralpen Milchgesellschaft aus. Die Erfahrung von Ritz, dass die noble Kundschaft nur das Beste wünschte und dafür auch bereit war, einen entsprechenden Preis zu bezahlen, bewahrheitete sich im Falle der sterilisierten Milch nicht. Die Ritz-Idee, von Stalden aus Hotels und das vermögende Bürgertum an der Riviera, in London und Paris mit hochwertiger Milch zu versorgen, war bis zur Jahrhundertwende ein ökonomischer Misserfolg. Um die Liquidität des Unternehmens zu gewährleisten, musste das Aktienkapital zwischen 1892 und 1896 von 400 000 Franken auf 1,1 Millionen Franken angehoben werden.[205] Während die Berneralpen Milchgesellschaft bei den meisten Banken keine Kredite mehr erhielt, glaubte Georges Marcuard[206] als Direktor der Banque Marcuard & Cie. an das Unternehmen und gewährte ihm Kredite ohne jegliche Deckung. Trotzdem wurde im Jahre 1899 eine gründliche finanzielle Sanierung unumgänglich. Der nominale Aktienwert wurde halbiert, damit die ausstehenden Schulden bezahlt werden konnten. Gleichzeitig wurde eine neue Aktienemission im Wert von 300 000 Franken vorgenommen. Damit konnte das Unternehmen wieder auf eine gesunde ökonomische Basis gesetzt werden.[207]

Der grosse Durchbruch um die Jahrhundertwende

Das violette Wunder

Im Jahre 1898 bot die Berneralpen Milchgesellschaft ihre Kondensmilch der Schokoladefabrik Suchard an[208], welche 1826 von Philipp Suchard in Serrières gegründet worden war und um die Jahrhundertwende das grösste Schokoladeunternehmen der Schweiz darstellte.[209] Suchard hatte seit einiger Zeit vergeblich versucht, mit Milchpulver eine feste Milchschokolade herzustellen. Das Problem lag darin, dass die Herstellung von qualitativ zufriedenstellender Milch in Pulverform bis in die 1890er-Jahre nicht möglich war.[210] Bald merkten die beiden Unternehmen jedoch, dass eine Zusammenarbeit fruchtbar sein könnte: Mit dem Verfahren der Milchsterilisation konnte die Berneralpen Milchgesellschaft ein Milchpulver (lait sec) liefern, welches den Qualitätsanforderungen von Suchard genügte, und umgekehrt stellte Suchard dem Emmentaler Unternehmen die nötige Technik, sogenannte Vakuum-Apparate, für die Produktion des Pulvers zur Verfügung.[211] Am 24. Mai 1901 wurde zwischen Suchard und der Berneralpen Milchgesellschaft ein wegweisender Vertrag unterschrieben: Das in Konolfingen produzierte Milchpulver durfte nur an Suchard und keinem anderen Schokoladeunternehmen geliefert werden und auf der anderen Seite verpflichtete sich Suchard, nur bei der Berneralpen Milchgesellschaft ihre Trockenmilch zu beziehen[212]. Suchard hatte dabei die

Mengen an benötigtem Milchpulver der Berneralpen Milchgesellschaft immer bekannt zu geben, damit Stalden aufgrund ihrer beschränkten Produktionskapazitäten von 70 kg pro Tag die nötigen Massnahmen treffen konnte, um die gewünschte Menge an Milchpulver liefern zu können. Nur im Falle, dass Stalden nicht genügend Milchpulver hätte liefern können, hatte Suchard das Recht, diesen Rohstoff bei einer anderen Firma zu beziehen. Zudem war Suchard ab dem 1. Juni 1901 verpflichtet, mindestens 18 000 kg Milchpulver pro Jahr bei der Berneralpen Milchgesellschaft zum Preise von 2.10 Franken zu beziehen.[213] Durch diese Zusammenarbeit wurde im Jahre 1901 ein weiteres Markenprodukt auf den Markt gebracht: die Milka-Schokolade, welche schon damals in der bis heute bekannten lila-Farbe angeboten wurde. Bereits bei der Lancierung der Milchschokolade im Jahre 1898 war auf der Verpackung des Produktes ein Alpweidemotiv angebracht worden.[214] Der Begriff «Alpenmilch» auf der Milka-Packung leitet sich also vom damaligen Milchpulver-Hersteller, der Berner-Alpenmilch-Gesellschaft, ab. Die Alpenmilch der Milka-Schokolade stammte nicht von Kühen aus den Schweizer Alpen, sondern wurde aus dem Emmental bezogen.

Die Milchpulver-Lieferungen an Suchard für die Milka-Schokolade wurden in jener Zeit zum ökonomischen Rückgrat der Berneralpen Milchgesellschaft, denn im Gegensatz zu sterilisierter Milch oder Kondensmilch war hier ein regelmässiger Absatz vorhanden. Die Milchpulverabteilung wurde zu einem bedeutenden Faktor im Betrieb, vor allem auch, weil hier erstmals ein gewinnbringendes Geschäft gemacht werden konnte. Die Zusammenarbeit mit Suchard bei der Produktion der Milka-Schokolade brachte also die ökonomische Kehrtwende zu positiven Ertragsbilanzen bei der Berneralpen Milchgesellschaft. Die lange Durststrecke der Anfangsjahre war damit überwunden. Die Tatsache, dass der Verwaltungsrat der Berneralpen Milchgesellschaft im Frühjahr 1902 ein Übernahmeangebot der Anglo-Swiss zum Zwecke der Fabrikation von ungezuckerter Kondensmilch ausschlug, mit der Begründung, dass die Zeit der grössten Schwierigkeiten nun vorbei sei, unterstreicht diesen Befund.[215] Ökonomisch betrachtet war die Herstellung der Milka-Schokolade mit Suchard für die Berneralpen Milchgesellschaft ein «violettes Wunder», welches das Unternehmen endlich auf eine sichere wirtschaftliche Grundlage stellte.

Die Verbindung von Alpenmilch mit Schokolade brachte im Jahre 1903 eine weitere Produktinnovation hervor: Die flüssige Berner Alpenmilch Chocolade (B.A.C.), welche später unter dem Namen «Stalden-Crème» in der Schweiz einen hohen Bekanntheitsgrad erlangte.[216]

1904 wurde der Berneralpen Milchgesellschaft von Suchard eine Hatmaker-Walzenmilchpulver-Maschine gratis zur Verfügung gestellt, was eine bedeutende Verbesserung der Milchpulverabteilung in Stalden bedeutete.[217] Im Mai 1906 gründete die Berneralpen Milchgesellschaft unter dem Namen «Allgäuer Alpenmilch AG»[218] in Biessenhofen im Allgäu ihre erste Tochtergesellschaft,

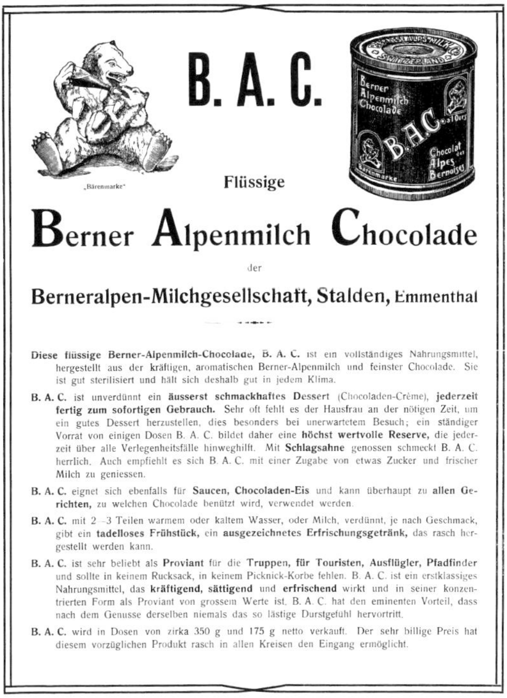

Abb. 25: Werbung für die Berner Alpenmilch Chocolade, welche heute als «Stalden-Crème» bekannt ist. (Schweizerisches Wirtschaftsarchiv, Basel).

welche neben den Milchprodukten neu auch Schokolade unter dem Namen «Alpursa» vertrieb.[219] Von Biessenhofen aus, wo das Unternehmen eine eigene Hatmaker-Maschine besass, konnten die Tochterfirmen von Suchard in Bludenz (Vorarlberg) und Lörrach (bei Basel) ideal beliefert werden, da sich das Allgäu geographisch zwischen diesen beiden Orten befand.[220] Das Abkommen mit Suchard aus dem Jahre 1901 hatte eine Vertragsdauer bis ins Jahr 1913.[221] 1912 wurde zwischen den beiden Unternehmen ein neuer Vertrag ausgehandelt: Die bisherige Vertragsbasis wurde beibehalten[222], wobei der Vertrag nun nicht mehr über eine fixe Zeitspanne abgeschlossen wurde, sondern fortwährend um ein Jahr verlängert wurde, sofern einer der beiden Vertragspartner diesen nicht mindestens sechs Monate im Voraus auflöste.[223]

... there's no better milk in the tropics

Zu den Milchpulververkäufen gesellte sich wenig später ein zweiter wichtiger ökonomischer Pfeiler: Ab 1894 waren von der Berneralpen Milchgesellschaft Versuche unternommen worden, ihre sterilisierte Milch nicht nur in Europa, sondern auch in Übersee zu verkaufen. Aufgrund der starken

Konkurrenz blieb der Erfolg anfangs gänzlich aus, die «Bärenmarke» mit ihren hohen Preisen hatte keine Chance.[224] Die Kundschaft war überall an die gezuckerte Kondensmilch gewöhnt und zeigte nur zögerlich Interesse an der ungezuckerten Kondensmilch. Seit der Jahrhundertwende aber führte die Berneralpen Milchgesellschaft in Zusammenarbeit mit der Londoner Firma Joseph Travers & Sons Ltd. die «Bärenmarke»-Produkte, insbesondere die ungezuckerte Kondensmilch, in Südostasien erfolgreich ein. Doch der Durchbruch im Überseegeschäft erfolgte erst zwischen 1906 und 1914, als die Absatzzahlen innerhalb von 8 Jahren explosionsartig von 56 102 Kisten auf 248 710 Kisten anstiegen. Dieser Erfolg kam hauptsächlich dank der starken Nachfrage nach sterilisierter flüssiger Milch in Dosen zustande, deren Verkaufszahlen in dieser Zeitspanne mehr als vervierfacht werden konnten und damit mit einem Anteil von 49 Prozent am Gesamtexport zum wichtigsten Produkt der Berneralpen Milchgesellschaft aufstieg.[225] Die natürliche Büchsenmilch entwickelte sich in jener Zeit zum Tropengetränk par excellence, da sie grosse Sicherheit vor Tropenkrankheiten bot und unmittelbar verfügbar war. Neben Spitälern, welche die Alpenmilch gegen gefährliche Tropenkrankheiten wie Malaria erfolgreich einsetzten, gehörten die in den Kolonien ansässigen Europäer zu den Hauptkunden. Die Milch mit der Bärenmarke wurde in den Tropen zum Garant für gute Gesundheit und deshalb praktisch unerlässlich für die Menschen in den tropischen Regionen. Missionare in Afrika und Asien berichteten, dass für sie die Büchse mit der «Bärenmarke» ein lebensnotwendiges Produkt darstelle.[226] In den Werbeinseraten war denn auch ein Mann mit Tropenhelm abgebildet, welcher eine Büchse mit der «Bärenmarke» in der Hand hielt mit der Bemerkung «Here my dear friend, the best you can take to keep going, more particularly here in the tropics: Bear-Brand natural Swiss milk, a real health drink» oder der Slogan «Look for the Bear-Brand trade-mark on the tin, there's no better milk in the tropics»[227]. Besonders erfolgreich war die Naturmilch in südostasiatischen Ländern wie Holländisch Indien (Indonesien) mit 50 000 Kisten Absatz pro Jahr und den Philippinen (28 000 Kisten pro Jahr). Mit einem Anteil von 64 Prozent am Gesamtexport[228] der Berneralpen Milchgesellschaft übertrafen die Geschäfte in den Tropen bei Weitem den Exportanteil in Europa, welcher 1914 noch 28 Prozent betrug. Die Belieferung der Kolonialländer, insbesondere Südostasiens, wurde damit zum Kerngeschäft des Unternehmens.[229] Die kondensierte ungezuckerte und die sterilisierte Milch nahmen in den Tropen aufgrund ihrer Qualität eine Sonderstellung ein, welche sich auch in einem Sonderpreis äusserte. Der Aufstieg der Bärenmarke zum Marktführer im Bereich der flüssigen Dosenmilch wurde für die Berneralpen Milchgesellschaft zu einem sehr lukrativen Geschäft.[230] Hier konnte sich also die Ritz'sche Unternehmensphilosophie schliesslich durchsetzen, wonach die Kunden bereit sind, für ein Qualitätsprodukt auch den entsprechenden Preis zu bezahlen.

Abb. 26: Die «Bärenmarke»-Milch als unerlässliches Produkt in den Tropen. (Museum Alter Bären, Konolfingen).

Die Berneralpen Milchgesellschaft im Vergleich mit anderen Unternehmen der Milch- und Schokoladeindustrie

Den Unternehmen der Schweizer Milch- und Schokoladeindustrie wie Nestlé, Anglo-Swiss, Wander, Suchard, Cailler, Tobler und der Berneralpen Milchgesellschaft ist gemeinsam, dass ihre Milch- und Schokoladeprodukte ursprünglich als pharmazeutische Heil- und Stärkungsmittel verkauft wurden. Denn selbst die Schokolade diente im 19. Jahrhundert sowohl zu pharmazeutischen Zwecken wie Ich war in ihrer Anfangsphase also eher ein Heilmittel als ein Nahrungsmittel. Das Kindermehl von Nestlé, die Kondensmilch von Anglo-Swiss und die sterilisierte Milch der Berneralpen Milchgesellschaft wurden ursprünglich zur Bekämpfung der Kindersterblichkeit entwickelt[232], während die «Ovomaltine» von Wander oder die Schokolade als diätetische Stärkungsmittel zur Abwehr und Vorbeugung verschiedenster Krankheiten dienten.[233]

Abb. 27 und 28: Werbeschriften der Berneralpen Milchgesellschaft und der Firma Wander AG. (Fabrik Nestlé, Konolfingen und Fabrikarchiv Wander, Neuenegg). Die Schweizer Milch- und Schokoladeprodukte wie die «Ovomaltine» oder die «Bärenmarke» wurden ursprünglich als pharmazeutische Stärkungsmittel verkauft.

Traditionsunternehmen der Schokoladeindustrie wie Cailler und Suchard, welche 1819 bzw. 1826 von Konditoren gegründet wurden, existierten bereits in der ersten Hälfte des 19. Jahrhunderts. Allerdings war die Schweizer Schokoladeindustrie in der damaligen Zeit noch sehr schwach ausgebildet.[234] In den 1860er-Jahren wurden mit der Liberalisierung des Weltmarktes innerhalb kurzer Zeit die Firmen Wander (1865), Anglo-Swiss (1866) und Nestlé (1867) gegründet.[235] Sowohl der Apotheker Henri Nestlé als auch der Chemiker Georg Wander waren Mineralwasserverkäufer, bevor sie mit Malzextrakten bzw. mit Milch und Mehl zu experimentieren begannen, und beide waren leidenschaftliche Chemiker und wurden stark von Justus von Liebigs Arbeiten beeinflusst und inspiriert.[236] Die Gründung der Berneralpen Milchgesellschaft im Jahre 1892 erfolgte im Vergleich zu anderen grossen Unternehmungen in der Milch- und Schokoladeindustrie relativ spät. Nur die Firma Tobler (im Jahre 1899) wurde noch später ins Leben gerufen.[237]

Die Gründungsgeschichte der Berneralpen Milchgesellschaft war, verglichen mit dem schweizerischen Umfeld, aussergewöhnlich: Im Gegensatz zu allen anderen Unternehmungen, welche von charismatischen Gründerfiguren wie Henri Nestlé, Philipp Suchard, Dr. Georg und Albert Wander oder Jean Tobler ins Leben gerufen wurden und bei denen der Firmensitz durch den Wohnsitz der Gründer vorgegeben war, fehlte bei der Berneralpen Milchgesellschaft eine solche Figur. Gewiss war Caesar Ritz die charismatische Persönlichkeit, welche die Initiative zur Unternehmensgründung ergriff und mit seinen Ideen den Weg des Unternehmens vorspurte, aber als «König der Hoteliers» fehlte ihm die Zeit, um die Firmenleitung selbst zu übernehmen. Aus diesem Grund überliess er die Weiterentwicklung dieser «Ritz-Idee» einer Gruppe von Berner und Innerschweizer Patriziern. Erfindung (Neuhauss, Gronwald, Oehlmann), Initiative (Ritz) und die Leitung des Unternehmens (Pfyffer von Altishofen, von Wattenwyl, Muheim) wurden also von verschiedenen Personen wahrgenommen. Durch diese Umstände war der Standort des neuen Unternehmens nicht von Anfang an festgelegt, sondern fiel erst in einem Wettbewerbsverfahren der besten Bewerbung in Stalden zu.

Die relativ späte und ungewöhnliche Gründung des Unternehmens führte dazu, dass die Berneralpen Milchgesellschaft im Gegensatz zu allen andern grossen Milch- und Schokoladefirmen nicht als Familienunternehmen ihren Anfang nahm, sondern von Beginn weg eine Aktiengesellschaft darstellte. Eine solche Firmenstruktur war in den 1890er-Jahren notwendig geworden, um in einem zunehmend oligopolistisch organisierten Markt bestehen zu können.[238] Denn als Nachzüger mussten sich die Berneralpen Milchgesellschaft und Chocolat Tobler in einer Branche behaupten, deren Märkte bereits von den «first-movers» besetzt worden waren. Solche «first-movers» wie Anglo-Swiss (1872)[239], Suchard (1879)[240] oder Nestlé (1899) stellten bereits im 19. Jahrhundert erste Fabriken im Ausland auf und verkauften ihre Produkte auf der ganzen Welt. 1882 verfügte Anglo-Swiss bereits über eine Fabrik in

Middletown (Bundesstaat New York) und um 1900 hatte auch Nestlé mit einer Produktionsanlage in Fulton/USA den Sprung über den Atlantik gewagt.[241] Um in diesem Umfeld bestehen zu können, verfolgten sowohl Tobler als auch die Berneralpen Milchgesellschaft eine kapitalintensive Firmenstrategie[242], indem sie den Rückstand durch intensive Werbekampagnen für ihre Qualitätsprodukte wettzumachen versuchten.[243] Die Berneralpen Milchgesellschaft verfolgte dabei eine ähnliche Werbestrategie wie die Anglo-Swiss Condensed Milk Company, welche mit Marken wie «Milkmaid» (Milchmädchen) oder «Wilhelm Tell» bereits in den 1870er-Jahren den Mythos der Alpen als Werbeträger entdeckt hatte.[244] Auch in der Schokoladewerbung begannen ab 1895 die Abbildungen von Alpen und Kühen zu dominieren.[245] Mit der Stilisierung der heilen Alpenwelt folgte die Berneralpen Milchgesellschaft einem allgemeinen Trend der damaligen Milch- und Schokoladeindustrie, wobei die explizite Verwendung des Wortes «Alpen» im Firmennamen einzigartig war.

Zwischen 1880 und 1914 konnte sich die Schweiz in der Milch- und Schokoladeindustrie als markführendes Land etablieren.[246] Die Zeit um die Jahrhundertwende war von einer grossen Anzahl an Produktinnovationen gekennzeichnet: Innerhalb weniger Jahre entstanden im heutigen Espace Mittelland bekannte Schweizer Markenprodukte wie die Milka-Schokolade (im Jahre 1901), die Stalden-Crème (1903), die «Ovomaltine» (1904) und die «Toblerone» (1908).[247] Die enorme Dynamik, welche durch Basisinnovationen wie der Kondensmilch, dem Milchpulver und der Milchschokolade ausgelöst worden war, führte zu starken Unternehmensexpansionen wie zum Beispiel beim Schokoladeunternehmen Cailler, das sich im Jahre 1898 durch die Ansiedlung in Broc innerhalb kurzer Zeit vom handwerklichen Kleinbetrieb zu einem Industriekomplex entwickelte.[248] Zudem waren die Milch- und Schokoladeunternehmen untereinander stark vernetzt: Nicht nur die Berneralpen Milchgesellschaft und Suchard kooperierten miteinander, auch Tobler bezog seine Schokolade lange Zeit bei Cailler, Suchard und Lindt, bevor er selbst mit der Schokoladeproduktion begann[249], und Chocolat Peter pflegte Kontakte mit Nestlé und Anglo-Swiss.[250]

Zwischen 1899 und 1911 zeichnete sich durch diese Dynamik eine erste Konzentrationswelle der Schweizer Milch- und Schokoladeindustrie ab. 1899 fusionierten Lindt und Sprüngli[251], 1904 ging Chocolat Peter/Kohler eine weitgehende Zusammenarbeit mit Nestlé ein, um sich an der Hand eines grossen Partners auf den internationalen Märkten zu entfalten, und 1905 war die Mega-Fusion zwischen Nestlé und Anglo-Swiss perfekt. Die neue Gesellschaft mit dem Namen «Nestlé & Anglo-Swiss Condensed Milk Company» wurde nun von Vevey, Cham und London aus verwaltet und verfügte über ein gewaltiges Aktienkapital von 40 Millionen Franken.[252] Im gleichen Jahr übernahm Tobler die Turiner Schokoladefabrik Talmone, wodurch sich der Umsatz von Tobler verdoppelte, und 1911 entwickelten sich Peter, Cailler und Kohler mittels Fusion zum grössten Schokoladeunternehmen der Schweiz.[253] Aus diesem

Konzentrationsprozess gingen im Jahre 1914 fünf grosse Unternehmen hervor: Nestlé und die Berneralpen Milchgesellschaft in der Dauermilchindustrie sowie Peter-Cailler-Kohler, Suchard und Tobler im Schokoladegeschäft.[254]

Schon 1914 waren die Grössenunterschiede zwischen Nestlé und der Berneralpen Milchgesellschaft gewaltig.[255] Während Nestlé bei der Schweizer Milchausfuhr nach Europa und Amerika mit Anteilen von 96 bzw. 92 Prozent praktisch eine Monopolstellung inne hatte, lagen die Stärken der Berneralpen Milchgesellschaft in Export sterilisierter Naturmilch nach Afrika und Asien, wo sie mit Schweizer Exportanteilen von einem Viertel bis einem Drittel mit Nestlé mithalten konnte[256]. Besonders stark war Nestlé in England[257] (Im Jahre 1914 lieferte Nestlé 98 Prozent des Schweizer Exports in dieses Land) und den britischen Kolonien Südafrika (87 Prozent) und Indien (97 Prozent) vertreten, während die Bärenmarke vor allem in den französischen Kolonien wie französisch Westafrika (67 Prozent) und Indochina (67 Prozent) sowie den Philippinen (65 Prozent) besonders präsent war. Es scheint, dass die Nestlé & Anglo-Swiss Company ihre Geschäfte hauptsächlich in England und den britischen Kolonien machte und sich die «Bärenmarke» vor allem in den französischen Kolonialländern durchsetzen konnte.[258]

Zusammenfassung

Der Weg zur Gründung und Etablierung der Berneralpen Milchgesellschaft zwischen 1890 und 1914 wurde durch günstige Voraussetzungen in Politik, Wirtschaft und Gesellschaft des 19. Jahrhunderts geebnet:

Eine erste wichtige Voraussetzung war die Spezialisierung der Berner Voralpengebiete auf die Milchwirtschaft, welche in zwei Schritten vollzogen wurde. Der erste Schritt zur Entstehung einer intensivierten Milchwirtschaft in der Voralpenregion des Kantons Bern wurde in den 1830er-Jahren mit der Agrarmodernisierung vollzogen. Mit dem neuen Landwirtschaftssystem, welches auf dem Anbau von Kunstgras (Klee, Luzerne, Esparsette) und dem Recycling von Abfallprodukten aus der Viehhaltung beruhte, steigerten sich nicht nur die Erträge im Ackerbau, sondern auch die Viehbestände und die Milchmengen. Zur Verarbeitung dieser steigenden Milchquantitäten entstanden entlang der Voralpen Talkäsereien, welche den Käse in grossen Mengen ins Ausland zu exportieren begannen. Der zweite Schritt erfolgte mit der Öffnung der Märkte in den 1850er- und 1860er-Jahren durch die Eisenbahn und eine liberale Handelspolitik. Dadurch wurden die bis anhin geschützten Agrarmärkte der Schweiz mit billigem Getreide aus Russland und den Vereinigten Staaten überschwemmt. Auf diesen Globalisierungsschock reagierte die Schweizer Landwirtschaft mit einer zunehmenden Spezialisierung auf die rentable Vieh- und Milchwirtschaft, während der Getreidebau an Bedeutung verlor. Dies führte zu einem enormen Aufschwung des Käseexports, aber auch zu einer immer stärkeren Abhängigkeit der Agrarwirtschaft von der Milchbranche.

Weitere wichtige Grundlagen zur Entstehung der Milchindustrie legten die wissenschaftlichen Durchbrüche in der Chemie (Liebig), der Biologie (Pasteur) und der naturwissenschaftlich orientierten Medizin im 19. Jahrhundert, welche entscheidende Anstösse zur Entwicklung neuer Milchverfahren gaben und auch auf der gesellschaftlichen Ebene ihre Abbildung fanden: Man begann auf gesunde Ernährung und Hygiene zu achten und versuchte die Säuglingssterblichkeit mit Hilfe von spezieller Kindernahrung zu bekämpfen. Dabei wurde die Milch als besonders gesundes Nahrungsmittel und als Heilmittel betrachtet. Die ausgeprägte Milchwirtschaft in der Schweiz, deren Alpenmilch als besonders wertvoll betrachtet wurde[259], brachte Unternehmer und Tüftler wie Henri Nestlé oder die Gebrüder Page auf die Idee, diese Milch zu konservieren und zu verkaufen. So entstanden in den 1860er-Jahren mit Nestlé und der Anglo-Swiss bedeutende Milchunternehmen in der Schweiz, welche wiederum andere Tüftler zu neuen Erfindungen wie der Milchschokolade anregten. Dank diesem innovativen Umfeld konnte sich die Schweizer Milch- und Schokoladeindustrie in der zweiten Hälfte des 19. Jahrhunderts an der Weltspitze etablieren. Dank dem liberalen Weltwirtschaftssystem konnte von der Schweiz aus, welche vor den Niederlanden und den Vereinigten Staaten das bedeutendste Milchexportland war, die ganze Welt mit Milchprodukten versorgt werden. Durch diesen starken Wachstumsschub stellte der Kondensmilchexport um 1900 sogar den Käseexport in den Schatten.[260]

Während sich die bedeutenden Unternehmen der Milchindustrie in Vevey und Cham am Rande der Kernzone der Milchwirtschaft entlang der Voralpen ansiedelten, wo die Käseverarbeitung weniger stark war[261], florierte in den Kantonen Bern und Freiburg das Geschäft mit dem Käseexport (Emmentaler- und Greyerzer-Käse). Infolge der weltweiten Wirtschaftskrise («Grosse Depression») und der wachsenden ausländischen Konkurrenz brachen die Milch-, Fleisch- und Käsepreise aber ab 1885 ein. Dies führte zu einer Krise der Landwirtschaft im Kanton Bern. Der Mangel an Milchabnehmern konnte dadurch behoben werden, dass sich zwischen 1890 und 1900 verschiedene Unternehmen aus der milchverarbeitenden Industrie ansiedelten und somit in eine Lücke sprangen: Im Kanton Freiburg siedelten sich Cailler 1898 in Broc und Chocolat Villars 1901 in Freiburg an, während im Kanton Bern 1892 die Berneralpen Milchgesellschaft in Stalden/Konolfingen, Chocolat Tobler 1899 in Bern und Galactina 1901 in Belp gegründet wurden und Nestlé im Jahre 1903 in Neuenegg eine Milchsiederei eröffnete[262]. Anhand dieser Konzentration von Neugründungen ist davon auszugehen, dass sich die Milch- und Schokoladeindustrie im letzten Jahrzehnt des 19. Jahrhunderts aufgrund der Käseexportkrise und der zweiten Industrialisierungswelle in den Kantonen Bern und Freiburg ansiedeln konnte.[263]

Neben diesen günstigen Voraussetzungen wollte es der Zufall, dass Caesar Ritz in London auf ein Verfahren der Milchsterilisation stiess, welches grosse Sicherheit vor den damaligen Geisseln der Zeit wie Typhus, Cholera, Tuberkulose oder der Säuglingssterblichkeit versprach und die Haltbarkeit der Milch wesentlich erhöhte. Da die Milchqualität in den damaligen Grossstädten wie London oder Paris zu wünschen übrig liess und er in Cannes selber die verheerenden Auswirkungen einer Choleraepidemie auf die dortige Hotellerie miterleben musste, war Ritz sofort angetan von diesem Produkt. Er erwarb die Schweizer Patente an diesem Verfahren, was 1892 schliesslich zur Gründung der «Société Laitière des Alpes Bernoises» führte.

Doch entgegen den Erwartungen war die «Ritz-Idee», das Bürgertum in den Grossstädten Europas mit gesunder Alpenmilch zu versorgen, in den Anfangsjahren nicht von Erfolg gekrönt. Die sterilisierte Milch war dem gehobeneren Bürgertum zu teuer oder die Kunden waren bereits an die gezuckerte Kondensmilch der Konkurrenz gewohnt. Um die Jahrhundertwende musste die Hälfte des Aktienkapitals von 1,1 Millionen Franken abgeschrieben werden, um das Unternehmen wieder auf eine solide ökonomische Basis zu führen.

Trotzdem gelang es der Berneralpen Milchgesellschaft kurz darauf, sich als Milchunternehmen zu etablieren. Dabei kamen dem Unternehmen wiederum die spezifischen Verhältnisse im langen 19. Jahrhundert entgegen:

Einerseits konnte die Berneralpen Milchgesellschaft von der damaligen Blütezeit der Schweizer Milch- und Schokoladeindustrie profitieren, indem sie in Zusammenarbeit mit Chocolat Suchard die Milka-Schokolade entwickelte und das Exklusivrecht für die Milchpulverlieferungen an Suchard besass. Und andererseits bot das europazentrierte Weltsystem im Zeitalter des Imperialismus die Gelegenheit, die europäischen Bevölkerungsschichten in den tropischen Kolonialländern in Afrika und Asien mit bakterienfreier Milch zu versorgen, was für die Berneralpen Milchgesellschaft zu einem sehr einträglichen Geschäft wurde.

Die Entstehung und der Aufstieg der Berneralpen Milchgesellschaft im 19. Jahrhundert hing also stark mit der damaligen Blütezeit der Schweizer Milch- und Schokoladeindustrie, den Konsummustern der Industriegesellschaft durch die neuen Erkenntnisse in der Medizin, dem Freihandel und dem Imperialismus, aber auch mit Krisen in der Agrarwirtschaft zusammen.

Abb. 29: «Unglaublich lecker! Das ideale Dessert!». Werbeplakat für «Bear Brand»-Schokoladencrème in den Niederlanden durch die 1938 gegründete Tochtergesellschaft in Nunspeet. (Archives historiques Nestlé, Vevey).

UNTERNEHMENSSTRATEGIEN IN KRIEGS- UND KRISENZEITEN (1914–1950)

Charakter der Epoche

Die Zeit zwischen 1914 und 1950 wurde von den Erschütterungen der zwei Weltkriege und der Weltwirtschaftskrise in den 1930er-Jahren stark geprägt.

Neben dem moralischen und politischen Desaster stellte der Erste Weltkrieg als Urkatastrophe des 20. Jahrhunderts auch eine wirtschaftliche Zäsur dar: Das liberale Weltwirtschaftssystem des langen 19. Jahrhunderts unter der Führung Grossbritanniens brach mit dem Ersten Weltkrieg in sich zusammen. An dessen Stelle trat zunehmender Protektionismus durch staatliche Handelsbeschränkungen. Zudem verlor Europa durch das irrsinnige militärische und ökonomische Kräftemessen seine wirtschaftliche Hegemonialstellung, während die Ökonomie der Vereinigten Staaten gestärkt aus diesem Konflikt hervorging.[264]

Zwar konnte sich die Weltwirtschaft in den 1920er-Jahren wieder erholen und erlebte zwischen 1924 und 1929 einen erneuten Aufschwung, doch gegen Ende des Jahrzehnts begann das Wirtschaftswachstum zu stagnieren. Die panikartigen Aktienverkäufe vom 24. und 29. Oktober 1929 kündigten schliesslich eine nächste Depression an: Durch unglückliche Verkettungen konnte die Krise ausgreifen und führte zur Weltwirtschaftskrise von 1929 bis 1933. Dabei verlor das Pfund Sterling dermassen an Wert, dass Grossbritannien und andere Staaten 1931 ihre Währungsparität in Gold aufhoben.[265] Die unsicheren Währungsverhältnisse und zunehmender Protektionismus durch Zollbarrieren und sonstige Handelshemmnisse führten zu einer starken Desintegration der Weltwirtschaft, welche de facto in drei Währungsblöcke aufgespalten wurde: den Sterlingblock mit Grossbritannien und seinen Kolonien, die Dollarzone mit dem US-Dollar als Leitwährung und den Goldblock, dem Frankreich, Belgien, Italien und die Schweiz angehörten und der bis 1935/36 offiziell an der Goldparität festhielt.[266] Obwohl sich das Schweizer Exportvolumen zwischen 1929 und 1932 halbierte, wirkte sich die Weltwirtschaftskrise in der Schweiz weniger verheerend aus als in anderen Ländern, dafür dauerte sie länger als anderswo und fand erst im Sommer 1936 einen letzten Kulminationspunkt.[267]

Nur wenige Jahre nachdem die Weltwirtschaftskrise in der Schweiz überwunden werden konnte, brach 1939 mit dem Zweiten Weltkrieg ein Konflikt aus, von welchem praktisch jedes Land direkt oder indirekt betroffen war. Er entfaltete eine Zerstörungskraft wie kein Krieg zuvor und verursachte grosse wirtschaftliche Schäden, welche bis heute schwer zu beziffern sind.[268] Die

Schweiz blieb vom unmittelbaren Kriegsgeschehen zwar verschont, aber seit der Eroberung Frankreichs im Jahre 1940 durch die deutschen Truppen war das Land von den Achsenmächten vollständig umschlossen. Zu Beginn des Zweiten Weltkrieges konnte der Kalorienbedarf der Schweizer Bevölkerung durch die eigene Landwirtschaft nur zur Hälfte gedeckt werden, die andere Hälfte musste durch Warenimporte ergänzt werden. Schon bald wurde klar, dass neben einer militärischen auch eine (land)wirtschaftliche Landesverteidigung notwendig war. Um die Schweiz vor einer allfälligen Abschnürung der Nahrungsmittelversorgung durch die Achsenmächte abzusichern, wurde im November 1940 mit dem «Plan Wahlen» ein neues Landwirtschaftsprogramm lanciert. Dabei wurde die bereits im Jahre 1938 aufgenommene Agrarpolitik weiter vorangetrieben, welche eine Ausweitung des Getreidebaus auf Kosten der Vieh- und Milchwirtschaft vorsah, um den Selbstversorgungsgrad zu erhöhen. Zudem wurden die meisten Lebensmittel während dem Zweiten Weltkrieg rationiert.[269] Diese kriegswirtschaftlichen Rationierungsmassnahmen blieben auch nach dem Krieg in Kraft, bis sie 1948 schliesslich aufgehoben wurden.[270]

Der Erste Weltkrieg und die verlorene Hegemonie der Schweizer Milch auf den Weltmärkten

Steigende Gewinne trotz Milchknappheit: Die Berneralpen Milchgesellschaft als heimliche Profiteurin des Ersten Weltkriegs

Unmittelbar nach dem Ausbruch des Ersten Weltkriegs kam der internationale Güter- und Geldverkehr völlig zum Erliegen. Die Schweiz war auf dieses Ereignis schlecht vorbereitet: Vor allem die Nahrungsmittelversorgung gab dem Bundesrat Anlass zur Besorgnis, denn durch die Spezialisierung der Schweizer Landwirtschaft auf Milchprodukte waren diese nun im Überfluss vorhanden, während der inländische Getreidebau nur noch 16 Prozent des inländischen Brotgetreidebedarfs zu decken vermochte. Aus Sorge, dass durch den Export für die Landesversorgung wertvolle Güter verloren gehen würden, erliess der Bundesrat am 1. August 1914 ein generelles Ausfuhrverbot für Lebensmittel.[271] Der Zusammenbruch des Käseexports als Folge des Verbots hatte jedoch verheerende Auswirkungen auf den Milchpreis, denn aufgrund der raschen Verderblichkeit von Rohmilch war die Höhe des Milchpreises sehr stark von der Käseverarbeitung und deren Exportmöglichkeiten abhängig.[272] Mit dem Exportverbot drohte der Milchpreis zu sinken und die Milchwirtschaft in eine Krise zu geraten, wenn es nicht rasch gelang, den Käsehandel wieder in Gang zu bringen und die Preise dadurch zu stabilisieren. Der Bundesrat hob daraufhin das Exportverbot wieder auf, allerdings mit der Auflage, dass die Exporteure der bedeutendsten Käsesorten zusammen mit dem Zentralverband

Abb. 30: Die Fabrikangestellten und die Milchsiederei in Konolfingen um 1916. (Fabrik Nestlé, Konolfingen). Etwa die Hälfte des Fabrikpersonals waren Frauen.

Schweizerischer Milchproduzenten und dem Verband Schweizerischer Konsumvereine eine gemeinsame Organisation gründen mussten, die den Käseexport übernehmen und kontrollieren sollte. Daraus entstand am 22. August 1914 die Genossenschaft Schweizerischer Käseexporteure, welche auch «Käseunion» genannt wurde. Mit ihr veränderten sich die Verhältnisse auf dem Schweizer Milchmarkt grundlegend. Während sich bis anhin der Produzentenmilchpreis stets nach den Weltmarktpreisen ausgerichtet hatte, wurde dieser nun durch die Käseunion vertraglich festgesetzt. Durch diese Massnahme wurde der Schweizer Milchmarkt von den Einflüssen des Weltmarktes abgekoppelt. Ziel der provisorischen Neuerung war es, der inländischen Milchversorgung tiefe Milchpreise zu garantieren und die Milchwirtschaft vor der drohenden Krise zu bewahren.[273] Die tiefen Milchpreise waren auch für den Schweizer Käseexport vorteilhaft: Obwohl die Milch knapp war, lagen die Milchpreise der Schweiz 1915 rund 20 Prozent unter dem Weltmarktniveau und die Nachfrage nach Schweizer Käse war dementsprechend hoch[274]. Auch die Berneralpen Milchgesellschaft verzeichnete in den Jahren 1914 und 1916 Rekordumsätze. Diese waren vor allem auf eine starke Nachfrage nach ungezuckerter Kondensmilch zurückzuführen, deren Umsatz innerhalb von vier Jahren (1913–1916) mit einer Steigerung von 46 000 Kisten auf 104 000 Kisten mehr als verdoppelt werden konnte. Die ungezuckerte Kondensmilch fand besonders bei der englischen Armee und den französischen Behörden grossen Absatz. Ausserdem konnte bis 1916 der Export von sterilisierter Naturmilch in den Fernen Osten von Genua, Marseille und Bordeaux aus in ähnlichem Umfang wie vor dem Krieg gewährleistet werden.[275]

Im Frühling 1916 verpflichtete der Bundesrat die Schweizer Milchproduzenten per Vertrag zur Gewährleistung der Milchversorgung und forderte zu diesem Zwecke eine Quersubventionierung des Milchpreises durch die Gewinne der Käseunion. Damit war der Milchpreis definitiv zu einem politischen Preis geworden. Durch diese Subventionierung konnte die Schweizer Bevölkerung Milch und Käse unter dem Weltmarktpreis kaufen und die Milch wurde

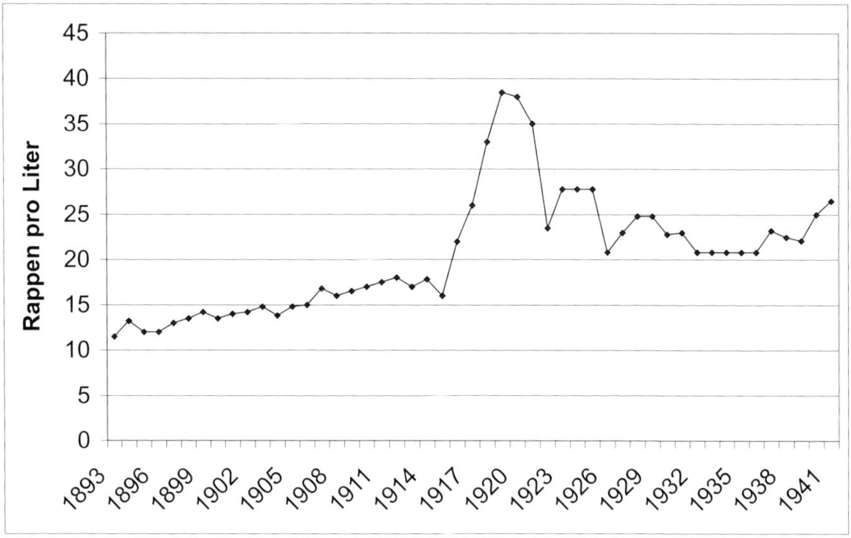

Grafik 2: Die Milchpreise in Konolfingen von 1893 bis 1941. (Daten aus: Ursina, 50 Jahre BAMG: 80). Während und unmittelbar nach dem Ersten Weltkrieg erreichte der Milchpreis Höchstwerte.

zum günstigsten Grundnahrungsmittel in der Schweiz. Diese Massnahmen führten zu einer gewaltigen Steigerung des Schweizer Käsekonsums: Während 1916 zwischen 250 000–300 000 Kilogramm Käse gegessen wurde, lag der Konsum im Jahre 1917 bereits bei einer Million Kilogramm. Da Brotgetreide knapp war, verordnete der Bundesrat 1917 zudem den Zwangsanbau von Getreide, welcher direkt auf Kosten der Milchproduktion ging. Die Folgen dieser Politik waren verheerend für die Milchwirtschaft: Einerseits sank die Milchproduktion, andererseits stieg der Konsum von Milchprodukten aufgrund der Preisverzerrungen stark an, was zu einer akuten Verknappung der Milchressourcen führte. Der Milchmangel wiederum führte zu einem massiven Rückgang der Käseproduktion. Das Konstrukt der Quersubventionierung der Milch durch die Käseunion brach zusammen und führte nun zu einem explosionsartigen Anstieg des Schweizer Milchpreises auf Rekordwerte.[276]

Der Milchmangel und der daraus folgende Preisanstieg gingen auch an der Berneralpen Milchgesellschaft nicht spurlos vorbei. In Konolfingen stieg der Milchpreis von 1915 bis 1919 von 16 Rappen auf 38,5 Rappen an[277], während der Milcheingang zwischen 1916 und 1919 um einen Viertel sank[278] und der Umsatz eine Einbusse von einem Drittel verzeichnete.[279] Zudem musste das Emmentaler Unternehmen die Quersubventionierung des Bundes mittragen[280] und einen beträchtlichen Teil der Rohmilch zur Versorgung der Städte abliefern.[281] Trotz allen Schwierigkeiten überstand die Berneralpen Milchgesellschaft diese Krise relativ schadlos, weil sie ab 1916 Kompensationsgeschäfte[282] mit Deutschland tätigen konnte, welche ihr bis zu 50 Prozent des Umsatzes sicherstellten. Dazu gesellten sich 1918 Milchverkäufe an Spitäler der amerikanischen Truppen in Frankreich.[283] Von den Verhältnissen während des Ersten Weltkriegs konnte die Berneralpen Milchgesellschaft insgesamt profitieren: Obwohl der Umsatz rückläufig war, stieg der Gewinn stetig an und konnte sich zwischen 1914 und 1918 rund vervierfachen[284], die Gewinnausschüttungen an die Aktionäre erreichten Höchstwerte[285] und der Marktanteil des Unternehmens im Schweizer Milchexportgeschäft konnte knapp verdoppelt werden.[286] Die Berneralpen Milchgesellschaft ist also trotz allen Hindernissen bei der Rohstoffbeschaffung und im Exportgeschäft nicht nur als Opfer des Ersten Weltkriegs zu betrachten, sondern konnte in jener Zeit auch sehr einträgliche Geschäfte machen.

Die Internationalisierung der Produktion und die Gründung der Ursina-Holding

Ab November 1915 wurde die industrielle Verarbeitung der Milch zu Kondensmilch vom Bundesrat immer mehr eingeschränkt, um die Milchversorgung der Städte zu gewährleisten.[287] Die Kondensmilchproduktion in der Schweiz nahm dadurch rapide ab, während die Nachfrage nach derselben stetig anstieg. Infolgedessen begann sich die Berneralpen Milchgesellschaft im Ausland nach anderen Regionen umzusehen, um dort Milchprodukte zu produzieren und somit die steigende Nachfrage befriedigen zu können.[288] Die hohen Produktionskosten in der Schweiz und der während des Ersten Weltkriegs eingetretene Protektionismus, welcher sich auch in Frankreich bemerkbar machte, liessen in Konolfingen Bedenken aufkommen, ob die führende Stellung der «Bärenmarke» in den französischen Kolonien Westafrikas weiter aufrecht erhalten werden konnte. Deshalb wurde im Jahre 1916 von der Berneralpen Milchgesellschaft beschlossen, in Frankreich eine Fabrik zur Herstellung von gezuckerter Kondensmilch zu erstellen. Am 27. Oktober 1917 wurde die «Compagnie Générale du Lait» als Tochtergesellschaft von Stalden in Bordeaux gegründet. Entgegen den ersten Annahmen stellte sich nach weiteren Abklärungen heraus, dass das Gebiet von Bordeaux nicht das gewünschte Tagesquantum von 30 000–40 000 Liter pro Tag liefern konnte. Schliesslich kamen Hans Pfyffer von Altishofen und Emmanuel Muheim nach einer Erkundungsreise in Südostfrankreich zum Schluss, dass sich die Gegend von Rumilly in Hochsavoyen als neuer Standort des Tochterunternehmens besonders eignen würde, da dort ähnliche Bedingungen wie im Emmental herrschten: Die Milch war von bester Qualität und in genügend grossen Mengen vorhanden, wobei der Milchpreis infolge der intensiven Käseproduktion in Hochsavoyen etwas höher lag als anderswo in Frankreich. Man entschied sich, die Fabrik in Rumilly zu erstellen und führte damit das von der Berneralpen Milchgesellschaft stets hochgehaltene Prinzip, nur erstklassige Milchprodukte zu produzieren, auch in Frankreich weiter. Das neue Unternehmen in Rumilly fand auch in Bankkreisen Frankreichs grosses Interesse und verfügte 1920 über ein Aktienkapital von 5 Millionen Französischen Francs, wovon die Berneralpen Milchgesellschaft mit einem Anteil von 2,9 Millionen Französischen Francs die Aktienmehrheit besass. Am 3. Juni 1922 wurde das Produktionszentrum in Rumilly offiziell eingeweiht und der Sitz der Compagnie Générale du Lait von Paris[289] nach Rumilly verlegt. Die in Rumilly hergestellten Produkte wurden unter der Marke «Mont-Blanc» verkauft und fanden in Frankreich und Übersee sofort beste Aufnahme.[290]

Nicht nur in Rumilly wurde ein neues Unternehmen gegründet, sondern auch die Filiale in Biessenhofen wurde 1917 in eine Tochtergesellschaft umgewandelt. Diese Massnahme traf man in erster Linie zum Schutz des Unternehmens im Allgäu vor dem zunehmenden Wirtschaftsprotektionismus in Deutschland, denn durch die Loslösung von der Muttergesellschaft in Konolfingen wurde die Allgäuer Alpenmilch AG von den deutschen Behörden nicht mehr als Schweizer Besitz, sondern als deutsches Unternehmen betrachtet. Am 6. Dezember 1917 wurde die Allgäuer Alpenmilch AG unter dem Namen «Alpursa AG» und einem Grundkapital von einer Million Mark zu einer selbstständigen Tochtergesellschaft, wobei die Berneralpen Milchgesellschaft über 80 Prozent der Aktien besass.[291]

Durch die Gründung dieser beiden Tochterunternehmen während des Ersten Weltkriegs blieb die Berneralpen Milchgesellschaft nicht nur eine Fabrikationsgesellschaft, sondern stellte nun gleichzeitig auch eine Beteiligungsgesellschaft dar. Diese Beteiligungen machten 1925 einen Betrag von 2,3 Millionen Schweizer Franken oder 58 Prozent des Aktienkapitals der Berneralpen Milchgesellschaft aus. Das bernische Steuergesetz kannte damals noch keine spezielle Behandlung für Holdinggesellschaften und der Fiskus zog auch das aus dem Ausland stammende Einkommen zur Steuer heran. Dieser Umstand sowie die starke Beanspruchung der Finanzen der Berneralpen Milchgesellschaft durch die weitere Entwicklung der ausländischen Tochtergesellschaften veranlasste den Verwaltungsrat zu prüfen, auf welche Weise

Abb. 31: Werbung der Allgäuer Alpenmilch AG für die «Bärenmarke» im Jahre 1926. (Allgäuer Alpenmilch AG, Mühldorf). Der hohe Fettgehalt und die lange Haltbarkeit waren Gütezeichen für die Kondensmilch.

eine Trennung zwischen Betriebs- und Beteiligungsgesellschaft vorgenommen werden könnte, um einfache und klare Verhältnisse zu schaffen. Die beste Lösung stellte dabei die Umwandlung der Berneralpen Milchgesellschaft in eine reine Holdinggesellschaft[292] dar. Es war beabsichtigt, den Sitz dieser neuen Holdinggesellschaft im Kanton Bern beizubehalten, wenn derselben Steuererleichterung gewährt wurde. Die Verhandlungen mit der Berner Regierung verliefen jedoch ergebnislos, weil sich diese an das bestehende Steuergesetz halten musste und im vorliegenden Falle keine Ausnahme machen konnte. Daraufhin wurde der Firmensitz von Stalden nach Genf verlegt, wo die Steuerverhältnisse für Holdinggesellschaften am günstigsten waren. Am 17. März 1926 wurde die vorgeschlagene Neuordnung der Gesellschaftsverhältnisse von der Generalversammlung genehmigt. Zur Fortführung des bisherigen Fabrikations- und Handelsbetriebes in Konolfingen wurde eine neue, selbstständige Betriebsgesellschaft mit einem Aktienkapital von 2 Millionen Franken unter dem Namen «Berneralpen Milchgesellschaft» gegründet, während die Holdinggesellschaft 1927 den Firmennamen «Ursina AG» erhielt. Die Verwaltungsräte der Berneralpen Milchgesellschaft (Betriebsgesellschaft) und der Ursina AG, welche 1927 ihren Sitz von Genf nach Stans verlegte, waren damals identisch[293]. Mit der Gründung der Holdinggesellschaft wurde auch der Zweck des Unternehmens über die Milchbranche hinaus erweitert: «Der Zweck der Gesellschaft ist die Beteiligung bei Gesellschaften der Milchindustrie und bei anderen Unternehmen der Nahrungsmittelbranche, und zwar sowohl im Inland wie im Ausland»[294].

Qualität versus Preis: Der Konkurrenzkampf mit Billigmarken in den 1920er-Jahren

Erst nach dem Kriegsende begannen sich die Folgen der schweizerischen Nahrungsmittelpolitik für die Berneralpen Milchgesellschaft ökonomisch negativ auszuwirken: Wegen anhaltendem Milchmangel, welcher seit 1916 aufgrund der erwähnten politischen Massnahmen, der schlechten Qualität des Heus und fehlenden Kraftfuttermitteln Bestand hatte[295], wurden die Exporttaxen auch nach dem Ende des Ersten Weltkrieges aufrecht erhalten und ein grosser Teil der eingehenden Milch musste der Landesversorgung zur Verfügung gestellt werden. Dies ging so weit, dass der Betrieb in Konolfingen von 1918 bis 1920 in der Wintersaison[296] wegen Milchmangel eingestellt werden musste.[297] Durch den Ausbruch der Maul- und Klauenseuche im Sommer 1920 verschärfte sich die angespannte Lage der Milchversorgung in der Schweiz zusätzlich. Die hohen Milchpreise blieben bestehen, während sich die Normalisierung der Milchwirtschaft in Frankreich, den Niederlanden, Belgien und Dänemark viel rascher vollzog. In den Niederlanden führte eine Überproduktion an Milch im Frühling 1920 zu einem massiven Preiszerfall bei Käse- und Milchprodukten. Angesichts der Tiefstpreise, mit denen Dänemark und die Niederlande nun auf den Weltmarkt drängten, wurde im Sommer 1920 das in Verbänden (Käseunion und Zentralverband Schweizerischer Milchproduzenten) organisierte System der Schweizer Milchwirtschaft während des Ersten Weltkriegs, welches sich nicht am Weltmarkt, sondern an kostendeckenden Preisen für die Schweizer Milchproduktion orientierte, zu einem dauerhaften privatwirtschaftlichen Kartellsystem übergeführt.[298] Diese protektionistische Massnahme führte dazu, dass sich der Milchpreis in der Schweiz dauerhaft über dem Preisniveau des Weltmarktes bewegte.[299] Der hohe Milchpreis wurde zu einem entscheidenden Standortnachteil für die Kondensmilchindustrie in der Schweiz, den die Länder mit billigen Rohmilchpreisen wie Holland oder Dänemark auszunutzen wussten. Sie begannen Kondensmilch zu billigen Preisen im Fernen Osten abzusetzen und stellten damit eine ernsthafte Gefahr für die Berneralpen Milchgesellschaft dar. Zudem verlor das Emmentaler Unternehmen nach dem Ersten Weltkrieg seinen Innovationsvorsprung auf dem Gebiet der ungezuckerten Kondensmilch und wurden aus diesem Markt verdrängt, weil die

Amerikaner mit der evaporierten Milch ein besseres und billigeres Produkt entwickelt hatten[300]. Zu Beginn der 1920er-Jahre geriet das Unternehmen in Konolfingen in eine Krise: Das Fabrikationsprogramm musste eingeschränkt und die Produktion zum Teil mit Verlust abgegeben werden.[301]

Schon kurz nach der Beendigung des Krieges zeigte sich, dass die Kaufkraft grosser Bevölkerungsteile in Europa und in Übersee einen starken Rückgang erfahren hatte. Viele Konsumenten kauften deshalb anstatt der teuren Schweizermilch billige Milch aus Holland, Dänemark, Frankreich oder Australien. Die Preisdifferenz zwischen der billigen Milch im Ausland und der teuren Schweizermilch war beträchtlich und betrug bis zu zehn Schweizer Franken pro Kiste und die Währungskurse vergrösserten diesen Unterschied nochmals bedeutend. Die Ursina stand vor der Frage, ob sie sich den veränderten Verhältnisse anpassen und den dazu notwendigen Schritt zu billiger Milch vollziehen wollte, oder ob man sich mit der «Bärenmarke» als Schweizer Qualitätsprodukt auf einen kleinen Absatzmarkt beschränken und damit einen grossen Teil der bisherigen Kundschaft der Konkurrenz überlassen wollte. Dabei kam man zur Einsicht, dass ohne die Lieferung von billiger, sterilisierter Milch die frühere Monopolstellung der «Bärenmarke» in Asien und Afrika verloren gegangen wäre und man sich deshalb der neuen Lage auf dem Kondensmilchmarkt anpassen musste, indem man ebenfalls ins Geschäft mit billiger gezuckerter Kondensmilch einstieg. Im August 1926 begann die Ursina von Rumilly und Konolfingen aus billige gezuckerte Kondensmilch und sterilisierte Milch unter der Marke «Guide» nach Westafrika und Malaysia[302] zu liefern. Damit wurde die Konkurrenz auf dem Markt der Billigmilch attackiert und es gelang der Ursina, diese in einem ruinösen Preiswettbewerb zu verdrängen und die Position der teuren und qualitativ hochwertigen Marken wie der «Bärenmarke», «Mont-Blanc» oder «Sledge» wieder zu stärken. Diese genossen in den Tropen nach wie vor einen hervorragenden Ruf und hatten deshalb trotz der höheren Preise ihre Kundschaft.[303] Der geschickte Werbespruch «Bear Brand Swiss Milk costs a little more, but is more than a little better» schien die Kundschaft in Südostasien zu überzeugen.[304] Zudem erlaubte es die gleichzeitige Produktion von sterilisierter Milch und gezuckerter Kondensmilch, im Bereich der gezuckerten Kondensmilch konkurrenzfähig zu werden und die Milch aus Konolfingen wieder gewinnbringend zu verkaufen.[305] Der Erfolg der Kombination von sterilisierter Milch und gezuckerter Kondensmilch lässt sich mit dem Gesetz der Skalenerträge («economies of scale») erklären, wonach sich mit steigender Stückzahl die Fixkosten der Produktion auf immer mehr Einheiten verteilen und dadurch die Kosten pro Stück mit zunehmender Stückzahl sinken.[306] Zwischen 1927 und 1930 konnten neue Rekordgewinne[307] geschrieben werden – 1929 erreichte der Umsatz des Unternehmens einen bis dahin unerreichten Kulminationspunkt[308]. Südostasien entwickelte sich in den 1920er-Jahren zum entscheidenden Absatzmarkt für die Ursina, wo besonders in Siam (Thailand) und Malaysia die Umsätze gesteigert werden konnten.[309]

Massnahmen zur Bewältigung der Weltwirtschaftskrise

Schokolade gegen Freundschaft – Ein Tauschgeschäft mit zwei Gewinnern

Obwohl der Geschäftsgang der Alpursa während des Ersten Weltkriegs und Anfang der 1920er-Jahre recht befriedigend war, führte die starke Inflation in Deutschland dazu, dass das Aktienkapital aufgrund seiner andauernden Entwertung innerhalb von 5 Jahren von einer Million Mark auf 16 Millionen Mark erhöht werden musste und für die Berneralpen Milchgesellschaft dadurch insgesamt ein Verlust von 600 000 Schweizer Franken aus dem Deutschland-Geschäft resultierte. Jedenfalls war man in Konolfingen froh, als 1924 die D-Mark wieder an den Goldpreis angekoppelt wurde. Mit der Rückkehr zu einer stabilen Währung stieg in Deutschland auch die Nachfrage nach Schokolade. Die Schokolade-Abteilung in Biessenhofen wurde in der Folge stark ausgebaut. Doch die Hochkonjunktur der Schokoladeindustrie flaute im Laufe des Jahres 1926 wegen der steigenden Arbeitslosigkeit in Deutschland ab. Die Konkurrenz auf dem Schokolademarkt verschärfte sich zunehmend und die Alpursa blieb auf ihren grossen Produktionskapazitäten sitzen, da sie über keine schlagkräftige Verkaufsorganisation verfügte.[310] Aber auch für etablierte Unternehmen wie die befreundete Chocolat Suchard stellte die zunehmende Konkurrenz eine existenzielle Bedrohung ihrer Tochtergesellschaft in Lörrach dar, falls der Umsatz nicht erhöht werden konnte und keine Einsparungen durch Skalenerträge möglich waren.[311] Die Geschäftslage der Alpursa wurde geprüft und dabei erstmals klar zwischen der Rentabilität der Schokolade- und der Milchabteilung unterschieden. Es zeigte sich, dass die Schokoladeabteilung seit 1927 ein Verlustgeschäft war. Um kostendeckend zu produzieren wäre mindestens eine Verdoppelung des Umsatzes notwendig gewesen. Dies war jedoch angesichts der sinkenden Nachfrage und des daraus folgenden Überangebotes an Schokolade keine realistische Perspektive.[312] Der Verwaltungsratsausschuss der Ursina kam daraufhin zum Schluss, dass die Alpursa-Schokoladeabteilung dem Unternehmen wesensfremd sei und man sich auf die Milchabteilung konzentrieren wolle.[313] Aus diesem Grund kamen im August 1930 Vertreter der Berneralpen Milchgesellschaft und Suchard zusammen und man wurde sich einig, dass Suchard die Schokoladeproduktion in Biessenhofen übernehmen sollte. Dadurch konnte Suchard ihr Schokoladeangebot auf dem Markt verdoppeln und aufgrund von steigenden Skalenerträgen gewinnbringend verkaufen. Im Gegenzug erhielt die Ursina von der deutschen Tochterfirma von Suchard Aktien im Gegenwert von 200 000 Reichsmark.[314] Aus den Protokollen des Verwaltungsratsausschusses der Ursina geht hervor, dass dieses Tauschgeschäft eher zum Nachteil des Berner Unternehmens war. Trotzdem ging man auf dieses (aus der Sicht des Ausschusses) schlechte Angebot ein, weil man sich nicht sicher war, ob man die Kundschaft von Suchard verlieren würde und weil man gleichzeitig an der Weiterführung der Milchpulverlieferungen sehr interessiert war.[315] Der Tausch mit Suchard war zwar ein schlechtes Geschäft, aber die Berneralpen Milchgesellschaft profitierte indirekt durch die Lieferungen von Milchpulver für die Milka-Schokolade vom Weiterbestehen einer starken Suchard-Tochtergesellschaft in Deutschland. Zudem waren die im Jahre 1926 eingeführten Lieferungen von Sahnepulver an Suchard sehr gewinnbringend.[316] Mit dem Ankauf von Suchard-Aktien erhoffte sich die Ursina, die Freundschaft und die Lieferungen nach Serrières und Bludenz für alle Zeiten zu sichern und auch die Tochterfirmen von Suchard in Frankreich mit Milchpulver versorgen zu können.[317] Am 31. März 1931 übernahm Suchard die Schokoladeabteilung der Alpursa sowie alle Rechte, Rezepte und Fabrikationsverfahren. Auf der Gegenseite erhielt Ursina 20 Prozent der Aktien von Suchard Lörrach, welche allerdings bereits ein Jahr später durch eine Sanierung nur noch 5 Prozent des gesamten Aktienkapitals darstellten. Mit der Abstossung der unrentablen Schokoladeabteilung in Biessenhofen, welche von 1926–1930 einen Verlust von einer Million Franken verursacht hatte, war die Expansion der Ursina ins Schokoladegeschäft gescheitert.[318] Die Milchabteilung in Biessenhofen blieb jedoch erhalten und die Deutsche Tochterfirma hiess ab 1931 wieder «Allgäuer Alpenmilch AG»[319].

Ein Abkommen zur Sicherung der Monopolstellungen

Ende der 1920er-Jahre waren nicht nur in der Schokoladeindustrie Anzeichen eines verschärften Konkurrenzkampfs festzustellen. 1927 begann Nestlé eine horizontale Expansionspolitik zu betreiben und übernahm unter anderem den Schmelzkäsehersteller Gerber AG in Thun und im Jahre 1929 das seit langer Zeit befreundete Schokoladeunternehmen Peter-Cailler-Kohler.[320] Die Konkurrenz, unter anderem Suchard und die Ursina, wurde in jener Zeit von Nestlé zunehmend unter Druck gesetzt.[321] Ende 1928 ging Nestlé dazu über, ihre sterilisierte Milch in der Schweiz herzustellen und damit die «Bärenmarke» überall um einige Franken pro Kiste zu unterbieten. Obwohl es dem Konzern in Vevey trotz allen Bemühungen nicht gelang, die führende Stellung der «Bärenmarke» in Frage zu stellen, war Nestlé für die Berneralpen Milchgesellschaft trotzdem ein unangenehmer Widersacher.[322] Aufgrund der erhaltenen Akten darf davon ausgegangen werden, dass Nestlé und Ursina von Mascara bzw. Rumilly aus als direkte Konkurrenten um die französischen Märkte auftraten und ihre Geschäfte dabei gegenseitig schädigten. Um solche Vorfälle auszuschliessen, trafen sich am 28. April 1931 in Bern Vertreter der beiden Unternehmungen. Dabei verlangte Nestlé ein dauerhaftes Abkommen in Form eines Aktientausches. Um die Details eines solchen Abkommens genauer zu präzisieren, traten am 8. Mai 1931 erneut Vertreter der beiden Unternehmen in Lausanne zusammen. Nestlé machte dabei den Vorschlag, dass auf sämtlichen Absatzgebieten das Verhältnis der Umsätze der beiden Unternehmen, basierend auf den Verkäufen der letzten drei Jahre, miteinander verglichen werden. Dieses Verhältnis sollte für alle Zukunft massgebend sein. Sollte der Umsatz von einem der beiden Unternehmen im Vergleich zum anderen Unternehmen überdurchschnittlich steigen und dadurch das festgesetzte Verhältnis stören, so musste die Gesellschaft, die einen Vorsprung erzielt hatte, der anderen vom Gewinn, der auf dem Mehrquantum gemacht wurde, einen Teil abliefern und zwar im Verhältnis der beim Abschluss des Abkommens festgesetzten Zahlen. Die Herren von Nestlé nannten diese Gewinnablieferung eine «Pénalité», also eine Strafe für eine auf Kosten des andern erzielte Umsatzsteigerung. Dieses System sollte hauptsächlich bei der Produktion von gezuckerter Kondensmilch für den Export und die Inlandverkäufe in Frankreich und Deutschland zum Tragen kommen. Allerdings knüpfte Nestlé diesen Vorschlag an eine folgenschwere Bedingung: Es hätte ein Aktientausch zwischen beiden Gesellschaften durchgeführt werden müssen und zwar in der Weise, dass Nestlé am Kapital der Ursina AG zu 50 Prozent beteiligt gewesen und damit die Aktienmehrheit erhalten hätte. Dabei wurde von Nestlé vorgeschlagen, dass jeder Aktionär der Ursina AG von zwei Aktien ein Stück gegen eine Nestlé-Aktie austauschte oder dass das Aktienkapital der Ursina verdoppelt werde, wobei Nestlé 4 Millionen Franken in diese neu zu gründende Holdinggesellschaft eingebracht hätte. Diese Beteiligung hätte die Ursina ganz in die Hände von Nestlé gebracht. Nestlé ermunterte Ursina zu diesem Schritt mit der Begründung, dass der Absatz der Ursina für immer gesichert gewesen wäre und eine Anlehnung an eine starke Schulter zu günstigen Bedingungen möglich gewesen wäre. Dabei schwebten Nestlé neue Kombinationen wie zum Beispiel die Übernahme von Suchard und eventuell von Chocolat Tobler durch die Ursina vor, da Nestlé nach der Übernahme von Peter-Cailler-Kohler nicht noch weitere Schokolademarken verkraften konnte.[323]

Aus der Sicht der Ursina stellte der Vorschlag von Nestlé eine Erpressung dar: Entweder, man stimmte dem Aktientausch von 4 Millionen Franken zu oder Nestlé drohte mit einem unerbittlichen Preiskampf, der zum Verschwinden der Ursina führen sollte.[324] Von dieser Drohung liess man sich bei Ursina jedoch nicht beeindrucken[325], sondern kam zusammenfassend zum Schluss, dass die Position der Ursina nach wie vor sehr stark sei. Es sei zwar richtig, dass Nestlé die beiden wichtigsten Einkommensquellen der Ursina (die gezuckerte und die sterilisierte Milch in Frankreich) angreifen wolle, auf der anderen Seite könne die Ursina nicht mehr so einfach aus dem Markt verdrängt werden wie noch während der Krise in den Jahren 1921/22. Und was die Mont-Blanc-Milch in Frankreich betraf, war sich die Ursina sicher, dass man Nestlé zumindest ebenbürtig war. Ein Preiskrieg im Fernen Osten wäre Nestlé ungeheuer teuer zu stehen gekommen, weil der Import von Billigmilch aus Australien den Qualitätsprodukten wie der «Bärenmarke» oder der Schweizer «Sledge»-Marke keinen Schaden zugefügt hätte. Diese Marken hätte Nestlé einzig mit einer Verbilligung ihrer Schweizer Marke «Milkmaid» ernsthaft gefährden können, doch dazu hätte Nestlé ihre eigene Qualitätsmarke zerstören müssen, was für das Unternehmen aus Vevey gleichermassen kontraproduktiv gewesen wäre.[326] Trotz allen verführerischen Versprechungen war für Ursina klar, dass das Angebot von Nestlé letztlich der Untergang des Berner Unternehmens bedeutet hätte[327]: «Il est hors de doute qu'avec l'arrangement proposé nous cessons d'exister. Nous sommes absolument perdus et notre liberté d'actions est complètement anéantie. Connaissant la mentalité qui existe à Vevey, nous ne pourrions plus entreprendre quoi que ce soit, car on nous dirait toujours que ce n'est «pas rationnel» [...]. Ce qui sera l'intérêt de N. sera toujours trouvé rationnel et là il y a une chose qui est sûre et certaine, c'est que N. aura toujours un intêret à pousser sa marque à lui et à diminuer la vente de la nôtre. Il a un intérêt primordial à maintenir haut le standard de la marque «Nestlé» et à faire tout son possible, pour faire disparaître peu à peu toutes les autres marques»[328]. Dabei wurde die Übernahme von Gerber-Käse als negatives Beispiel erwähnt. Das Angebot von Nestlé wurde von der Ursina als Absorption wahrgenommen, der man keinesfalls zustimmen durfte.[329] Diese Passage des Briefes zeigt, dass der Vertrag mit Nestlé trotz den ökonomisch günstigen Aussichten letztlich an der Furcht vor einem Unabhängigkeitsverlust und am tiefen Misstrauen der Ursina-Führung gegenüber Nestlé scheiterte. Für sie war der Vorschlag von Nestlé nicht ehrlich und deshalb unannehmbar.[330] Wenig später trafen sich die Präsidenten der beiden Unternehmen. Dabei lehnte Ursina das Angebot von Nestlé ab und bekräftigte den Willen, dass beide Firmen ihre vollständige Selbstständigkeit bewahren sollten. Trotz dieser Absage wollten die beiden Unternehmen weiterhin zusammenarbeiten und man einigte sich auf ein Gentlemen's Agreement, da ein starrer Vertrag aufgrund der unterschiedlichen Positionen nicht angestrebt werden konnte.[331] Darin wurde festgehalten, dass man die guten Beziehungen nach diesem Zwischenfall wieder herstellen und die bisherige freundschaftliche Zusammenarbeit fortführen wolle. Nestlé erklärte sich bereit, ab dem Jahre 1932 die Produktion von sterilisierter Milch in der Schweiz einzustellen, und auf der anderen Seite verpflichtete sich Ursina, auf den Märkten in Spanien, Norwegen, Brasilien, Südafrika und Kuba, wo Nestlé dank ihrer Monopolstellung sehr einträgliche Geschäfte machte, nicht tätig zu werden. Des Weitern versprachen sich Ursina und Nestlé, in Ländern wie Frankreich oder Deutschland, wo beide Gesellschaften aktiv waren, die Verkaufspolitik und Verkaufskonditionen miteinander abzusprechen. Die Bestimmungen dieses Gentlemen's-Agreement sollten während zehn Jahren gültig sein.[332] In diesem Abkommen mit Nestlé ging es in erster Linie darum, die Monopolstellungen der beiden Unternehmen zu erhalten. Ursina behielt das Monopol auf sterilisierter Milch in Französisch Westafrika, Holländisch Indien, Malaysia, den Philippinen und Belgisch Kongo, während Nestlé sich vor einer Attacke auf ihre Monopole in Südamerika und Spanien absicherte.[333]

Diversifikation als Krisenbewältigungsstrategie

Die Vorboten der Weltwirtschaftkrise machten sich in den überseeischen Absatzgebieten bereits im Sommer 1929 bemerkbar.[334] Als Reaktion auf die beginnende Krise versuchte die Ursina ab 1931 ihre einseitige Abhängigkeit vom Milchgeschäft zu reduzieren und das Unternehmensrisiko durch eine Diversifikationsstrategie zu streuen.

1931 begann Ursina ihr Produktsortiment mit Kleinkindernahrung zu erweitern. Das Unternehmen sicherte sich von der Firma Hug AG in Malters die Fabrikationsmethoden zur Herstellung von Kindermehl und diätetischen Spezialitäten wie Zwieback[335] und am 1. Juni 1931 traten die Firmen Guigoz und Ursina erstmals miteinander in Kontakt. Das Unternehmen Guigoz war 1914 von Maurice Guigoz in Vuadens gegründet worden und erzeugte erfolgreich Kleinkindernahrung auf der Basis eines im Jahre 1909 erfundenen Dehydratationsverfahren der Milch bei kleiner Temperatur, dank dem die wertvollen Proteine der Milch erhalten blieben und die Oxidation des Vitamin C vermieden wurde. Nachdem der Firmengründer Maurice Guigoz (der mit den Guigoz-Produkten seinem grossen Vorbild Henri Nestlé nacheiferte) 1919 starb, übernahm Louis Guigoz das Kleinunternehmen.[336] Dieser versuchte sein hochwertiges Produkt nach Frankreich zu exportieren, scheiterte aber an den unsicheren Wechselkursen und protektionistischen Zöllen nach dem Ersten Weltkrieg. Auch die Gründung einer Tochterfirma in Frankreich scheiterte und brachte das Mutterhaus in Vuadens in arge Bedrängnis. Deshalb kam er auf die Idee, mit Ursina in Kontakt zu treten, welche in Frankreich bereits über ein Tochterunternehmen verfügte.[337] Am 20. Oktober 1931 übernahm Ursina 42 Prozent der Guigoz-Aktien und die beiden Unternehmen einigten sich auf eine Zusammenarbeit in Frankreich.[338] Zwei Jahre später erhielt Ursina von Guigoz das alleinige Fabrikationsrecht für die Herstellung von Produkten nach dem Guigoz-Verfahren in Frankreich und seinen Kolonien sowie in Deutschland.[339] Am 4. Juni 1934 gründete die Ursina in Deutschland das Kindernahrungsunternehmen «Alete Parmazeutische Produkte Gmbh» mit Sitz in München. Nachdem Alete unter der Forschungsleitung von Dr. Malyoth vergeblich versucht hatte, mit gezuckerter Kondensmilch eine neue Säuglingsnahrung herzustellen, kam man auf die Idee, stattdessen mit Guigoz-Milchpulver weiterzuarbeiten. Die Zusammenarbeit zwischen Guigoz und Alete war äusserst fruchtbar. Innerhalb kürzester Zeit wurde von Dr. Malyoth ein körpernaher Nährzucker entwickelt, welcher eine Alpha-Bindung an Stelle einer Beta-Bindung besass und dadurch leichter verdaut werden konnte als alle anderen bisher bekannten Produkte. Mit dieser Innovation, basierend auf den Arbeiten von Dr. Malyoth (Alete) und dem Guigoz-Milchpulver, konnte Ursina auf dem Gebiet der Säuglingsmilch sogar Nestlé technisch überflügeln. Die Kinderklinik München erzielte mit diesem Produkt grosse Heilerfolge, so dass das Gütesiegel «Klinisch erprobt

Abb. 32: Etikette der Guigoz-Milch, nach 1937. (Archives historiques Nestlé, Vevey).

an der Universitäts-Kinderklinik München» zum wichtigsten Werbemittel wurde. Die Nachfrage nach Alete-Säuglingsmilch stieg in den kommenden Jahren derart an, dass sie die Produktionskapazitäten in München überforderte, obwohl Tag und Nacht in drei Schichten gearbeitet wurde.[340] Die positive Zusammenarbeit zwischen Guigoz und Ursina wurde in den folgenden Jahren weiter ausgebaut, der Export von Guigoz-Produkten auf verschiedene europäische Länder ausgedehnt und auch auf überseeische Gebiete ausgedehnt[341]. Schliesslich wurde Guigoz am 18. Januar 1937 durch den Kauf aller Guigoz-Aktien durch die Ursina komplett übernommen.[342] Die Guigoz- und Alete-Produkte erzeugten Werbesynergien mit der sterilisierten Alpenmilch «Bärenmarke» als Ersatz für die Muttermilch und stellten daher eine ideale Ergänzung zum bestehenden Sortiment dar.[343]

Ein nächster Diversifikationsschritt erfolgte 1932 mit dem Einstieg ins Geschäft der diätetischen Frühstücksgetränke, indem die Ursina das Produkt «Talismalt» der Firma Chocolat Villars, welches in seiner Zusammensetzung (Malz, Eiern, Milch, Kakao und Honig) der «Ovomaltine» entsprach, in Frankreich einführte.[344] Die Stärke von Chocolat Villars lag im Zusammenspiel von Produktion und Verkauf ihrer Produkte. Das 1901 von der Familie Kaiser gegründete Unternehmen stellte eine direkte Konkurrenz zum traditionellen Detailhandel dar und setzte dadurch teure Markenartikel unter Druck. 1931 lancierte Villars eine Werbekampagne für das neue Produkt «Talismalt» mit dem Inhalt, dass ihr Frühstücksgetränk das billigste Produkt sei, aber gleich gut wie das beste sei. Dies war eine klare Kampfansage an die teure «Ovomaltine» von Wander, welche in der Folge in einen harten Preiskampf verwickelt wurde. Das Produkt konnte sich in der Schweiz zwar durchsetzen, aber die Versuche von Villars, ihr «Talismalt» im Ausland (Holland und England) zu etablieren, scheiterten.[345] Deshalb wurde am 1. Februar 1932 eine Zusammenarbeit zwischen Ursina und Villars bezüglich des Verkaufs von «Talismalt» in Frankreich und seinen Kolonien vertraglich vereinbart. Ursina erhielt das Exklusivrecht, das Frühstücksgetränk in Frankreich und seinen Kolonien zu fabrizieren und zu verkaufen und Villars hatte Ursina immer auf dem technisch neuesten Stand zu halten. Als Gegenleistung verpflichtete sich Ursina, das «Talismalt» entsprechend der Marktnachfrage in Frankreich zu verkaufen, den Qualitätsstandard von Villars einzuhalten, für das Produkt Werbung zu machen und die Hälfte der Gewinne aus den Lizenzeinnahmen an Villars zu entrichten. Eine entscheidende Passage im Vertrag war die Bedingung, dass Ursina und ihre Tochtergesellschaften sich weder direkt noch indirekt an anderen Unternehmungen, welche die Fabrikation oder den Verkauf eines ähnlichen Produktes wie Talismalt verfolgten, beteiligen durften.[346] Der Vertrag dauerte 25 Jahre, also bis am 31. Dezember 1956, und war danach um jeweils 10 Jahre erneuerbar. Ein allfälliger Ausstieg eines Partners aus dieser Kooperation war für diesen mit einer finanziellen Abgeltung an den anderen Partner verbunden, welche dem zehnfachen durchschnittlichen Jahresgewinn aus dem Talismalt-Geschäft entsprach.[347] Später wurde der Vertrag noch erweitert.[348] 1933 stimmte Villars dem Begehren von Ursina zu, dass das «Talismalt» in Frankreich unter dem abgeänderten Namen «Tonimalt» vertreiben zu dürfen.[349]

Durch die gewaltige Reduktion des Umsatzes im Milchgeschäft während der Weltwirtschaftskrise konnte die Fabrikationsanlage in Konolfingen nicht mehr voll ausgelastet werden. Einem Teil des Personals drohte Arbeitslosigkeit. Deshalb sah sich die Fabrikleitung nach neuen Möglichkeiten zur Nutzung der leeren Anlagen in Stalden um. Anfang 1933 wurde beschlossen, der Milchsiederei in Konolfingen eine Konservenabteilung anzugliedern.[350] Am 12. Juni 1933 begann man auf dem Fabrikgelände Fleisch-, Frucht- und Gemüsekonserven sowie Konfitüren zu produzieren.[351] Aufgrund der grossen Erfahrung des Unternehmens im Bereich der Büchsennahrungsmittel war diese Lösung naheliegend. Als Zielpublikum wurden die Stalden-Dosen insbesondere den Hotelküchen schmackhaft gemacht.[352] Für die Bauern in den Kantonen Bern und Freiburg wurde die Berneralpen Milchgesellschaft in den 1930er-Jahren zu einem wichtigen Abnehmer ihrer Landwirtschaftsprodukte.[353] Wie eine Warenaufnahme aus dem Jahre 1947 zeigt, erstreckte sich das Einzugsgebiet der Konservenabteilung von Liestal über das Seeland (insbesondere der Strafanstalt Witzwil), Rosé und Giffers im Kanton Freiburg bis nach Spiez und Grindelwald im Berner Oberland und die Früchte stammten aus dem Kanton Tessin[354]. Die Berneralpen Milchgesellschaft bezog ihre Ware zum grössten Teil aus der Schweiz, einzig die Erdbeeren, Johannisbeeren und Tomaten wurden aus dem Ausland dazugekauft. Über die Hälfte des Konservenbüchsenumsatzes von 1,1 Millionen kg wurde mit Erbsen (40 Prozent des Umsatzes) und Bohnen (18 Prozent) gemacht.[355] Die Erträge aus der Konservenabteilung waren deshalb sehr stark von der Bohnen- und Erbsenernte abhängig.

Gegen Ende der 1930er-Jahre wurde Ursina zudem im Süsswarengeschäft aktiv. Im Jahre 1932 versuchte Rumilly unter dem Dach der «Société Alpex» die Stadt Nizza mit Frischmilch zu versorgen. Dieses Unterfangen scheiterte

Abb. 33 und 34: Etiketten auf den Stalden-Konserven in den 1930er-Jahren: Gemischte Früchte und Bohnen mit küchengeräuchertem Speck. (Archives historiques Nestlé, Vevey).

jedoch. Deshalb wurde die «Société Alpex» 1939 in die «Société Fruits Duchesse» umgewandelt, welche sich in Gevrey-Chambertin (in der Nähe von Dijon) ansiedelte.[356] Die Tochterfirma im Burgund stellte Konfitüren, Fruchtkompotte und «Pâtes de fruits» her.[357] «Fruits Duchesse» war dank des Technologietransfers von der Konservenabteilung in Konolfingen, welche ebenfalls Früchte bearbeitete, ein voller Erfolg.[358]

Die Schweizer Milchexportkrise und ihre Bewältigung

Ab 1929 war die Nachfrage nach Gütern aller Art im Abflauen begriffen, was zu Preisreduktionen führte, die sich auch auf dem Kondensmilchmarkt negativ auswirkten.[359] Die Ursina wollte auch in diesen schwierigen Zeiten an ihren Prinzipien festhalten und ihre Milch in der Schweiz herstellen, obwohl der Milchpreis hierzulande Ende der 1920er-Jahre rund 10 Prozent über den Preisen in Holland oder Frankreich lag. «Die Vorzugsstellung der Bärenmarke hat ihr Fundament im Emmenthal, wo es der zielbewussten Direction der Berneralpen-Milchgesellschaft in Stalden gelingt, ein Qualitätsprodukt ersten Ranges herzustellen, das überall, wo es auftritt, den guten Ruf der schweizerischen Milchprodukte festigt»[360], begründete Präsident Hans Pfyffer von Altishofen diesen Entscheid. Die Aufrechterhaltung des Schweizer Qualitätsprodukts sei aber nur möglich, wenn die Preisunterschiede im Vergleich zur ausländischen Konkurrenz nicht allzu hoch seien und wenn sich alle anderen Schweizer Milchsiedereien ebenfalls der Qualität verpflichten würden.[361] Diese Rechnung ging allerdings nicht auf. Da sich die grossen Wirtschaftsnationen politisch nicht zu einem gemeinsamen Vorgehen gegen die Weltwirtschaftskrise durchringen konnten, rückte Grossbritannien 1930 vom Freihandel ab und löste am 21. September 1931 seine Währung vom Goldstandard. Die Konferenz von Ottawa im Jahre 1932 sicherte der englischen Wirtschaft ihre Kolonialmärkte, indem auf die Einfuhr ausländischer Produkte enorm hohe Zölle veranschlagt wurden, und durch den zunehmenden Wirtschaftsprotektionismus in Europa begannen die Absatzmöglichkeiten der billigen Milch aus Holland in England und Deutschland stark zu schrumpfen. In Folge dessen mussten sich die holländischen Kondensmilchunternehmen nach neuen Märkten umsehen und drängten nun mit billigsten Preisen auf die Märkte in Asien und Afrika vor. Dort stiessen diese Produkte sofort auf ein gutes Echo, denn aufgrund der zunehmenden Arbeitslosigkeit und den sinkenden Einkommen als Folge der Weltwirtschaftskrise war nun nicht mehr die Qualität, sondern der Preis das entscheidende Kriterium, welches für die Produktwahl ausschlaggebend war. Die Berneralpen Milchgesellschaft in Konolfingen war nicht annähernd in der Lage, mit den Preisen der holländischen Konkurrenz oder der australischen Milch von Nestlé zu konkurrenzieren. Die gleiche Feststellung traf auch für die gezuckerte Kondensmilch «Mont-Blanc» aus Rumilly zu, welche 140 Französische Franc die Kiste kostete, während die holländische Konkurrenz ihre Milch für 45 Französische Francs die Kiste absetzte.[362] Aufgrund der niedrigeren Bodenpreise und der höheren Milchproduktion pro Kuh konnte die Milch im Ausland viel billiger hergestellt werden als in der Schweiz und die Milchpreise in Konolfingen blieben mit 20 Rappen pro Liter weit über dem Weltmarktniveau, obwohl in der Schweiz Milch im Überfluss vorhanden war. Dazu gesellten sich für den Schweizer Export sehr ungünstige Währungsrelationen mit dem englischen Pfund, welche die Ware zusätzlich verteuerten. Die teure Milch der Ursina blieb in den Läden stehen, während sich die billige Milch aus Ländern wie Holland, Dänemark oder Australien durchsetzte und in den 1930er-Jahren einen Anteil von 90 Prozent an der weltweit exportierten Milch erreichte[363]. Der Umsatz der Berneralpen Milchgesellschaft brach 1932 im Vergleich zum Vorjahr um einen Drittel ein und verursachte mit einem Defizit von 625 000 Franken den höchsten Verlust des Betriebes in seiner gesamten Geschichte.[364] Auch im darauf folgenden Jahr konnte der monatliche Minimalumsatz von 13 000 Kisten, welcher zumindest die Kosten gedeckt hätte,

Abb. 35: Die Lagerhalle in der Fabrik in Konolfingen. (Fabrik Nestlé, Konolfingen). Während der Weltwirtschaftskrise sank die Nachfrage nach teurer Schweizer Milch, die Dosen blieben in den Fabriklagern stehen.

nur selten erreicht werden[365]. Zudem wurde die Berneralpen Milchgesellschaft von der bernischen Regierung wegen einem Steuerstreit zur Kasse gebeten. Der Kanton Bern machte geltend, dass bei der Trennung von Holding und Betriebsgesellschaft im Jahre 1926 eventuell Simulation vorliege und die Ursina AG für die Bezahlung der bernischen Steuern auf den abgeführten Beiträgen haftbar gemacht werden könne.[366] Die Berneralpen Milchgesellschaft argumentierte dagegen, dass die an Ursina bezahlten Lizenzen und Kommissionen als abzugsberechtigte Gewinnkosten zu betrachten seien. Die Rekurskommission gestand der Berneralpen Milchgesellschaft das Abzugsrecht zwar zu, aber das Verwaltungsgericht entschied zugunsten der Steuerverwaltung und das Bundesgericht schloss sich dem Entscheid der Vorinstanz an. Infolge der langsamen Arbeit der staatlichen Instanzen wurde der Entscheid bezüglich des Jahres 1926 erst 1932 getroffen und 1933 fällte man das Urteil in Bezug auf die Jahre 1926–1932. In diesen sechs Jahren hatte sich eine beträchtliche Steuerschuld von 650 000 Franken angesammelt, welche nun mitten in der Weltwirtschaftskrise plötzlich hätte bezahlt werden müssen. Die Berneralpen Milchgesellschaft war zu jener Zeit aber nicht in der Lage, diesen Forderungen nachzukommen. Die mit der Gemeinde Stalden und dem Kanton Bern gepflegten Verhandlungen über einen beträchtlichen Steuernachlass führten schliesslich zu einer gegenseitigen Verständigung: Die Gemeinde Stalden reduzierte ihre Forderungen von 292 052 auf 131 423 Franken und der Kanton Bern von 360 000 auf 250 000 Franken, dazu waren der Gemeinde Bern 8636 Franken zu vergüten. Damit betrug die Nachsteuer der Berneralpen Milchgesellschaft insgesamt noch 390 059 Franken, welche hauptsächlich die Jahresabschlüsse bis 1936 belasteten. Zudem musste sich die Ursina AG dazu verpflichten, ihren Sitz in den Kanton Bern zu verlegen, was 1934 mit dem Umzug von Stans nach Konolfingen schliesslich geschah.[367] Von 1932 bis 1936 wies die Berneralpen Milchgesellschaft aufgrund der Weltwirtschaftskrise und der Nachsteuern negative Jahresbilanzen aus, welche insgesamt eine Million Franken betrugen.[368] Sie reagierte auf diese schweren Schicksalsschläge in den 1930er-Jahren nebst der Diversifikation mit drei Massnahmen:

Erstens versuchte sich die Ursina einen Zugang zu den abgeschotteten Märkten der britischen Kolonien zu verschaffen, indem das Berner Unternehmen mit der englischen «Wilts United Dairies Ltd.» Kontakt aufnahm und sich kurze Zeit später auf eine Zusammenarbeit einigte. Von Melksham (England) aus versorgte Wilts die geschützten Märkte in Malaysia mit gezuckerter Kondensmilch der Marken «Guide» und «Jersey Cow». Doch die Qualität der aus England gelieferten Milch gab Anlass zu Reklamationen, da sie den Ansprüchen der qua-

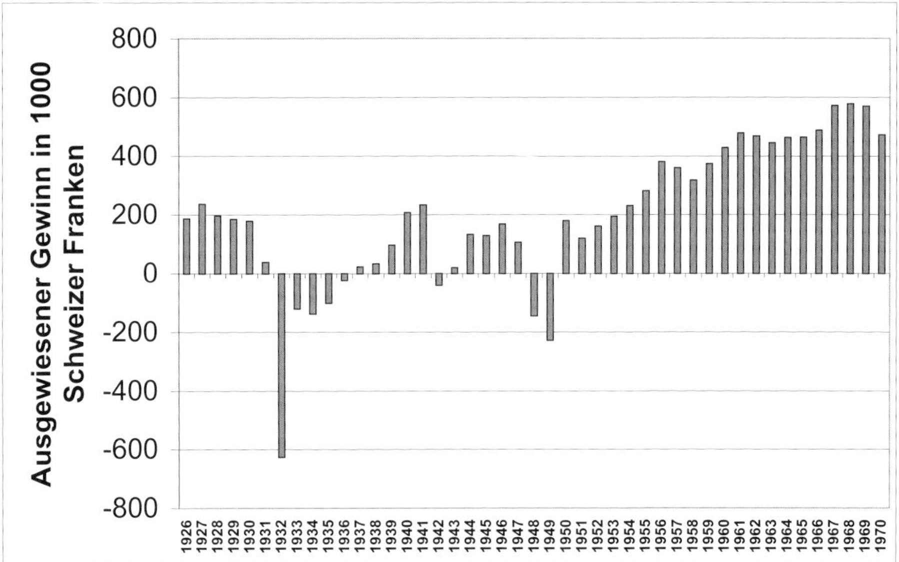

Grafik 3: Der ausgewiesene Gewinn der Berneralpen Milchgesellschaft (Ursina-Tochtergesellschaft) in Konolfingen. (Daten aus: AHN Ursina-Chronik 6-1.12, Jahresberichte der BAMG 1926–1970). Nachdem Ende der 1920er-Jahre nochmals an die Erfolge des langen 19. Jahrhunderts angeknüpft werden konnte, stellte der gewaltige Verlust von 600 000 Franken im Jahre 1932 den Beginn einer labilen Phase dar, welche erst in den 1950er-Jahren endgültig überwunden werden konnte.

Abb. 36–38: Die Etiketten der «Bärenmarke» und der beiden Kampfmarken «Ship-Brand» und «Tiger-Brand», vermutlich aus den 1950er-Jahren. (Archives historiques Nestlé, Vevey).

litativ guten Billigmilch von Ursina nicht gerecht wurde. Da der gute Ruf der Ursina-Marken auf dem Spiel stand und man die Verkäufe in Malaysia unbedingt aufrechterhalten wollte, musste Wilts die Fabrikationsmethode der Berneralpen Milchgesellschaft für gezuckerte Kondensmilch bekannt gegeben werden. Daraufhin wurde aus England zufriedenstellende Milch geliefert.[369] Über Wilts wurden ab 1937 auch die Guigoz- und Alete-Produkte auf den Märkten in Grossbritannien und seinen Kolonien verkauft.[370] Damit konnten die Handelsblockaden des Sterling-Blocks geschickt umgangen werden.

Zweitens waren die eigenen Billigmarken «Guide» und «Jersey Cow», welche in Rumilly und Konolfingen hergestellt worden waren, zu teuer geworden und die wirtschaftliche Not der Bevölkerung zu gross, als dass mit diesen Produkten die günstigere niederländische Konkurrenz am Markteintritt gehindert worden wäre. Es stellte sich die Frage, ob die Zuckermilch von anderswo bezogen werden sollte oder ob die Billigmarken-Strategie ganz aufgegeben wurde. Eine Besprechung der Ursina mit ihrem langjährigen Vertreter in Asien, der Firma Joseph Travers & Sons in Singapur, führte schliesslich zum Entscheid, die Produktion billiger Milch in möglichst beschränkten Quantitäten aufrechtzuerhalten, damit der Absatz der teuren Marken ab Konolfingen nicht einen allzu grossen Rückgang erfuhr. Schliesslich konnten im September 1932 mit Unternehmen in Holland Abmachungen getroffen werden, dass diese der Ursina Zuckermilch unter der Marke «Jockey Club» zu holländischen Exportpreisen zur Verfügung stellten, ebenso wurde in Odense (Dänemark) ein Unternehmen angeheuert. Aber auch bei diesen Lieferanten war die Milch, wie schon bei Wilts, nicht immer einwandfrei gewesen. Die Auslagerungsstrategie bewährte sich nicht, zu gross war die Gefahr, dass man den eigenen Namen aufs Spiel setzte.[371] Deshalb entschloss sich die Ursina im Jahre 1938, in Holland eine eigene Fabrikationsstätte zu errichten, welche billige, aber qualitativ gute Kondensmilch herstellen konnte. Die günstigen Milchgebiete waren allerdings bereits unter den holländischen Firmen aufgeteilt worden, so dass nur die Übernahme eines bestehenden Betriebes in Betracht kam. Schliesslich konnte die Firma «N.V. Fabriek van Melkproducten J.E. Schaap & Co.» in Nunspeet zwecks Weiterführung der bestehenden Fabrikation sowie zur Aufnahme der Produktion von gezuckerter Kondensmilch und Kindernahrung am 1. Juni 1938 zu einem Preis von ca. 450 000 Franken übernommen werden. Im Frühjahr 1939 konnte die Ursina zusätzlich die Firma «N.V. Vereenigde Veluwsche Melkproductenfabrieken» in Harderwijk, welche auch eine Fabrikanlage in Nijkerk besass, für ca. 700 000 Franken ankaufen[372]. Diese Preise beinhalteten nicht nur den effektiven Wert der Fabriken, auch der «Goodwill» und die Milchlieferanten musste in Holland erkauft werden.[373] Von Holland aus begann Ursina nun den Fernen Osten mit neuen Billigmarken auf dem holländischen Preisniveau zu beliefern, wobei die Markennamen den jeweiligen Ländern angepasst wurden. Die «Tiger-Brand» wurde in Malaysia und Holländisch Indien verkauft, die «Cat & Monkey-Brand» war die Billigmarke in Siam und die «Marca Castillo» wurde auf den Philippinen vertrieben.[374]

Als dritte Massnahme gelang es dem Unternehmen in Konolfingen nach vielen und mühsamen Verhandlungen, die Behörden und den Zentralverband Schweizerischer Milchproduzenten dazu zu bewegen, die Hilfsaktion zur Stützung des Milchpreises, die sich seit 1927/28 auf den Butterzuschuss und auf die Käsepreisgarantie bezog, in der Weise auszudehnen, dass der Kondensmilchindustrie ab 1. Februar 1932 auf der für den Export verwendeten Frischmilch ein Zuschuss gewährt wurde, der bei einem Grundpreis von 20 Rappen pro Kilo Milch auf 62,5 Prozent der verarbeiteten Frischmilch 4 Rappen pro Kilo betrug. Dadurch erhielt die Berneralpen Milchgesellschaft pro Jahr zwischen 300 000 und 400 000 Franken Subventionen, mit welchen der Milchexport auch während der Weltwirtschaftskrise aufrechterhalten werden konnte.[375] Zudem veranlassten die Schwierigkeiten im internationalen Handel die Unternehmensführung der Ursina im Jahre 1933, das Augenmerk vermehrt auf den Verkauf im Inland zu richten.[376] Die Alpenmilch «Bärenmarke» stellte bis anhin ausschliesslich ein Exportprodukt dar, während der Absatz in der Schweiz (mit Ausnahme der Zeit während des Ersten Weltkriegs) lange Zeit unbedeutend blieb.[377] Die Berneralpen Milchgesellschaft konnte ihren Inlandumsatz in den 1930er-Jahren zwar knapp verdoppeln[378], trotzdem dürfte sich die Kundschaft der «Bärenmarke» aufgrund der Umsatzzahlen auf die reichere Gesellschaft beschränkt haben und in grossen Bevölkerungsschichten der Schweiz kaum bekannt gewesen sein.

Im Jahre 1934 überschritt Ursina den Tiefpunkt ihrer Krise, als die Exportumsätze noch gerade einem Drittel des Volumens von 1930 entsprachen. Auch die Währungssituation verbesserte sich mit der Abwertung des Schweizerfrankens am 25. September 1936 wieder. Ein Jahr später konnte die Berneralpen Milchgesellschaft ihre Position auf den Märkten in Südostasien erstmals wieder festigen und ein positives Jahresergebnis präsentieren[379], wobei die Exportmöglichkeiten stark von den Zuschüssen des Bundes abhängig waren.[380]

Vom Export- auf den Inlandmarkt und zurück: Die Berneralpen Milchgesellschaft während und nach dem Zweiten Weltkrieg

Die Stalden-Büchsen als Notreserven der Schweizer Bevölkerung

Die Fabrikanlage in Konolfingen wurde während des Zweiten Weltkriegs, sowohl was die Zuteilung der Rohstoffe als auch die Verwendung der von der Fabrik in Konolfingen hergestellten Milchprodukte betraf, vom schweizerischen Kriegsernährungsamt bewirtschaftet. Die Lieferungen der Berneralpen Milchgesellschaft in den Fernen Osten konnten nach einem kurzen Unterbruch zu Kriegsbeginn zwar in beschränktem Umfang aufrechterhalten werden, aber die Bedingungen verschlechterten sich zusehends[381]: Die Exportzuschüsse des Staates wurden abgebaut, der Milchpreis in der Schweiz um einen Rappen erhöht und aus Deutschland wurde kein Weissblech mehr zur Herstellung der Dosen geliefert[382]. Ende Mai 1940 kam bei allen Gesellschaften der Ursina der Export nach Südostasien infolge des Seekrieges zum Erliegen und die Tochtergesellschaften wurden den Anforderungen der Kriegswirtschaft angepasst. In Deutschland wurde zum Beispiel die Fabrikation der sahnigen «Bärenmarke» während des Zweiten Weltkriegs untersagt[383] und auch das Personal erfuhr durch den Krieg starke Veränderungen, indem 1943 hundert deutsche Arbeiter hauptsächlich durch Ukrainer[384] ersetzt wurden.[385] Auch die Berneralpen Milchgesellschaft stand während des Zweiten Weltkriegs ganz im Dienste der Landesversorgung. Exportgeschäfte wurden ab dem 1. November 1941 nur noch in Form von Kompensationsgeschäften mit Deutschland und Lieferungen

Abb. 39: Mit Milchkonserven gefüllte Kisten der Berneralpen Milchgesellschaft. (Fabrik Nestlé, Konolfingen). Während dem Zweiten Weltkrieg wurde etwa die Hälfte der exportierten Milch der Berneralpen Milchgesellschaft an das Rote Kreuz (siehe Kisten im Hintergrund) geliefert.

an die Rotkreuz-Organisationen in Genf gestattet. Diese staatlich verordneten Lieferungen hatten bereits in den beiden Jahren zuvor ungefähr die Hälfte des Exports der Gesellschaft ausgemacht.[386]

Während der Aussenhandel der Berneralpen Milchgesellschaft im Zweiten Weltkrieg zusammenbrach, entwickelte sich das Geschäft im Inland in erfreulicher Weise, denn die Milch-, Fleisch-, Früchte- und Gemüsekonserven aus Konolfingen eigneten sich aufgrund ihrer langen Haltbarkeit ausgezeichnet als Nahrungsvorrat im Krieg. Seit Kriegsbeginn war der Inlandumsatz des Unternehmens sprunghaft von 6000 Kisten auf 28 000 Kisten angewachsen und hatte sich somit rund verfünffacht. Doch es kam noch besser: Mit der Rationierung von Milchprodukten, die am 1. November 1942 in Kraft trat, stieg die Nachfrage nach der Kondensmilch «Bärenmarke» nochmals explosionsartig an und die Berneralpen Milchgesellschaft erreichte im Jahre 1943 einen Umsatz von 148 957 Kisten auf dem Binnenmarkt, obwohl der Verkauf kontingentiert war. Dieses Quantum entsprach dem zwanzigfachen Volumen der Inlandumsätze vor dem Zweiten Weltkrieg.[387] Erst in dieser Zeit wurde die Bärenmarke in breiten Bevölkerungsschichten der Schweiz ein Begriff und auch die Schweizer Armee war während der Kriegszeit eine gute Abnehmerin der Stalden-Produkte.[388] Absatzsorgen gab es keine mehr, denn die Nachfrage nach lange haltbaren Lebensmitteln als Kriegsvorrat war bedeutend grösser als das Angebot, welches die Berneralpen Milchgesellschaft aufgrund der Kontingentierung zur Verfügung stellen konnte. Schwieriger gestaltete sich dagegen die Energieversorgung (Kohle) und die Beschaffung der knappen Rohmaterialien wie Zucker, qualitativ guten Früchten und Weissblech, welches zum Teil durch Karton, Aluminium und Schwarzblech ersetzt werden musste.[389] Die Jahre während des Zweiten Weltkriegs waren für die Berner-

Abb. 40: Die Konserven aus dem Emmental – Die Verbindung von Qualität und Heimatbewusstsein in der Zeit der geistigen Landesverteidigung. Rückseite einer Werbebroschüre für Stalden-Konserven aus dem Jahre 1938/39. (Museum Alter Bären, Konolfingen).

alpen Milchgesellschaft von wirtschaftlichem Erfolg geprägt, einzig im Jahre 1942 resultierte ein Defizit.[390] Zudem wurde Ende 1943 das Verlustsaldo von 400 000 Franken aus den 1930er-Jahren mittels Reduktion des Aktienkapitals getilgt. Damit konnten erstmals seit 1931 den Aktionären wieder Dividenden ausgeschüttet werden.[391]

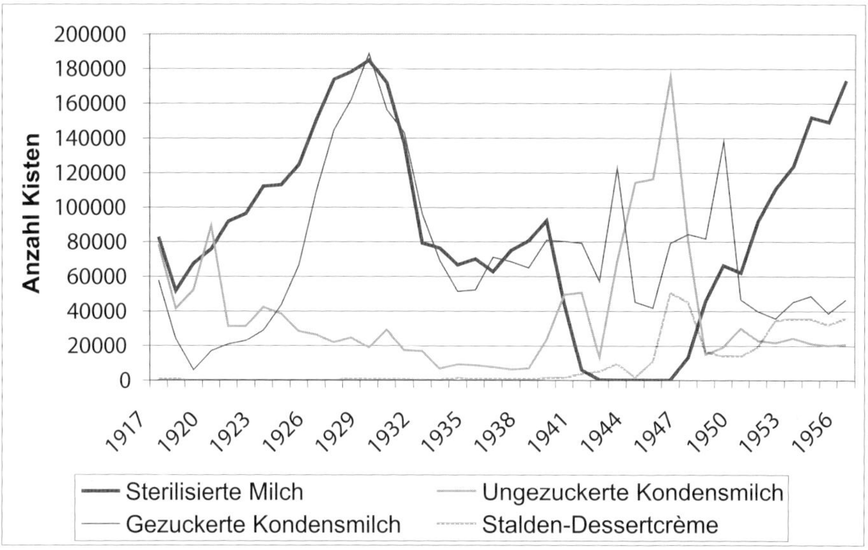

Grafik 4: Die Produktion der Hauptprodukte der Berneralpen Milchgesellschaft in Konolfingen (ohne die Milchpulverproduktion). (Fabrik Nestlé, Konolfingen). Während die sterilisierte Milch ein typisches Exportprodukt darstellte und während dem Zweiten Weltkrieg kaum produziert wurde, war die ungezuckerte Kondensmilch vor allem während und unmittelbar nach den beiden Weltkriegen beliebt, da es an Zucker mangelte. Gut ersichtlich ist ebenfalls das erfolgreiche Zusammenspiel zwischen sterilisierter Milch und gezuckerter Kondensmilch in den 1920er-Jahren sowie der verstärkte Umsatz der Stalden-Crème nach dem Zweiten Weltkrieg.

Problematischer gestaltete sich dagegen die unmittelbare Nachkriegszeit. Das staatliche Exportverbot für Milchprodukte blieb in der Schweiz auch nach Kriegsende in Kraft[392], während die Unternehmen in Holland, Dänemark oder den Vereinigten Staaten bereits wieder ins Ausland exportieren durften.[393] Erst im Juni 1947 konnten die Exportlieferungen von der Berneralpen Milchgesellschaft wieder aufgenommen werden. Allerdings standen die Frischmilchpreise der Schweiz damals europaweit an der Spitze[394] und die Abwertungen der meisten Währungen gegenüber dem Schweizer Franken wirkten sich zusätzlich ungünstig auf das Exportgeschäft aus.[395] Die Milch der Berneralpen Milchgesellschaft war unter diesen Umständen auf dem Weltmarkt nicht konkurrenzfähig. Praktisch zeitgleich wurde die Kondensmilchrationierung aufgehoben, wodurch die Berneralpen Milchgesellschaft kurzfristig einen gewaltigen Umsatzanstieg erlebte, der aber bald zu einer Sättigung der Nachfrage und schliesslich zu einer rapiden Abnahme des bis anhin guten Inlandumsatzes führte[396]. Einerseits wurde der Milchbedarf anstelle der Kondensmilch wieder mit Drinkmilch gedeckt[397], und andererseits hatte die Schweizer Bevölkerung während dem Zweiten Weltkrieg Vorratslager an Kondensmilch, Fleisch- und Gemüsekonserven angelegt, welche nun in der unmittelbaren Nachkriegszeit abgebaut wurden. Die Nachfrage nach «Stalden»-Büchsenprodukten war in der Schweiz dementsprechend gering.[398]

Durch den Zusammenbruch des Inlandmarktes bei gleichzeitigen Exportschwierigkeiten schlitterte die Berneralpen Milchgesellschaft in den Jahren 1948 und 1949 in eine Krise. Doch mit einer Reserve von 3 Millionen Franken konnte das Unternehmen diese kurze ökonomische Durststrecke überbrücken.[399] Bereits 1950 verbesserte sich die ökonomische Situation der Berneralpen Milchgesellschaft wieder, da der Korea-Krieg die Nachfrage nach Milchprodukten im Fernen Osten ansteigen liess.[400] Der Sprung zurück ins Exportgeschäft war damit geschafft.

Eine grosse Erfindung in einem kleinen Dorf – Das UP-Verfahren

Obwohl die Wirtschaft während des Zweiten Weltkriegs sehr stark durch den Staat reguliert wurde, war die Tendenz festzustellen, dass die Innovationsfä-

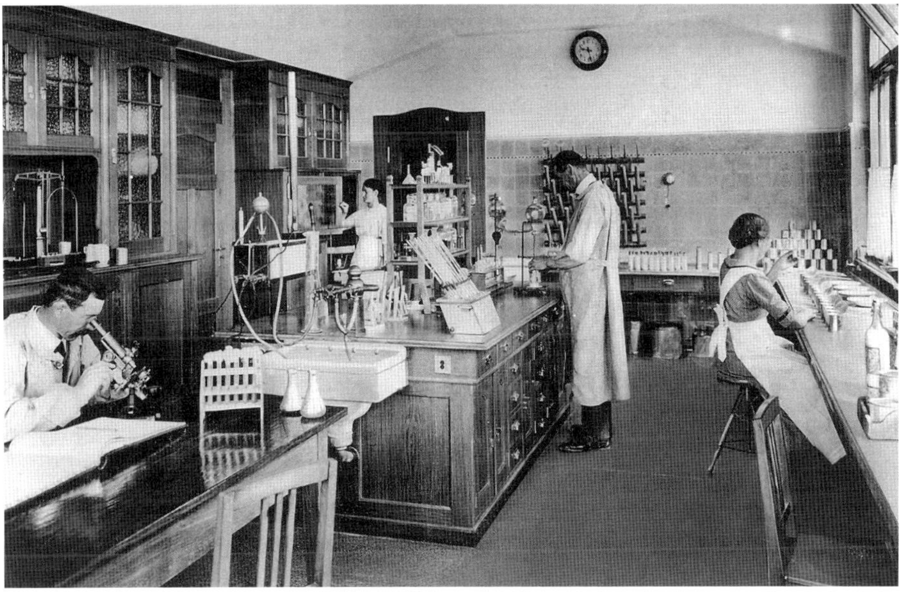

Abb. 41: Das Milchlaboratorium in Konolfingen, wo die Milchqualität überprüft wurde. (Fabrik Nestlé, Konolfingen). Laut den Werbeschriften wurde jede Milchlieferung der Berneralpen Milchgesellschaft strengstens auf ihre Qualität überprüft.

higkeit eines Unternehmens im Hinblick auf den zukünftigen Konkurrenzkampf im Nahrungsmittelsektor immer wichtiger wurde. Auf dem Schweizer Nahrungsmittelmarkt, auf welchem die Schweizer Unternehmen ihre neusten Produkte jeweils probehalber in Umlauf brachten und daher von der Ursina sorgsam beobachtet wurden, begannen die Firmen Wander, Nestlé und Galactina auf dem Gebiet der Frühstücksgetränke um die besten wissenschaftlichen Verkaufsargumente zu wetteifern, um ihre Produkte bei den Kunden besonders vorteilhaft darzustellen: Die Vitamine wurden zum neuen Verkaufsargument des «Nescao» von Nestlé und auch die «Ovomaltine» wurde mit einem schlagkräftigen Forschungsteam von Chemikern, Biologen und Bakteriologen den Bedürfnissen der Zeit angepasst.[401] Ursina verfügte zwar seit 1928 über ein chemisch-bakteriologisches Laboratorium[402], konnte aber im wissenschaftlichen Bereich mit der Konkurrenz nicht mithalten. Die Offensive von Nestlé und Wander stellte deshalb für das Emmentaler Unternehmen ein eindeutiges Warnsignal dar, ihren bisherigen Forschungsbereich den Anforderungen der Zeit anzupassen. Eine starke wissenschaftliche Abteilung wurde dabei als Überlebensnotwendigkeit angesehen.[403] Man beschloss deshalb im Jahre 1950, ein zentrales Forschungslabor in Konolfingen zu errichten, während in allen anderen Bereichen die dezentrale Organisationsstruktur des Unternehmens erhalten blieb.[404]

Da im Zweiten Weltkrieg die Belieferung der Märkte in Südostasien von Europa aus nicht mehr möglich war, wurde im August 1940 Direktor Gressly als Delegierter der Ursina in die Vereinigten Staaten geschickt, um mit einer geeigneten Firma ein Abkommen bezüglich der Fabrikation von sterilisierter Milch und gezuckerter Kondensmilch in die Hauptexportgebiete zu treffen. Es gelang ihm zwar, mit der Golden State Company Ltd. in San Francisco eine günstige Vereinbarung zu treffen, die es ermöglichte, Südostasien ab dem Jahre 1941 von Amerika aus zu beliefern. Doch wegen der Militäroffensive Japans in Asien mussten die Verbindungen in den Fernen Osten kurze Zeit später abgebrochen werden.[405] Allerdings lernte Gressly bei seinem Aufenthalt in den Vereinigten Staaten ein neues, unausgereiftes Milchverarbeitungsverfahren kennen, welches man im Jahre 1948 bei der Berneralpen Milchgesellschaft zu optimieren begann. In Zusammenarbeit mit der Firma Sulzer AG aus Winterthur gelang es der Ursina, ein Aggregat zu konstruieren, welches eine industrielle Ausbeutung des Verfahrens zuliess.[406] Dabei wurde die Milch durch die Einspritzung von Dampf während 1–2 Sekunden auf 150 Grad Celsius erhitzt und die Wärmeenergie danach durch die Erzeugung eines Unterdrucks und der daraus folgenden Raumexpansion der Milch sofort wieder entzogen.[407] Im Gegensatz zur Pasteurisierung wurden durch die blitzartige Erhitzung der Milch auf 150 Grad Celsius nicht nur die krankmachenden Keime, sondern auch die Bazillen, welche die Haltbarkeit der Milch beeinträchtigten, praktisch vollständig abgetötet. Aus diesem Grund nannte man dieses neue Verfahren (aus dem Wort «Ultrapasteurisierung» ab-

Abb. 42: Haltbarkeitsproben aus dem Jahre 1952 von pasteurisierter Milch (links) und uperisierter Milch (rechts) bei einer Temperatur von 34 Grad Celsius nach einem, nach zwei sowie nach drei Tagen. (Archives historiques Nestlé, Vevey).

geleitet) «Uperisierungsverfahren» oder «UP-Verfahren».[408] Gegenüber dem bisherigen Milchsterilisationsverfahren, bei welchem die Milch ebenfalls vollständig entkeimt wurde, hatte das UP-Verfahren den Vorteil, dass durch die kurze Zeitspanne der starken Erhitzung positive Eigenschaften der Milch wie zum Beispiel die Vitamine erhalten blieben und damit hochwertige Milch mit langer Haltbarkeit hergestellt werden konnte.[409] Die Führung der Ursina reagierte euphorisch auf dieses neue Verfahren, wie die Rede Hans Pfyffers von Altishofen an die Generalversammlung zeigt: «Ich bin seit 62 Jahren mit dem Milchproblem verknüpft und hatte nie das Gefühl wie heute, vor einer epochemachenden Neuerung, die Milchbehandlung und Milchversorgung betreffend, zu stehen»[410]. Das bisherige Problem, dass die Konsummilch oft von schlechter Qualität war, schien durch das Uperisierungsverfahren endgültig behoben zu sein und eröffnete der Ursina auf dem Gebiet der Milchverarbeitung erfreuliche Perspektiven.[411] Um das verfahrens- und markenmässig gesetzlich geschützte Uperisierungsverfahren zu vermarkten, wurde 1951 eine Patentverwertungsgesellschaft mit dem Namen «Alpura AG» gegründet.[412]

Die Schliessung der Konservenfabrik – Eine umstrittene Entscheidung mit Nebengeräuschen

Obwohl die Früchte- und Gemüsekonserven aus Konolfingen bei der Schweizer Bevölkerung sehr beliebt waren und die Konservenabteilung 1943 einen bedeutenden Jahresumsatz von 8,6 Millionen Franken erreichte[413], war dieser Produktionszweig für die Berneralpen Milchgesellschaft aufgrund der geringen Gewinnmargen insgesamt ein Verlustgeschäft von 4,7 Millionen Franken. Nur 1943 konnten Gewinne geschrieben werden.[414] Zwar versuchte man eine

Liquidation 1949 noch zu vermeiden[415], aber angesichts der Unternehmensdefizite in den Jahren 1948 und 1949 sowie dem allgemeinen Umsatzrückgang im Konservensektor nach dem Zweiten Weltkrieg wurde dieser Schritt von der Unternehmensführung als unumgänglich betrachtet[416]. Auch ein Gutachten eines Volkswirtschaftsprofessors aus Bern kam zum selben Schluss. Am 8. September 1950 wurde die Liquidation beschlossen, da die Verluste der Konservenabteilung die Milchabteilung in Konolfingen auf die Dauer zu stark geschwächt und damit das ganze Unternehmen in Gefahr gebracht hätten.[417] Dieser Beschluss rief allerdings in der Politik und der Bevölkerung grosses Unverständnis hervor, denn die Nachfrage nach Konserven war während des Kriegs bei der Bevölkerung und der Armee so gross gewesen, dass sie zum Teil nicht befriedigt werden konnte.[418] Dementsprechend hart wurde nun mit der patriarchalischen Unternehmensführung ins Gericht gegangen. Ein sozialdemokratischer Grossrat aus Bern sprach in diesem Zusammenhang von einem Schulbeispiel des Versagens einer allzu freien Wirtschaftsordnung. Er finde es schrecklich, dass eine einzige Person wie Hans Pfyffer von Altishofen über alle Köpfe hinweg über das Schicksal von Hunderten von Arbeitern und Landwirten, welche inzwischen auf die Pflanzung von Erbsen und Gemüse umgestellt hatten, bestimmen könne, und nannte den Präsidenten einen Landesverräter.[419] Diese Anschuldigungen waren in dieser Weise sicher nicht gerechtfertigt, denn es war eben gerade Hans Pfyffer von Altishofen, der sich trotz aller Schwierigkeiten während der Weltwirtschaftskrise für den Wirtschaftsstandort Schweiz eingesetzt und die Konservenabteilung trotz Verlusten lange Zeit weitergeführt hatte.[420] Es gab aber auch Kritikpunkte, die ihre Berechtigung hatten: So wurde die Arbeiterschaft über das Schliessungsvorhaben von der Leitung nicht frühzeitig informiert, und Arbeitern, die zehn und mehr Jahre bei der Berneralpen Milchgesellschaft gearbeitet hatten, wurde bei ihrer Entlassung erklärt, man habe plötzlich entdeckt, dass sie – nach 18 Jahren! – ihrer Arbeit doch nicht ganz gewachsen seien. Zudem darf bezweifelt werden, ob die Liquidation wirklich eine absolute Notwendigkeit war, denn die Betriebsverluste der Konservenabteilung waren ja nur in den Jahren 1948/49 aufgrund mangelhafter Nachfrage zustandegekommen.[421]

Die Faktoren, welche in erster Linie für die schlechten ökonomischen Ergebnisse der Konservenabteilung sorgten, waren einerseits Umwelteinflüsse wie Fröste[422], Hagelschlag und Maikäferplagen[423], welche die Früchte- und Erbsenernte beeinträchtigten, sowie die Hitze- und Trockenperiode im Sommer 1949, die bei der Erbsenernte zu grossen Quantitäten von unbrauchbarer Qualität führte[424], andererseits aber Rivalitäten innerhalb der Unternehmensführung und mangelnde Organisation in der Abteilung selbst.[425] Es gab deshalb aus der Landwirtschaft und von der Konsumentenseite her Kreise, welche bereit gewesen wären, die Konservenabteilung auf eigenes Risiko zu übernehmen.[426] Dieses Vorhaben wurde von der Führung der Berneralpen Milchgesellschaft allerdings mit folgender Begründung abgelehnt: «Die während der Verhandlungen vorgebrachten Ideen zur Weiterführung der Konservenabteilung durch eine separate Gesellschaft wären praktisch und in technischer Beziehung nicht durchführbar gewesen. [...] Wir mussten uns auch bezüglich des Betriebes in Konolfingen im Hinblick auf einen in Aussicht genommenen Ausbau der Milchabteilung freie Hand vorbehalten»[427]. Diese Begründung weist darauf hin, dass neben der unrentablen Ertragslage auch eine Kräftekonzentration des Unternehmens auf die Milchindustrie (wo man aufgrund des neuen Uperisierungsverfahrens hohe Wachstumsraten erwartete) eine Rolle spielte. Am 15. Dezember 1950 wurde der Liquidationsentscheid nochmals bestätigt und insgesamt 96 Arbeiter (21 Männer und 75 Frauen) entlassen.[428] Damit wurde die Diversifikationsstrategie aus den 1930er-Jahren zu einem grossen Teil aufgegeben und stattdessen konzentrierte sich das Unternehmen wieder auf das Kerngeschäft im Milchsektor.

Die Ursina AG im Vergleich mit anderen Unternehmungen der Milch- und Schokoladeindustrie

Bis 1914 stammte etwa ein Drittel der weltweit exportierten Kondensmilch aus der Schweiz[429], welche damit das vorherrschende Land im Kondensmilchgeschäft darstellte.[430] Doch bereits kurz nach Beginn des Ersten Weltkriegs begann sich ein Rückgang des Schweizer Milchexports abzuzeichnen, welcher ab 1916 wegen der Milchknappheit drastische Ausmasse annahm. Die Berneralpen Milchgesellschaft konnte zwar in den ersten beiden Kriegsjahren noch von den niedrigen Schweizer Milchpreisen profitieren und verzeichnete in den Jahren 1914 und 1916 im Exportgeschäft Rekordumsätze, doch als der Bundesrat 1916 die Kondensmilchindustrie ebenfalls zur Quersubventionierung der Konsummilch verpflichtete und darauf durch die zunehmende Milchknappheit die Milchpreise in die Höhe schnellten, war 1917 auch bei der Berneralpen Milchgesellschaft ein massiver Umsatzrückgang festzustellen.[431] Auf den zunehmenden Wirtschaftsprotektionismus und die Milchknappheit in der Schweiz reagierten die Unternehmen der Schweizer Dauermilchindustrie zwischen 1916 und 1918 mit einer markanten Verlagerung ihrer Produktionsstätten ins Ausland, indem sie neue Tochtergesellschaften gründeten. 1916 stellte Nestlé ihre Produktionsanlagen in Yverdon und Düdingen wegen Milchmangel ein und lagerte 1917 ihre Produktion massiv in die Vereinigten Staaten aus, indem sie dort innerhalb kurzer Zeit insgesamt 27 Kondensmilchfabriken aufkaufte.[432] 1918 besass der Konzern aus Vevey im Ausland 59 Fabriken, 42 davon in den Vereinigten Staaten. Während Nestlé bis 1916 ungefähr einen Drittel ihrer gesamten Kondensmilch in der Schweiz produziert hatte, schrumpfte diese Zahl bis Kriegsende auf 5 Prozent zusammen.[433] Auch die Berneralpen Milchgesellschaft folgte diesem Trend, indem sie in Frankreich und Deutschland neue Gesellschaften gründete. Der Schweizer Kondensmilchexport brach dadurch bis 1921 massiv ein und die Schweizer Hegemonialstellung auf den weltweiten Milchexportmärkten ging dadurch an die Niederlande verloren.[434]

Wirtschaftlich war die Zeit während des Ersten Weltkriegs für die Schweizer Milch- und Schokoladeindustrie trotz aller Schwierigkeiten bei der Beschaffung und beim Export ihrer Waren von wirtschaftlichem Erfolg geprägt. Die steigende Inlandnachfrage und der Wegfall der ausländischen Konkurrenz im Export lösten bei Chocolat Tobler einen eigentlichen Boom aus. Nicht nur die Berneralpen Milchgesellschaft, sondern auch Tobler schrieb Rekordgewinne.[435] Doch mit dem Kriegsende kippte die ökonomische Schaukel: Mit der Demobilmachung der Armeen und dem allmählichen Abbau der Zwangswirtschaft bei der Nahrungsmittelversorgung liess die Nachfrage nach Milchkonserven und Schokolade, welche in den vergangenen vier Jahren zur Versorgung der Bevölkerung unentbehrlich gewesen waren, rapide nach. Die plötzlichen Ausfälle von Aufträgen führten bei Peter-Cailler-Kohler zu grossen Finanzproblemen und in den Jahren 1921/22 gerieten auch Nestlé und Tobler in schwere Krisen. 1921 schrieb Nestlé aufgrund der ungünstigen Wechselkurse und der Überproduktion in den Vereinigten Staaten während der Kriegsjahre erstmals in ihrer Geschichte ein Defizit, welches in seiner Dimension von 100 Millionen sFr. eine ernsthafte Gefahr für das Unternehmen darstellte. Die Fabrikationsstätten in Bercher, Düdingen und Neuenegg[436] mussten in Folge dieser Krise stillgelegt werden.[437] Auch Tobler verfügte durch den Zusammenbruch der Nachkriegskonjunktur in den Jahren 1921/22 über zu grosse Produktionskapazitäten und musste ihre italienische Tochterfirma Talmone verkaufen, um wenigstens die ärgsten Verluste zu decken.[438]

Die Internationalisierung der Produktionsanlagen und die Krise Anfang der 1920er-Jahre führte bei den meisten grossen Gesellschaften der Milch- und Schokoladebranche zu einer Reorganisation ihrer Firmenstrukturen. Die Nestlé, welche zu Beginn der 1920er-Jahre in einem unübersichtlichen Netz von Tochtergesellschaften und Filialen organisiert war, erhielt in Vevey ein einziges Verwaltungszentrum, von wo aus das Unternehmen gesteuert wurde, und das Nestlé-Imperium wurde in vier geographische Regionen unterteilt.[439] Praktisch zeitgleich mit der Berneralpen Milchgesellschaft (1926) wurden auch die Schokoladeunternehmen Tobler (1924) und Suchard (1924) durch die Gründung von Holdinggesellschaften neu strukturiert. Dabei hatte Tobler mit ähnlichen Problemen wie die Berneralpen Milchgesellschaft zu kämpfen: Bei der Gründung ihrer Holding wurde der Sitz der Gesellschaft aus Steuergründen nach Schaffhausen verlegt. Auch in diesem Fall nahm der Kanton Bern die Sitzverlegung nicht kampflos hin und bekam 1928 vor Bundesgericht recht, und wie der Ursina kam der Kanton Bern auch diesem Unternehmen in steuerlicher Hinsicht entgegen.[440]

Als sich gegen Ende der 1920er-Jahre der Konkurrenzkampf auf dem Milch- und Schokolademarkt zu verschärfen begann und erste Anzeichen einer bevorstehenden Krise sichtbar wurden, begannen die Unternehmen der Schweizer Milch- und Schokoladeindustrie ihre Produktpalette zu verbreitern[441], um sich von einer einseitigen ökonomischen Abhägigkeit von einem Produkt (Milch bzw. Schokolade) zu lösen und dadurch dem Unternehmen eine sicherere Basis zu geben: Nestlé übernahm 1929 das Schokoladeunternehmen Peter-Cailler-Kohler, mit welchem schon seit längerer Zeit zusammengearbeitet wurde. Einen weiteren grossen Diversifikationsschritt des Waadtländer Grosskonzerns stellte die Entwicklung des Löslichkaffees «Nescafé» im Jahre 1938 dar, mit dem sich das Unternehmen erstmals über die Sektoren der Milch- und Schokoladeverarbeitung hinaus bewegte.[442] Suchard drang im Jahre 1931 mit den Bonbons der Marke «Sugus» ins Süsswarengeschäft vor und die Firma Wander begann sich 1937 stärker im Pharmabereich zu engagieren und entwickelte in den 1940er-Jahren die «Dawa-Crèmen» sowie das Herbalpina-Hustenbonbon.[443]

Trotzdem wurde die exportorientierte Schweizer Milch- und Schokoladeindustrie von der Weltwirtschaftskrise schwer getroffen: Nestlé schloss ihre Fabriken in Cham (1932), Vevey (1934) und Payerne (1934) und errichtete an deren Stelle neue Produktionszentren im Ausland, während die Schweizer

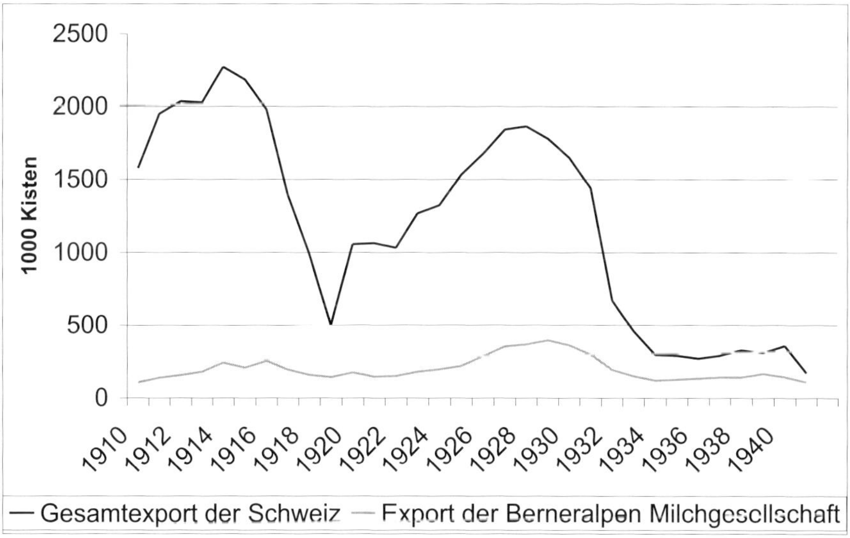

Grafik 5: Der Kondensmilchexport der Schweiz und der Berneralpen Milchgesellschaft von 1910–1940. (Daten aus: AHN Ursina-Chronik 15, Weidmann – Querschnitt durch 50 Jahre Export: 11–12). Nachdem die Schweiz 1914 als weltweit führendes Milchexportland den Zenit erreicht hatte, brachen die Umsätze während dem Ersten Weltkrieg massiv ein. In den 1920er-Jahren konnte sich der Schweizer Milchexport nochmals erholen, erreichte aber nicht mehr das Vorkriegsniveau. Mit dem abermaligen Exportrückgang während der Weltwirtschaftskrise und der Schliessung der Nestlé-Fabriken in Cham und Vevey versank die Schweiz endgültig in der Bedeutungslosigkeit auf den Milchexportmärkten. Ab den 1930er-Jahren stellte die Berneralpen Milchgesellschaft etwa die Hälfte des gesamten Schweizer Milchexports her.

Milchfabrikation in Orbe zusammengefasst und die Schokolade nur noch in Orbe und Broc hergestellt wurde.[444] Ebenso schrieben die exportorientierten Unternehmen wie Tobler und die Berneralpen Milchgesellschaft wegen den zunehmenden Handelshemmnissen in den 1930er-Jahren herbe Verluste. Tobler musste 1931 gar um Nachlassstundung bitten und mehrere Tochterfirmen verkaufen. Erst 1936 konnten Tobler und Ursina in ihren Bilanzen wieder schwarze Zahlen ausweisen.[445] Während Tobler und Ursina dem Standort Schweiz treu blieben und ihre Produkte zu einem bedeutenden Teil aus der Schweiz exportierten, hatte Nestlé durch ihre Auslagerung der Produktion in den 1920er-Jahren einen multinationalen Charakter erlangt. Mit der dezentralen Unternehmensstruktur mit Produktionsanlagen rund um den Globus konnte der Weltkonzern aus Vevey die zunehmenden Handelsschranken problemlos umgehen und überstand deshalb die Weltwirtschaftskrise relativ unbeschadet. Die Internationalisierung fand 1936 sogar noch eine Fortsetzung, als das Unternehmen in eine Holding umgewandelt wurde und in Panama ein zweiter Firmenhauptsitz für die Märkte in der Sterling-Zone und dem Dollarblock entstand. Damit hatte sich Nestlé zum transnationalen Unternehmen entwickelt.[446] Während die Schweiz als einstiges Milchimperium des 19. Jahrhunderts während der Weltwirtschaftskrise endgültig in der Bedeutungslosigkeit verschwand, stieg Holland mit einem Anteil von fast 60 Prozent am weltweiten Kondensmilchexport zur führenden Nation in diesem Bereich auf.[447] Die Produktionsanlagen von Nestlé waren in den Niederlanden sehr massiert anzutreffen[448] und es war sicherlich kein Zufall, dass sich auch die Ursina in den 1930er-Jahren dort ansiedelte.

Während für Nestlé als multinationales Unternehmen die Schweiz als Produktionsstandort und Absatzmarkt in den 1930er-Jahren immer unwichtiger wurde, nahmen die Umsätze der Ursina im Inland wegen den zunehmenden Handelshemmnissen zu. Nestlé hatte sich definitiv zum internationalen Konzern entwickelt, während bei Ursina die nationale Orientierung in den 1930er- und 1940er-Jahren immer wichtiger wurde.

Im Zweiten Weltkrieg brachen für die Berner Unternehmen Tobler, Wander und die Berneralpen Milchgesellschaft erfreuliche Zeiten an, weil die Inlandnachfrage nach Schokolade sowie Milch-, Gemüse- und Fleischkonserven durch die Bevölkerung und die Armee stark zunahm. Die Militär-Ovomaltine wurde sogar zur Frühstücks-Notration jedes Schweizer Soldaten. Die Bärenmarke-Milch, die «Toblerone» oder die «Ovomaltine» genossen in jener Zeit bei der Schweizer Bevölkerung viel Sympathie und entwickelten sich zum Teil (wie das Beispiel der «Ovomaltine» zeigt) sogar zu Nationalsymbolen.[449] Der Absatz dieser Milch- und Schokoladeprodukte war während des Kriegs mehr als gewährleistet, dafür hatten Tobler und die Berneralpen Milchgesellschaft Probleme bei der Rohstoffbeschaffung zu beklagen.[450] Im Gegensatz zu diesen Berner Firmen, welche sich in den Dienst der Landesversorgung stellten, betätigte sich Nestlé während des Zweiten Weltkriegs vor allem in

Abb. 43: Widerstandskraft dank der Ovomaltine, die zur Notration jedes Schweizer Soldaten gehörte. Ovomaltine-Werbung im Jahre 1940. (Fabrikarchiv Wander, Neuenegg).

den Vereinigten Staaten, von wo aus ihre Stellung auf dem amerikanischen Kontinent gefestigte und erweitert werden konnte.[451]

Nach dem Zweiten Weltkrieg hatte die Schweizer Schokoladeindustrie und die Berneralpen Milchgesellschaft durch die Umstellung von der Kriegswirtschaft zurück zur Marktwirtschaft erneut eine ökonomische Durststrecke zu überwinden.[452] Anders sah die Situation bei Nestlé aus: Nach dem Zweiten Weltkrieg gab der Nahrungsmittelkonzern seine Doppelkopf-Struktur auf, mit welcher man bei einem allfälligen Einmarsch der Nationalsozialisten in die Schweiz eine Beschlagnahmung des Unternehmens verhindern wollte, und wurde wieder zu einem eigentlichen Schweizer Unternehmen mit Hauptsitz in Vevey. Lüpold spricht in diesem Zusammenhang von einer Renationalisierung des Unternehmens.[453] Mit der Fusion der Nestlé & Anglo-Swiss Company mit dem Schweizer Suppen- und Würzehersteller «Maggi» im Jahre 1947 verliess die Gesellschaft, welche nun den Namen «Nestlé Alimentana» trug, ihr angestammtes Feld in der Milch- und Schokoladeindustrie und wurde zu einem stark diversifizierten Nahrungsmittelkonzern.[454] Durch Eigenproduktionen wie «Nescoré», «Nestea» oder «Nesquik» wurde die Produktepalette auch nach den Zweiten Weltkrieg weiter verbreitert.[455]

Der Vergleich von Ursina mit Nestlé zeigt, dass sich die Entwicklungspfade der beiden Unternehmen in den 1930er- und 1940er-Jahren in verschiedene

Richtungen bewegten: Während sich Nestlé in dieser Zeit zu einem transnationalen Konzern entwickelte[456], welcher sich mit der Entwicklung des «Nescafés» und der Fusion mit Maggi stark diversifizierte, gewann bei der Ursina die nationale Orientierung immer mehr an Bedeutung[457] und das Berner Unternehmen konzentrierte sich nach dem Zweiten Weltkrieg auf das Geschäft mit Milchprodukten.

Zusammenfassung

Die Geschichte der Berneralpen Milchgesellschaft zwischen 1914 und 1950 war von den beiden Weltkriegen und der Weltwirtschaftskrise geprägt, welche das Unternehmen vor verschiedene Herausforderungen stellte.

Der Erste Weltkrieg stellte für die Schweizer Milchindustrie einen entscheidenden Wendepunkt dar: Bis 1914 hatte die Schweiz mit einem Anteil von einem Drittel am weltweiten Kondensmilchexport auf dem Weltmarkt eine dominante Stellung inne. Doch mit dem Zusammenbruch des liberalen Weltwirtschaftssystems und den staatlichen Schutzmassnahmen während des Ersten Weltkriegs wurde der Export zunehmend erschwert und die kriegswirtschaftlichen Massnahmen des Bundesrates zur Verbilligung der Konsummilch begannen sich für die Schweizer Dauermilchindustrie ab 1916 negativ auszuwirken: Der vermehrte Konsum von Milchprodukten und die gleichzeitige Verminderung der Futtermittel für die Kühe führte selbst in einem Land, in dem Milch lange Zeit im Überfluss vorhanden war, zu Milchknappheit und einem starken Anstieg der Milchpreise. Als Reaktion auf diese Veränderungen lagerte die Schweizer Milchindustrie ihre Produktion zunehmend in andere Länder aus und gründete neue Tochtergesellschaften, um damit die protektionistischen Massnahmen der jeweiligen Staaten zu umgehen. Die Berneralpen Milchgesellschaft wandelte ihre Produktionsstätte in Biessenhofen in eine eigene Tochtergesellschaft um, damit sie vor protektionistischen Massnahmen des Deutschen Staates geschützt war, und gründete ein neues Unternehmen in Frankreich, um sich den Zugang zu den französischen Kolonien zu sichern. Die Multinationalisierung der Milchindustrie spiegelt sich auch eindrücklich in den Zahlen wieder: Zwischen 1914 und 1919 schrumpfte das Exportvolumen der Schweizer Kondensmilch um 80 Prozent[458], obwohl die lange haltbaren Milchprodukte gerade während des Krieges sehr gefragt waren und die meisten Unternehmen dieses Wirtschaftszweiges, ebenso wie die Firmen der Schokoladeindustrie, hohe Gewinne schrieben.

Nach dem Kriegsende liess die Nachfrage nach verarbeiteter Milch rapide nach, was in vielen Ländern zu Überkapazitäten an Milch und massiven Milchpreissenkungen führte. In der Schweiz blieb dagegen der Milchpreis hoch, weil in der Schweiz immer noch akuter Milchmangel herrschte und der Schweizer Milchpreis vom Weltmarktpreis abgekoppelt blieb. Dieser Umstand vermochte die Konkurrenz aus den Niederlanden zu ihren Gunsten zu nutzen, indem sie auf den Weltmärkten die teure Schweizer Milch mit ihrer billigen Milch erfolgreich unter Druck setzte. In dieser Zeit verlor die Schweiz ihre führende Stellung als Milchexportland an die Niederlande. Die Berneralpen Milchgesellschaft, welche trotz den neuen Tochterfirmen hauptsächlich ein Schweizer Exportunternehmen darstellte[459], geriet dadurch immer mehr in die Defensive. Aber auch auf diese Herausforderung vermochte das Berner Unternehmen adäquat zu reagieren. Einerseits begann man von Konolfingen und Rumilly (Frankreich) aus neben der sterilisierten Milch auch gezuckerte Kondensmilch in grossen Mengen zu produzieren und konnte dadurch die Produktion und Distribution aufgrund von Skalenerträgen verbilligen. Andererseits nahm das Berner Unternehmen mit eigenen Billigmarken wie «Guide» oder «Jersey Cow» den Kampf mit der billigen Konkurrenz erfolgreich auf, wodurch die teuren Schweizer Markenprodukte wie die «Bärenmarke» vor der Billigkonkurrenz abgeschirmt werden konnten. Zwischen 1926 und 1929 erlebte die Ursina eine Phase des ökonomischen Aufschwungs und konnte Ende der 1920er-Jahre sogar die Exportwerte vor dem Ersten Weltkrieg übertreffen.[460]

Gleichzeitig begann sich Ende der 1920er-Jahre der Konkurrenzkampf zwischen den Unternehmen der Milch- und Schokoladeindustrie zu verschärfen. Kleine Unternehmen suchten sich in dieser Situation einen grösseren Partner wie Peter-Cailler-Kohler mit Nestlé oder Villars und Guigoz mit Ursina. Die Ursina selbst lehnte jedoch ein Übernahmeangebot von Nestlé ab und reagierte auf die verstärkte Konkurrenz und die unsicheren Zukunftsaussichten mit folgenden drei Massnahmen: Erstens wurde die unrentable Alpursa-Schokoladeabteilung an Suchard verkauft, wodurch sich das Unternehmen gleichzeitig die Freundschaft mit Suchard (und damit die lukrativen Milchpulverlieferungen) sicherte. Zweitens wurde mit dem Konkurrenten Nestlé ein «Gentlemen's Agreement» vereinbart, in dem sich die beiden Unternehmen gegenseitig ihre Monopolstellungen garantierten. Und drittens verfolgte das Berner Unternehmen während den 1930er-Jahren eine Diversifikationsstrategie: Mit den Marken «Guigoz» und «Alete» stärkte Ursina sehr erfolgreich ihre Position im Kindernahrungbereich und stiess in neue Gebiete wie diätetische Frühstücksgetränke (Tonimalt), Fleisch-, Frucht- und Gemüsekonserven und Süsswaren vor. Durch die ersten beiden Massnahmen versuchte sich Ursina ihre wichtigsten Einkommensquellen zu sichern, mit der dritten wurde die einseitige Abhängigkeit des Unternehmens vom Milchsektor zu verringern versucht, indem man das Unternehmensrisiko streute.

Trotzdem führte das Auseinanderfallen der Weltwirtschaft in drei Währungsblöcke in den Jahren 1932/33 zu einer schweren Exportkrise bei der Berneralpen Milchgesellschaft. Durch die neuen Handelsschranken in Europa verloren die holländischen Unternehmen ihre bisherigen Absatzmärkte und drängten nun mit billigsten Preisen nach Übersee vor. Dort stiessen diese Produkte sofort auf ein gutes Echo, denn aufgrund der steigenden Arbeitslosigkeit und den sinkenden Einkommen war während der Weltwirtschaftskrise nicht mehr die Qualität, sondern der Preis das entscheidende Verkaufsargument. Die teure Schweizer Milch war unter solchen Bedingungen nicht mehr konkurrenzfähig und der Kondensmilchexport der Schweiz verschwand im internationalen Vergleich in der Bedeutungslosigkeit. Doch auch diese Krise konnte von der Berneralpen Milchgesellschaft erfolgreich bewältigt werden: Erstens wurden die hohen Handelsschranken durch Verträge mit ausländischen Unternehmen (Wilts United Dairies) umgangen, zweitens versuchte die Ursina in Holland und Dänemark Unternehmen zur Produktion von billiger Milch zu gewinnen, um die teuren Schweizer Marken vor der Konkurrenz zu schützen, und drittens versuchte man die Umsätze auf dem Schweizer Inlandmarkt zu vergrössern sowie staatliche Exportsubventionen zu erwirken, was schliesslich gelang. Die Outsourcing-Strategie bei der Produktion von billiger Milch in Holland und Dänemark hatte jedoch den entscheidenden Nachteil, dass die Milchqualität aus fremden Unternehmen oft nicht den hohen Anforderungen der Ursina genügte und damit den guten Namen des Unternehmens in Südostasien gefährdete. Deshalb wurde beschlossen, in Holland eine eigene Produktionsanlage zu führen. 1938/39 wurden in Nunspeet, Harderwijk und Nijkerk Fabriken gekauft und unter dem Namen «Vereenigte Veluwsche Melkproductenfabrieken» in einer eigenen Tochterfirma zusammengefasst.

Doch nur wenige Jahre nachdem die Weltwirtschaftskrise überwunden werden konnte, brach der Zweite Weltkrieg aus. Mit der Eroberung Frankreichs durch die deutschen Truppen im Jahre 1940 wurde die Schweiz von den Achsenmächten völlig umschlossen und das Exportgeschäft kam vollständig zum Erliegen. Dafür gelang es der Berneralpen Milchgesellschaft, die Inlandumsätze während des Zweiten Weltkriegs enorm zu steigern. Die lange haltbaren Kondensmilch-, Fleisch-, Früchte- und Gemüsekonserven erfreuten sich sowohl bei der Armee als auch in der Schweizer Bevölkerung einer grossen Beliebtheit als Notvorrat. Mit der Rationierung von Milchprodukten im Jahre 1942 erfuhr der inländische Kondensmilchumsatz des Unternehmens nochmals einen gewaltigen Aufschwung und erreichte das zwanzigfache Volumen der Vorkriegszeit. Die Versorgung der Schweiz mit Milch- und Nahrungskonserven wurde für die Berneralpen Milchgesellschaft zu einem recht einträglichen Geschäft und die meisten Jahresergebnisse während des Zweiten Weltkriegs konnten positiv gestaltet werden.

Die Umstellung von der Kriegswirtschaft zurück zur Exportwirtschaft rief wie schon 1921/22 auch 1948/49 eine leichte Krise hervor, weil die Milchpreise der Schweiz auf dem Weltmarkt nicht konkurrenzfähig waren und die Binnenmarktnachfrage nach dem Krieg markant nachliess, da die Schweizer Bevölkerung nun ihre Nahrungsvorräte aus dem Krieg abbaute und daher keine neuen Stalden-Produkte verlangte. Diese Krise veranlasste die Führung der Berneralpen Milchgesellschaft, die defizitäre Konservenabteilung zu schliessen und sich voll auf den Milchsektor zu konzentrieren, wo man dank der Erfindung des Uperisationsverfahrens erfreuliche Zukunftsperspektiven ortete. Ende der 1940er-Jahre rückte die Ursina deshalb von ihrer Diversifikationsstrategie ab und konzentrierte ihre Kräfte auf das Kerngeschäft mit Milchprodukten.

Die Geschichte der Berneralpen Milchgesellschaft zwischen 1914 und 1950 zeigt, *wie flexibel das Unternehmen auf die verschiedenen Krisen und Herausforderungen zu reagieren wusste* und dadurch die Schwierigkeiten dieser Kriegs- und Krisenzeit erfolgreich bewältigen konnte. Der Vergleich mit anderen Unternehmen zeigt, dass die Strategien der Berneralpen Milchgesellschaft nicht einzigartig waren, sondern dass die meisten Grossunternehmen der Schweizer Milch- und Schokoladeindustrie – mit Ausnahme von Nestlé – diese Probleme ähnlich lösten.

Abb. 44: «Aus den Alpen für die Stadt». Werbeplakat für die Alpenmilch «Bärenmarke» in Deutschland aus dem Jahre 1955. (Allgäuer Alpenmilch AG, Mühldorf). Der Senn als freundlicher und kräftiger Naturbursche bringt die Milch aus den heilen Alpen in die Stadt.

VOM ERFOLGREICHEN KLEINUNTERNEHMEN ZUM GESCHEITERTEN GROSSKONZERN (1950–1971)

Charakter der Epoche

Am Ende des Zweiten Weltkriegs hatte Europa seine Führungsstellung in der Weltwirtschaft endgültig verloren. Grossbritannien, Frankreich und Deutschland lagen entkräftet darnieder, es herrschte Mangel an Nahrungsmitteln und anderen lebensnotwendigen Gütern, und die Überseegebiete der einstigen europäischen Grossmächte erlangten ihre Unabhängigkeit. Der klassische europäische Kolonialismus fand nach 1945 endgültig sein Ende[461]. Anstelle von Europa traten nun die Vereinigten Staaten und die Sowjetunion als neue Weltmächte auf, welche sich einen erbitterten Konkurrenzkampf zwischen ihren unterschiedlichen Polit- und Wirtschaftssystemen lieferten. Die Rivalität zwischen dem kapitalistischen Wirtschaftssystem der Vereinigten Staaten und dem kommunistischen System der UdSSR spaltete die Welt in zwei Machtsphären, an deren Rändern es immer wieder zu blutigen Auseinandersetzungen kam, wie zum Beispiel dem Vietnam-Krieg.[462]

Um die Weltwirtschaft anzukurbeln und ein Vorrücken des Kommunismus zu verhindern, versuchten die Vereinigten Staaten den Welthandel wieder zu fördern. 1944 wurde das Weltwirtschaftssystem mit dem Vertrag von Bretton Woods, welcher den Dollar als neue Leitwährung festsetzte, auf eine neue Grundlage gestellt[463], 1947 mit dem GATT (General Agreement of Tarifs and Trade) ein entscheidender Schritt zum Abbau von Handelshemmnissen vollzogen und mit dem Marshall-Plan (1948) ein Wiederaufbauprogramm für Europa ins Leben gerufen, um in Westeuropa (als wichtigsten Handelspartner der Vereinigten Staaten) wieder eine funktionierende Marktwirtschaft zu errichten. Zudem wurde im Jahre 1950 mit der OECD eine weitere Institution ins Leben gerufen, welche den Handel zwischen Amerika, Europa und Japan fördern sollte.[464] Eine Fortsetzung fand die Liberalisierung Ende der 1950er Jahre mit der Öffnung der internationalen Finanzmärkte (1958)[465] und der Gründung der Europäischen Wirtschaftsgemeinschaft[466] (EWG) im Jahre 1957, welche in Europa einen grossen, nationenübergreifenden Wirtschaftsraum aufbaute.[467] Diese Anstrengungen führten zwischen 1950 und 1973 zu einem durchschnittlichen Wachstum des Welthandels von 8 Prozent pro Jahr.[468] Richard Tilly spricht in diesem Zusammenhang von einer zweiten Globalisierung der Weltwirtschaft nach 1945.[469]

In der Zeitspanne zwischen 1950 und 1970 erlebten die OECD-Staaten in Europa, Nordamerika und Ostasien ein anhaltendes Wirtschaftswachstum mit den höchsten Raten, die es in der Geschichte je gegeben hatte und welches grossen Bevölkerungsteilen zu Wohlstand gereichte. Dies traf insbesondere für Frankreich, Italien und die Bundesrepublik Deutschland zu, wo dieser Wachstumsschub als Wirtschaftswunder in die Geschichte einging.[470] In der BRD, wo in der unmittelbaren Nachkriegszeit noch Nahrungsknappheit und Hunger herrschten, sorgte die Währungsreform im Jahre 1948 für eine schlagartigen Veränderung der materiellen Lebensverhältnisse: Die Läden waren plötzlich mit Waren gefüllt und der Sprung ins Zeitalter des Massenkonsums vollzogen. Dabei wurden in einer ersten Phase vor allem die Grundbedürfnisse befriedigt, was sich u.a. in einem starken Anstieg des Nahrungsmittel- und Genussmittelkonsums äusserte, welcher als «Fresswelle» bekannt wurde.[471] Als Ende der 1950er-Jahre die Primärbedürfnisse der Bevölkerung grösstenteils gesättigt werden konnten, wandte sich die westeuropäische Gesellschaft neuen Konsumbedürfnissen zu.[472] Dabei spielten die sinkenden Energiepreise durch das billige Erdöl im Mittleren Osten und die Orientierung Europas an der Lebensweise in den Vereinigten Staaten eine wesentliche Rolle. 1958 wurde in Deutschland die Kohle vom Erdöl als Hauptenergieträger abgelöst, was zu einem stetigen Sinken der Energiepreise führte. Dadurch konnten sich energieintensive Produkte wie der Fernseher, der Kühlschrank oder die Waschmaschine innerhalb kürzester Zeit von Luxusgütern der Oberschichten zu Standardprodukten des alltäglichen Gebrauchs entwickeln, ebenso wie das Automobil, welches auf bequeme Weise die Überwindung grosser Distanzen in kurzer Zeit ermöglichte. Diese neuen Standardprodukte lösten einen massiven Anstieg des Energieverbrauchs und tiefgreifende Veränderungen im alltäglichen Gesellschaftsleben aus. Zum Beispiel wurden die Konsumgüter des täglichen Bedarfs nicht mehr in Quartierläden gekauft, sondern man fuhr mit Hilfe des Autos in grosse Supermärkte oder Shopping-Centers, um sich dort mit Waren einzudecken.[473] In den 1960er-Jahren wurde der Detailhandel in Form der «Tante-Emma-Läden» oder Quartierläden zunehmend von den Supermärkten verdrängt. Ein zentraler Faktor für diese Entwicklung war die flächendeckende Verbreitung von Kühlschränken, mit welchen die Lebensmittel über längere Zeit frisch gehalten werden konnten.[474] Während 1957 in der Schweiz noch 78 Prozent des Lebensmittelumsatzes in Quartierläden gemacht wurde, hatten die Selbstbedienungsläden zehn Jahre später einen Anteil von 60 Prozent am Umsatz inne – die Umsatzverhältnisse zwischen Quartierläden und Supermärkten hatten sich also gerade gedreht.[475] Der Wandel von der Industriegesellschaft zur Konsumgesellschaft war vollzogen.[476]

Die Schweiz avancierte nach dem Zweiten Weltkrieg aufgrund ihrer politischen Stabilität, der zentralen Lage in Europa und der gewährten Holdingprivilegien immer mehr zu einem Verwaltungszentrum und einem Standort zentraler Dienstleistungsfunktionen. Die Produktion hingegen wurde immer stärker ins Ausland verlagert. Diesem Trend versuchte der Staat in Bereichen der Grundversorgung, unter anderen der Landwirtschaft, entgegenzuwirken.[477] Aufgrund der Erfahrungen aus dem Zweiten Weltkrieg war man sich in der Schweizer Bevölkerung Anfang der 1950er-Jahre einig, dass die Ernährungssicherung des Landes durch die eigene Agrarwirtschaft gewährleistet werden müsse. Nachdem der Bund bereits in den Wirtschaftsartikeln von 1947 die Berechtigung erhielt, zur Erhaltung eines gesunden Bauernstandes protektionistisch einzugreifen, stellte das im Jahre 1951 von den eidgenössischen Räten verabschiedete neue Landwirtschaftsgesetz eine entscheidende Weichenstellung in der Agrarpolitik dar: Die Ernährung der Bevölkerung sollte durch eine leistungsfähigere Landwirtschaft sichergestellt werden. Diese Produktionssteigerung im Inland wurde vom Bund durch Preis- und Absatzsicherung[478] und weitgehende Abschottung von ausländischer Konkurrenz gefördert.[479] Nach dem Zweiten Weltkrieg war in der Schweiz die Milch einerseits im Überfluss vorhanden, andererseits bewegte sich der Schweizer Milchpreis aufgrund der staatlichen Preissicherung weit über dem Weltmarktniveau.[480] Um die Milchüberschüsse im Inland trotzdem verkaufen zu können, musste der Bund die Milchveredelungsindustrien wie den Käseexport und die industrielle Milchverarbeitung subventionieren. Die Verwertung und Absatzförderung von Milchprodukten kam den Staat aber immer teurer zu stehen. Angesichts der drohenden «Milchschwemme» schlug der Bundesrat eine dringende Ergänzung des Milchwirtschaftsbeschlusses vor. Er begründete diesen Schritt damit, dass die einkommensbildenden Preise – namentlich für Milch und Milchprodukte – vom Markt abgelehnt worden wären und die Preisstützungsmassnahmen vom Bund schlicht nicht mehr getragen werden könnten. Im März 1968 stimmte das Parlament der Einführung von Milchkontingenten zu, sofern die Milchlieferungen nicht innerhalb nützlicher Frist zurückgingen. Die daraufhin getroffenen Absatz- und Lenkungsmassnahmen leiteten schliesslich eine Trendwende hin zu einer rückläufigen Milchproduktion in der Schweiz ein.[481]

Das Wirtschaftswunder als «Glücksfalle»

Der subventionierte Erfolg der Berneralpen Milchgesellschaft

In den 1950er-Jahren erlebte die Berneralpen Milchgesellschaft in Konolfingen einen ökonomischen Aufschwung und konnte stetig steigende Umsätze und Gewinne ausweisen[482]. Dabei spielten politische Faktoren eine wesentliche Rolle:

Da die Schweizer Milchproduktion in den 1950er-Jahren stark zunahm und die steigenden Milchmengen keinen Verwendungszweck mehr fanden, wurden die Milchexporte der Berneralpen Milchgesellschaft vom Bund mit 6 Rappen pro Liter subventioniert. Diese Exportsubventionen kamen sowohl dem Bund als auch den Milchproduzenten billiger, als wenn die Frischmilch bei einem Exportrückgang hätte verbuttert werden müssen.[483] Deshalb gelang es dem Konolfinger Unternehmen nach dem Zweiten Weltkrieg erneut, mit dem Milchexport in den Tropenregionen äusserst lukrative Geschäfte zu tätigen, mit denen jährliche Bruttoerträge in der Grössenordnung von 1,5 Millionen Schweizer Franken[484] erwirtschaftet wurden. Auch die Tochtergesellschaft in Holland, welche sich auf die Milchlieferungen nach Thailand spezialisiert hatte, erzielte in Südostasien hohe Gewinne.[485] Nachdem die Berneralpen Milchgesellschaft bereits vor den beiden Weltkriegen einen grossen Teil ihrer Milchdosen in Südostasien verkauft hatte, verstärkte sich diese Tendenz nach dem Zweiten Weltkrieg nochmals gravierend: Während vor dem Ersten Weltkrieg 44 Prozent des Exports von Konolfingen nach Südostasien getätigt wurden, waren es 1936 bereits 65 Prozent. Bis 1953 stieg dieser Wert auf 84 Prozent an und 1968 wurden sogar 98 Prozent der sterilisierten Milch auf den asiatischen Märkten verkauft.[486] Der Erfolg der Berneralpen Milchgesellschaft beruhte also immer mehr auf den lukrativen Milchexporten nach Südostasien, was gleichzeitig zu einer zunehmenden Abhängigkeit des Unternehmens von diesen Märkten führte.

Auch die Umsatzsteigerungen im Bereich des Milchpulververkaufs ab 1954 hatten vor allem politische Gründe: Nach dem Zweiten Weltkrieg begannen die Schweizer Schokoladeproduzenten zunehmend billiges Milchpulver aus Holland und den Vereinigten Staaten zu importieren, obwohl die Schweizer Produzenten den Bedarf hätten decken können. Das inländische Milchpulver war aber aufgrund der hohen Milchpreise in der Schweiz teurer und deshalb bei den Schokoladefirmen weniger beliebt.[487] Um nicht auf der inländischen Milch sitzen zu bleiben, beschloss der Bundesrat am 2. August 1954, dass zwei Drittel des von Schokoladefabriken verwendeten Milchpulvers in der Schweiz hergestellt werden mussten und nur ein Drittel aus dem Ausland importiert werden durfte.[488] Dadurch wurde die Schweizer Schokoladeindustrie gezwungen, inländisches Milchpulver zu kaufen, was der Berneralpen Milchgesellschaft sehr entgegenkam. Zusätzlich konnte das Unternehmen in Konolfingen im Auftrage der Eidgenossenschaft Milchpulver an Hilfswerke für notleidende Gebiete und unterentwickelte Länder liefern.[489]

Weniger erfolgreich als erhofft war dagegen die Verwertung des Uperisierungsverfahrens durch die Alpura AG[490], obwohl die neue Technik in der Fachwelt für grosses Aufsehen sorgte und mit bedeutenden Unternehmen Verträge abgeschlossen werden konnten. Von 1950 bis 1952 wurde der Firma Wander das Exklusivrecht zur Mitbenutzung des UP-Verfahrens[491] zugesichert, was der Ursina Einnahmen von insgesamt 450 000 sFr. einbrachte[492]. Nach Ablauf der Vertragsdauer mit Wander zeigte Nestlé grosses Interesse an der UP-Technik[493], welches sich später aber wieder legte.[494] Schliesslich begannen Ursina und das schwedische Unternehmen Tetra-Pak das Uperisationsverfahren und die tetraederförmigen Verpackungen aus Schweden aufeinander anzupassen, damit die Milch keimfrei in die Milchverpackung gebracht werden konnte.[495] 1955 wurde Tetra-Pak eine Exklusivlizenz für die UP-Patente erteilt.[496] Trotzdem blieben die Gewinne der Alpura bescheiden und in den Jahren 1961–1962 wurden sogar Defizite geschrieben[497], da den hohen Einnahmen hohe Spesen und Forschungskosten gegenüberstanden.[498] Erst ab 1965 entwickelte sich der Verkauf der UP-Milch zu einem lukrativen Geschäft, welches der Alpura Ende der 1960er-Jahre zwischen 100 000 und 300 000 Franken Gewinn einbrachte.[499] Neben der Produktion von keimfreier Milch wurde das UP-Verfahren auch zur Herstellung von Glacen und Kaffeerahm verwendet. So lancierte Ursina 1954 das Eiscrèmepulver «Berola» und 1958 wurde ein Soft-Ice-Mix erfolgreich auf den Markt gebracht.[500] Damit deckte Stalden etwa 6 Prozent des Schweizer Glacenmarktes ab. Ebenfalls erfolgreich war die Entwicklung von UP-Kaffeerahm im Jahre 1959, welcher später auch in Portionenpackungen erhältlich wurde.[501]

Die neuen Produkte der Berneralpen Milchgesellschaft verkauften sich auf dem Schweizer Binnenmarkt zwar sehr gut, was sich auch im starken Anstieg der Inlandumsätze wiederspiegelte, aber im Vergleich zum Geschäft in Südostasien, den Milchpulverlieferungen an die Schweizer Schokoladehersteller oder der Produktion von Guigoz-Pulver für den französischen Markt blieben diese Umsätze bescheiden.[502] Der Erfolg der Berneralpen Milchgesellschaft in den 1950er-Jahren basierte daher im wesentlichen auf den staatlichen Massnahmen zur Bekämpfung der «Milchschwemme» sowie den Erfolgsrezepten aus der Zeit um die Jahrhundertwende: den Verkäufen der sterilisierten Alpenmilch in Südostasien und dem Milchpulververkauf an Schweizer Schokoladeunternehmen.

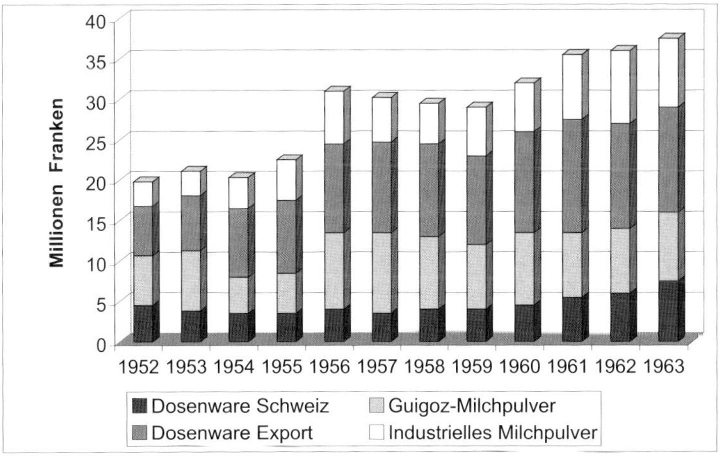

Grafik 6: Die Umsätze der Berneralpen Milchgesellschaft in Konolfingen während des Wirtschaftswunders in den 1950er-Jahren. (Daten aus: FNK, Umsätze Schweiz und Export 1952–1963). Innerhalb von zehn Jahren konnte der Umsatz fast verdoppelt werden, wobei die Umsatzsteigerung vor allem mit bekannten Produkten (Milchexport nach Südostasien, Milchpulver für Schweizer Schokoladehersteller und Guigoz-Kindernahrung) erzielt wurde. Die neuen Produkte (Dosenware Schweiz) waren von untergeordneter Bedeutung.

Vom Luxusprodukt zum Standardgut – Die Erfolgsgeschichte der Ursina AG in den 1950er-Jahren

Die Erfolgsgeschichte der Ursina AG in den 1950er-Jahren hing stark mit der erstaunlichen Entwicklung der Deutschen Tochtergesellschaft Allgäuer Alpenmilch AG zusammen. Während die Produktion der Bärenmarke-Milch mit 10 Prozent Fettgehalt während dem Zweiten Weltkrieg vom Staat verboten worden war, wurde im Sommer 1949 die staatliche Bewirtschaftung der Dauermilchindustrie aufgehoben. Damit war der Weg frei für den ungebremsten Aufstieg der «Bärenmarke» in Deutschland. Durch die Kriegs- und Nachkriegsverhältnisse war die Kondensmilch zu einem allgemein bekannten und begehrten Nahrungsmittel geworden und die Nachfrage war dementsprechend hoch.[503] Während der Milchkonsum in Deutschland mit wachsendem Einkommen ab 1950 kontinuierlich abnahm, stieg der Kondensmilchverbrauch zwischen 1953 und 1963 um das Zehnfache an. Diese gegenläufige Tendenz war darauf zurückzuführen, dass Kondensmilch teurer war als die normale Milch und erst durch das wachsende Haushaltseinkommen während des Wirtschaftsaufschwungs breiten Bevölkerungsschichten zugänglich wurde. Während 1951 nur die Hälfte aller Haushalte Kondensmilch benutzte und diese für die andere Hälfte damals noch zu teuer war, leisteten sich 1957 bereits 75 Prozent aller deutschen Haushalte diesen kleinen Luxus. In Grossstädten wie Hamburg oder Berlin kauften sogar 89 Prozent der Haushalte Dosenmilch. Die Kondensmilch erfreute sich ungebrochener Beliebtheit, weil sie mit Kaffee besser schmeckte als die normale Milch und zudem bequem anwendbar und lange haltbar war. Als beste Kondensmilch galt dabei diejenige mit der «Bärenmarke», da diese mit ihrem hohen Fettgehalt dem Bedürfnis nach einem sahnigen Geschmack im Kaffee am nächsten kam. In den 1950er-Jahren trat die Allgäuer Alpenmilch AG mit der Bärenmarke-Milch endgültig aus dem Schatten ihrer Konkurrenten (Nestlé, Carnation, Libby) und etablierte sich in der BRD als Marktführer, obwohl sie mit Abstand am teuersten war. Eine entscheidende Rolle für diesen Erfolg spielten die geschickten Werbekampagnen, welche den herzigen und zärtlichen Bären auf den Bärenmarke-Dosen dem deutschen Bürger ans Herz wachsen liessen. Für «Bärenmarke zum Kaffee» wurde sowohl in Zeitschriften als auch am Fernsehen unermüdlich geworben.[504] Die «Bärenmarke» war in den Augen der Kunden das Ideal einer guten Kondensmilch schlechthin, selbst Nichtverwender von Bärenmarke-Milch erkannten diese als Spitzenprodukt an.[505] Obwohl es Nachahmer gab, hatte die «Bärenmarke» mit einem Marktanteil von 86 Prozent auf dem 10 Prozent-Fett-Dosenmilchsektor ganz klar eine marktbeherrschende Stellung inne und der Konkurrenz war auf diesem Gebiet wenig Erfolg beschieden.[506]

Eine ähnliche Karriere machten in den 1950er-Jahren die Stalden-Dessertcrèmen, welche sich einer ausserordentlich hohen Nachfrage erfreuten. Die Gründe für diese Entwicklung dürften einerseits im vergrösserten Sortiment

Abb. 45: «Bärenmarke gut und fein, muss in jeden Kaffee rein!». Werbeplakat in Deutschland aus dem Jahre 1962. (Allgäuer Alpenmilch AG, Mühldorf).

mit den neuen Aromen Vanille, Caramel und Mocca und andererseits in den steigenden Einkommen der Schweizer Bevölkerung gelegen haben, welche sich nun auch ein Qualitätsprodukt für die gehobeneren Gesellschaftsschichten wie die relativ teure Stalden-Crème leisten konnte.[507] Die Berneralpen Milchgesellschaft entwickelte sich im Bereich der Dessertcrèmen zur Marktführerin in der Schweiz[508] und auch heute bringen viele Leute die Fabrik in Konolfingen in erster Linie mit den Stalden-Dessertcrèmen in Verbindung, obwohl diese nur 5 Prozent des Gesamtumsatzes der Berneralpen Milchgesellschaft generierten[509] und für die ökonomische Entwicklung des Unternehmens nie von essenzieller Bedeutung waren.

Die Kehrseite des «goldenen Jahrzehnts» der Ursina

Das europäische Wirtschaftswunder nach dem Zweiten Weltkrieg führte bei Ursina zu einem sehr starken Unternehmenswachstum und steigenden Einnahmen[510]. Die Investitionen[511] und das Wachstum der Ursina konzentrierten sich dabei vor allem auf die Tochterfirmen in Deutschland, Frankreich und Holland. Nach dem Zweiten Weltkrieg begann Ursina in Frankreich ihre Produktionsanlagen stark auszubauen und konnte dabei u.a. von den günstigen Preisen der kriegsgeschädigten Gebiete in der Normandie profitieren: Während die Tochterfirmen der Ursina den Zweiten Weltkrieg mit Ausnahme der Produktionsanlage in Harderwijk schadlos überstanden[512], wurden bei der Landung der alliierten Streitkräfte in der Normandie im Juni 1944 viele Industrieanlagen fast vollständig zerstört. Dazu zählten auch die Gebäude des Unternehmens «Laiteries de la Vallée de la Vire et du Cotentin» in Pont-Hébert, welches für die typisch normannischen Weich- und Halbweichkäse wie Camembert, Pont-l'Evêque und St-Paulin bekannt war und die Markenbutter «Beurre d'Isigny» herstellte[513]. Weil dem Firmenbesitzer Henri Claudel das Geld fehlte, um die zerbombten Anlagen wieder aufzustellen, wandte er sich an die Ursina AG, welche sofort Interesse an einer Zusammenarbeit bekundete.[514] Da in der Normandie sehr viel Milch vorhanden war und das Milchgebiet nach dem Kriege zu sehr günstigen Konditionen erworben werden konnte, übernahm die französische Tochterfirma in Rumilly 1946 die Molkereien in Pont-Hébert, welche später unter dem Namen «Claudel» geführt wurden.[515] Im darauffolgenden Jahr konnte Rumilly zusätzlich die Fabrik der «Grande Compagnie de la Normandie» in Chef-du-Pont vom befreundeten Unternehmen Wilts United Dairies übernehmen. Um den Ankauf dieser Unternehmen finanzieren zu können, musste das Aktienkapital der «Compagnie Générale du Lait» in Rumilly von 15 Millionen Französischen Francs im Jahre 1946 auf 88,3 Millionen im Jahre 1948 erhöht werden. Dies war jedoch erst der Anfang eines beachtlichen Investitionsprogramms in Frankreich: 1953 betrug das Aktienkapital bereits 480 Millionen Francs und 1957 sogar 1 Milliarde Francs[516]. Frankreich wurde für Ursina während des Wirtschaftsaufschwungs in den 1950er-Jahren zu einem bedeutenden Markt. Besonders das Geschäft mit der Säuglingsnahrung unter der Marke «Guigoz» war sehr erfolgreich, aber auch andere Produkte wie die Kondensmilch, Dessertcrèmen und das Frühstücksgetränk «Tonimalt» waren sehr beliebt.[517]

Das enorme Wachstum der Ursina in Frankreich und Deutschland und die erfreuliche wirtschaftliche Situation hatte allerdings auch ihre Kehrseite. Um diese aufzuzeigen, wird hier nochmals kurz zurückgeblendet: Die Ursina war bis 1950 ein Schweizer Milchunternehmen, welches grosse Ähnlichkeiten mit einem Familienunternehmen aufwies, obschon die Berneralpen Milchgesellschaft bereits 1892 als Aktiengesellschaft gegründet worden war. Das Unternehmen stand bis in die 1950er-Jahre unter der Leitung einiger weniger Personen, welche sich immer wieder aus den gleichen Familien rekrutierten: Hans Pfyffer von Altishofen als Patron des Unternehmens[518], Emmanuel und Hans Muheim als Direktoren[519] sowie Georges und Roger Marcuard als wichtige Geldgeber.[520] Mit Georges Marcuard[521] als Nachfolger von Präsident Jean von Wattenwyl im Jahre 1911 und Hans Pfyffer von Altishofen als langjähriger Präsident (1919–1952) standen Mitglieder dieser Familien auch an der Spitze des Unternehmens. Pfyffer von Altishofen war praktisch bei allen Tochterunternehmen der Ursina im Verwaltungsrat vertreten und stellte deshalb in der Organsation des Unternehmens die zentrale Figur dar, welche den Gesamtüberblick über die Tätigkeiten des Unternehmens hatte und dieses in streng patriarchalischem Stil leitete.[522] Als Hans Pfyffer von Altishofen plötzlich schwer erkrankte und am 27. März 1952 unerwartet als Präsident der Ursina zurücktreten musste, hinterliess er eine grosse Lücke innerhalb des Unternehmens.[523]

Unter der Führung von langjährigen Mitgliedern der Ursina wie Louis de Castella[524] als neuem Präsidenten und dem Delegierten im Verwaltungsrat Edwin Weidmann wurde in den 1950er-Jahren die Identität des Unternehmens weitgehend beibehalten, obwohl sich die innern Strukturen des Unternehmens stark zu verändern begannen: Während die Berneralpen Milchgesellschaft bis zum Zweiten Weltkrieg noch 50 Prozent der Einnahmen aller Tochtergesellschaften generierte und damit den bedeutendsten Betrieb im Unternehmensverband darstellte, änderte sich dies nach dem Zweiten Weltkrieg grundlegend. Die Haupteinnahmen der Holdinggesellschaft wurden nun durch die Tochtergesellschaften in Deutschland (31 Prozent), Frankreich (20 Prozent) und Holland (11 Prozent) erzielt, während das Unternehmen in Stalden mit einem Anteil von 13 Prozent an den Gesamteinnahmen seine einstige Bedeutung verlor.[525] Die Ursina wandelte sich also vom Schweizer Exportunternehmen zum Grossunternehmen mit multinationalem Charakter.

Dazu kam, dass die Ursina bis 1950 über eine dezentrale Organisationsstruktur verfügte, welche in der Person von Hans Pfyffer von Altishofen

Abb. 46: Werbung für die Stalden-Crèmen mit den Aromen Schokolade, Caramel, Mokka und Vanille um 1960. (Fabrik Nestlé, Konolfingen).

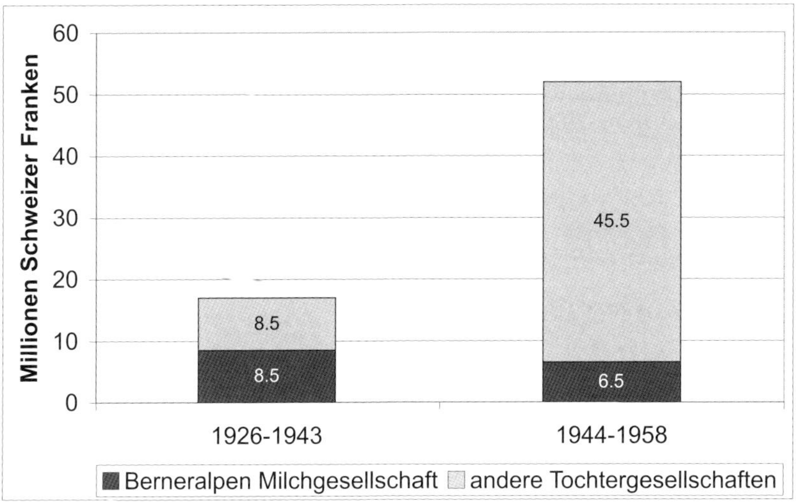

Grafik 7: Einnahmen der Ursina AG durch ihre Tochtergesellschaften. (Daten aus AHN Ursina-Chronik 15, Weidmann – Manuskript 1: 18 sowie AHN Ursina-Chronik 15, Weidmann – Manuskript 2: 26). Während die Berneralpen Milchgesellschaft bis zum Zweiten Weltkrieg etwa die Hälfte der Einnahmen der Ursina AG generierte, waren nach dem Krieg vor allem die ausländischen Tochtergesellschaften für die Einkünfte der Holding verantwortlich.

verbunden war. Mit dem plötzlichen Tod dieses Koordinators und der zunehmenden Emanzipation der ausländischen Produktionsgesellschaften von Konolfingen zerfiel die Ursina in einen lockeren Verband von gleichberechtigten Tochtergesellschaften, und eine Gesamtkoordination des Unternehmens ging aufgrund der unterschiedlichen Interessen der einzelnen Gesellschaften immer mehr verloren. Zentrale Einrichtungen wie eine kaufmännische Abteilung, welche für die kommerzielle Koordination, die Marktforschung und das Studium neuer Produkte verantwortlich gewesen wäre, fehlten der Ursina in jener Zeit.[526] So starteten zum Beispiel die Tochterfirmen Guigoz und Allgäuer Alpenmilch in Schweden und Italien gleichzeitig Expansionskampagnen, ohne über die Pläne des anderen Tochterunternehmens informiert gewesen zu sein.[527] Zwar wurde 1959 die Notwendigkeit einer vermehrten Steuerung und Koordination der Tochtergesellschaften durch die zentrale Führung der Ursina erkannt[528], doch das Problem blieb weiterhin bestehen, wie die Kritik der französischen Tochtergesellschaft im Jahre 1969 zeigte.[529] Das starke Wachstum der Ursina in den 1950er-Jahren und der plötzliche Rücktritt von Hans Pfyffer von Altishofen als Verbindungsglied innerhalb des Unternehmens führten zu einem zunehmenden Auseinanderdriften der Tochterfirmen und einer Überforderung der bestehenden Organisationsstrukturen des Gesamtunternehmens.

Das Wirtschaftswunder in den 1950er-Jahren wurde von der Ursina als glückliche Epoche des Wirtschaftswachstums betrachtet, dem Wandel des Unternehmens durch dieses Wachstum wurde allerdings kaum Beachtung geschenkt.[530] Hier lag wohl die Problematik dieses «goldenen Jahrzehnts» der Ursina.

Tongala, Italien und der Traum von Amerika

Nach dem Zweiten Weltkrieg versuchte die Ursina geographisch zu expandieren. Da die Lieferungen der Wilts United Dairies in die britischen Kolonien infolge des Zweiten Weltkriegs im Jahre 1940 zum Stillstand gekommen waren und danach nicht mehr aufgenommen wurden, sah sich die Ursina nach dem Zweiten Weltkrieg in Australien nach einem neuen Unternehmen um, welches die Lieferungen von Wilts ersetzen könnte. Obwohl ein Lieferungsabkommen mit einem australischen Unternehmen im Jahre 1948 scheiterte, war für die Ursina klar, dass die Milch aus keinem andern Gebiet des Sterling-Blocks als Australien bezogen werden konnte.[531] Der Verwaltungsrat kam deshalb zum Schluss, in Australien eine neue Tochtergesellschaft zu gründen, welche am 4. August 1948 unter dem Namen «Tongala Milk Products Ltd.» ins Leben gerufen wurde.[532] Obwohl mit Tongala ein hervorragender Ort zur Milchproduktion gewählt wurde und die Fabrik erstklassige Produkte herstellte, entwickelte sich diese Tochtergesellschaft zu einem Sorgenkind der Ursina.[533] Denn bis 1959 arbeitete Tongala mit jährlichen Verlusten von einer halben bis zu einer Million Schweizer Franken, welche sich das Unternehmen auf die Dauer nicht leisten konnte.[534] Diese Verluste kamen aufgrund sinkender Preise und Verkaufsmengen zustande, weil in Australien ein starker Konkurrenzkampf zwischen Ursina, Nestlé und Carnation herrschte. Obwohl der Verlust von Tongala rund 7 Prozent des Umsatzes betrug und Nestlé im Jahre 1960 bereit gewesen wäre, die Tochterfirma zu kaufen, willigte Ursina nicht ein. Dieses Verhalten widerspiegelte das damalige Verhältnis zu Nestlé: Man begegnete sich zwar freundschaftlich, aber man war nicht bereit, dem Konkurrenten aus Vevey strategische Vorteile einzugestehen.[535] Tongala wurde nicht aufgegeben, sondern 1963 durch den Kauf der Northern Dairy Company Ltd. gar noch erweitert.[536]

Wenig erfolgreich war auch die 1955 gegründete Tochterfirma Orsina SA in Italien. Sie entstand aus einem Zusammenschluss von bereits bestehenden italienischen Verkaufsgesellschaften in Cuneo und Turin und beschäftigte sich vorwiegend mit dem Verkauf von Guigoz-Produkten, Kondensmilch und Parmesan-Käse.[537] Das italienische Unternehmen hatte grosse Mühe, seine Markenartikel zu etablieren und lieferte aufgrund von ungünstigen Verkaufspreisen von Käse, Magermilchpulver und Butter defizitäre Ergebnisse.[538]

Im Jahre 1953 erklärte Präsident Castella die Eroberung der Märkte in Amerika als langfristiges strategisches Ziel der Ursina.[539] Dies war möglich geworden, weil das Gentlemen's Agreement mit Nestlé[540] im Jahre 1947 aufgelöst worden war.[541] In den Vereinigten Staaten versuchte Ursina mit Stalden-Crèmen Fuss zu fassen und in Südamerika zusammen mit Wander das Milchgeschäft zu beleben. Ursina und Wander sahen Guigoz-Produkte, UP-Milch und «Ovomaltine» als ideale Ergänzungen an, denn einerseits förderte die «Ovomaltine» den Milchkonsum von Kindern in Südamerika, was einen vermehrten Absatz der UP-Milch zur Folge hatte, und andererseits stellte qualitativ gute Milch die Grundvoraussetzung zum Konsum von «Ovomaltine» dar.[542] Das Expansionsprogramm nach Amerika sah vor, dass Ursina in Brasilien und Kolumbien in Zusammenarbeit mit den Firmen Wander und Alpina Guigoz-Milch produziert hätte.[543] Bereits ein Jahr später wurden diese grossen Expansionspläne aber für gescheitert erklärt, da Kolumbien nicht genügend zahlungskräftig war und man in Brasilien aufgrund von politischen Unsicherheiten trotz guten Marktaussichten auf ein Engagement verzichtete.[544] 1957 wurden die Expansionspläne nach Brasilien nochmals aufgenommen[545], jedoch wegen den Verlusten von Tongala und Orsina wieder verworfen.[546] Ein letzter Anlauf erfolgte 1960, als Projekte in den Vereinigten Staaten und Venezuela diskutiert wurden.[547] Daraus resultierte aber einzig die Gründung einer unbedeutenden Guigoz-Tochtergesellschaft in Venezuela im Jahre 1965.[548] Die vorsichtige Haltung des Verwaltungsrats gegenüber Risiken führte schliesslich dazu, dass mit dem ewigen Zuwarten die geographischen Expansionspläne versandeten.[549]

Sowohl die Expansionsversuche nach Australien und Italien als auch der langfristige Plan, in Amerika neue Märkte zu erschliessen, müssen letztlich als Misserfolge gewertet werden, welche dazu führten, dass sich die Märkte der Ursina angesichts ihrer Grösse auf sehr wenige Länder konzentrierten.

Vom Wunder in die Krise – Das Ende der bisherigen Erfolgsrezepte durch politische, wirtschaftliche und gesellschaftliche Veränderungen

Durch Wohlstand und Wertewandel zu Sättigung und Stagnation

«Jedes Jahr scheint in Westdeutschland ein neues Rekordjahr zu sein. Keinerlei sichtbare Zeichen lassen darauf schliessen, dass sich die Produktionssteigerung verlangsamen würde»[550], schilderte Ursina 1960 das andauernde Wirtschaftswunder in der BRD. Diese Einschätzung übersah allerdings erste Warnsignale, welche sich bereits Ende der 1950er-Jahre bemerkbar gemacht hatten: Erstens war das Umsatzwachstum der «Bärenmarke» seit 1955 rückläufig, was für eine zunehmende Sättigung der Nachfrage nach Kondensmilch sprach,[551] und zweitens wurde die Kohle in Deutschland Ende der 1950er-Jahre vom Erdöl als wichtigster Energieträger abgelöst[552], was einerseits das deutsche Wirtschaftswunder durch die Absatzschwierigkeiten der Kohlebranche abschwächte und andererseits zu neuen Konsumgewohnheiten der Bevölkerung führte.[553] Während in den 1950er-Jahren der zunehmende Wohlstand vor allem zu höheren Ausgaben im Nahrungsmittel- und Genussmittelbereich geführt hatte, welche der Kondensmilchindustrie hohe Wachstumsraten bescherten, wurde das zusätzliche Einkommen ab 1962 nicht mehr in bessere oder zusätzliche Nahrungsmittel, sondern in andere Konsumgüter investiert.[554] Diese Veränderungen des Konsumverhaltens werden unmittelbar am Wachstum der deutschen Tochterfirma im Allgäu sichtbar: Zwischen 1954 und 1963 wuchs sie schneller als das Bruttosozialprodukt in Deutschland, nach 1964 verlangsamte sich dagegen ihr Wachstum im Vergleich zur Gesamtwirtschaft deutlich. Die Umsätze und der effektive Gewinn der Ursina in Deutschland stagnierten seit 1962 und die Marktanteile der Allgäuer Alpenmilch pendelten sich bei einem Anteil von 26 Prozent am gesamten Kondensmilchmarkt ein. Ursina gehörte 1966 zwar noch zu den grössten Firmen der Nahrungsmittelindustrie in Deutschland, doch der Abstand zu den führenden Unternehmen wie Nestlé, Unilever oder Dr. Oetker vergrösserte sich zunehmend, weil die Kondensmilch «Bärenmarke» und die Alete-Produkte ihr Wachstumspotential ausgeschöpft hatten und neue, erfolgversprechende Produkte fehlten.[555] Ende der 1960er-Jahre verschlechterten sich die Zukunftsaussichten in Deutschland zusehends, wie folgendes Zitat zeigt: « [...] unsere jetztigen Produktegruppen werden uns nicht einmal erlauben, die augenblickliche Position innerhalb der Ernährungsindustrie der Bundesrepublik zu halten [...]. Die entscheidende Aufgabe der Unternehmensleitung wird es in den nächsten Jahren sein, diese «strategische Lücke» mit neuen Produkten und Märkten, sei es aus dem Hause oder von aussen, zu füllen»[556].

Diese Stagnation der «Bärenmarke» in der BRD war nicht allein auf natürliche Sättigungstendenzen zurückzuführen, sondern hatte ihre Ursachen auch in einem grundsätzlichen Wandel der Konsumgewohnheiten, welche die bisherigen Qualitätsmerkmale der Kondensmilch «Bärenmarke» – den besonders hohen Nährwert (10 Prozent-Fett) und die lange Haltbarkeit – grundsätzlich in Frage stellten:

Während bis in die 1950er-Jahre die Unterernährung das hauptsächliche Ernährungsproblem darstellte und der hohe Nährwert sowie der gute Sahnegeschmack der «Bärenmarke» Qualitätsmerkmale der gesunden Alpenmilch waren, wurde mit der «Fresswelle» in den 1950er-Jahren die Überernährung zunehmend als Gesundheitsproblem erkannt. Dies führte zu einem veränderten Gesundheits- und Körperbewusstsein der privilegierten Schichten: Schlankheit wurde nicht mehr als Ausdruck von Armut und materieller Not angesehen, sondern zum Schönheitsideal stilisiert, während der übergewichtige Wohlstandsbürger als hässlich betrachtet wurde.[557] Dieser Wertewandel hatte zur Folge, dass der Nährwert als Verkaufsargument seine Bedeutung verlor und nun kalorienarme Produkte gefragt waren. Auch das Argument der langen Haltbarkeit der Kondensmilch als praktische Milchreserve verlor mit der zunehmenden Verbreitung von Kühlschränken in Privathaushalten an Bedeutung: Während 1955 erst 10 Prozent der Haushalte einen eigenen Kühlschrank besassen, stieg diese Zahl bis 1965 auf 75 Prozent an.[558] Mit der Verbreitung der Kühlschränke erfuhr auch die Pastmilch in den Tetra-Packungen rasche Verbreitung und entwickelte sich zu einem neuen Konkurrenten der Kondensmilch, welcher den Umsatz der «Bärenmarke» reduzierte.[559]

Abb. 47: «Keine ist ergiebiger». Werbeplakat in Deutschland im Jahre 1975. (Allgäuer Alpenmilch AG, Mühldorf). Mit zunehmendem Wohlstand verlor der hohe Nährwert als Verkaufsargument seine einstige Bedeutung.

Zudem gewannen die Supermärkte mit der Verbreitung von Automobilen und Tiefkühltruhen zunehmend an Bedeutung.[560] Am Beispiel der Migros lässt sich zeigen, dass die grossen Supermarktketten immer mehr zu Gegenspielern der Markenartikel wurden, indem sie Eigenmarken mit hoher Qualität entwickelten, welche aufgrund von Skalenerträgen im Discountgeschäft zu billigen Preisen verkauft werden konnten.[561] Diese billigen Eigenmarken bedrohten immer stärker die teuren, aber qualitativ hochstehenden Markenartikel wie die «Bärenmarke», weil der tiefe Preis aufgrund der abflauenden Wirtschaftskonjunktur ab 1966 wieder zunehmend zu einem Verkaufsargument wurde.[562]

Schweizer Milch, Schokolade und Südostasien – Das Ende des langjährigen Erfolgsrezepts der Berneralpen Milchgesellschaft

Während sich die Abschwächung des Kondensmilchkonsums in Deutschland hauptsächlich auf Sättigungstendenzen, die abflauende Wirtschaftskonjunktur und veränderten Konsumgewohnheiten zurückführen liess, waren für die wirtschaftliche Stagnation der exportorientierten[563] Berneralpen Milchgesellschaft vor allem die neue Milchpolitik des Bundes und die Verschlechterung der schweizerischen Handelsbedingungen in den EWG-Raum und nach Südostasien massgebend.

Im Verlaufe der 1950er- und zu Beginn der 1960er-Jahre erlangten die ehemaligen Kolonialländer in Südostasien ihre Unabhängigkeit und wurden zu souveränen Staaten, wobei diese Länder nicht nur politisch, sondern auch wirtschaftlich nach grösserer Selbstständigkeit strebten. Die ehemaligen Kolonialländer in Ostasien und Afrika versuchten deshalb im eigenen Land Kondensmilch[564] herzustellen, um dadurch die Industrialisierung des Landes voranzutreiben und Devisen zu sparen. So bestanden im Jahre 1960 bereits fortgeschrittene Pläne zum Bau von Kondensmilchfabriken in Malaysia, Thailand und Südvietnam und die Philippinen besassen bereits drei Milchfabriken, welche einen bedeutenden Teil des landesweiten Milchbedarfs deckten. Diese Veränderungen gefährdeten zunehmend das traditionelle Geschäft der Berneralpen Milchgesellschaft in Südostasien, welches für das Unternehmen von grosser Bedeutung war.[565]

Nachdem die Berneralpen Milchgesellschaft ab 1956 im Rahmen des US-Hilfsprogramms für Südvietnam rund 330 000 Kisten Kondensmilch pro Jahr liefern konnte und Vietnam für Stalden zum interessantesten Absatzgebiet für gezuckerte Kondensmilch im Fernen Osten geworden war, untersagten die Vereinigten Staaten 1962 den ausländischen Unternehmen diese Lieferungen.[566] Damit war für Stalden das äusserst lukrative Exportgeschäft nach Vietnam mit sofortiger Wirksamkeit beendet. Doch die Marke «Mont-Blanc» hatte in Südvietnam einen guten Ruf, welchen das Unternehmen nicht einfach preisgeben wollte.[567] Am 12. April 1962 beschloss der Verwaltungsrat der Ursina unter der Bedingung gewisser Zusicherungen von Seiten der vietnamesischen Regierung, in Südvietnam direkt Fuss zu fassen. Am 3. Juli 1964 wurde ein Kredit von 500 000 Franken zum Bau einer Produktionsanlage in Vietnam definitiv beschlossen. Doch aufgrund der veränderten politischen Lage mit dem offiziellen Ausbruch des Vietnam-Kriegs wurde die Idee einer eigenen Produktionsanlage bereits kurze Zeit darauffallen gelassen und stattdessen eine Zusammenarbeit mit dem US-Unternehmen «Foremost Dairies» gesucht. Der amerikanische Konzern stellte in Saigon hauptsächlich die Frischmilch-Versorgung der in Vietnam stationierten US-Streitkräfte sicher. Als die Ursina 1966 mit einem Betrag von 140 000 US-Dollars ins Milchgeschäft von Foremost einstieg, hatte sie allerdings keinen Anteil am «military business» des US-Konzerns, sondern nur an den Lizenzeinnahmen aus dem Kondensmilchverkauf. Es lässt sich also kein Zusammenhang zwischen dem Verlauf des Vietnamkrieges und der ökonomischen Entwicklung der Berneralpen Milchgesellschaft herstellen. Obwohl das finanzielle Risiko für die Ursina angesichts der politisch instabilen Lage in Vietnam hoch war, wurde dieses von der Ursina-Führung angesichts der jährlich erwarteten Erträge von 16 000–80 000 Dollars als tragbar erachtet.[568] Allerdings verteuerte sich das Projekt bis 1969 auf mehrere Millionen Franken.[569] Es ist deshalb anzunehmen, dass die Ursina ab 1962 in Südvietnam keine lohnenswerte Geschäfte mehr machte.

Nachdem 1962 die lukrative Einkommensquelle in Südvietnam versiegt war, schottete sich 1966 auch der thailändische Markt immer stärker vor Kondensmilchimporten aus dem Ausland ab.[570] Nicht nur die Berneralpen Milchgesell-

Abb. 48: Die «Bärenmarke»-Milch als Pausenverpflegung an einer Schule in Bangkok im Jahre 1936. (Fabrik Nestlé, Konolfingen). Ende der 1960er-Jahre wurden die Milchexporte von Konolfingen nach Thailand zunehmend erschwert.

schaft, sondern auch das holländische Tochterunternehmen war davon stark betroffen.[571] Angesichts der zunehmenden Exportprobleme stellte sich Ursina 1967 sogar die Frage, ob sich das Unternehmen ganz aus den Märkten in Südostasien und Australien zurückziehen solle, entschied sich aber schliesslich, diese Märkte weiter zu erhalten und die dafür notwendigen Investitionen von 8,5 Millionen Franken zu sprechen.[572] Um die protektionistischen Massnahmen Thailands zu umgehen, baute Ursina in einem Joint-Venture-Agreement mit Nestlé und General Milk eine Fabrik in Bangkok, welche 1968 eröffnet wurde.[573] Obwohl die Berneralpen Milchgesellschaft auch Ende der 1960er-Jahre ihren Umsatz mit der sterilisierten Alpenmilch in Südostasien noch steigern konnte, nahm der Protektionismus in Südostasien stark zu.[574] 1970 wies Stalden erstmals seit dem Zweiten Weltkrieg wieder rückläufige Exportumsätze im Bereich der sterilisierten Milch auf, was unmissverständlich auf ein Ende der langen Erfolgsgeschichte im Fernen Osten hindeutete.[575] Da 20 Prozent des Gesamtgewinnes der Ursina auf diesen Exportmärkten erzielt wurde, drohten der Holding und der Tochtergesellschaft in Konolfingen massive Gewinneinbrüche.[576]

Nicht nur in Südostasien, sondern auch in Europa verschlechterten sich in den 1960er-Jahren die Exportbedingungen, denn dem Abbau von Handelshemmnissen innerhalb des EWG-Raumes stand gleichzeitig zunehmender Protektionismus gegenüber Warenimporten aus Ländern ausserhalb der Wirtschaftsgemeinschaft gegenüber. Zusammen mit der Umsetzung der EWG-Milchmarktordnung stiegen im Jahre 1965 die Zölle für Schweizer Milchprodukt-Exporte in den europäischen Wirtschaftsraum massiv an.[577] Bei den Guigoz-Produkten hoben sich die Importzölle nach Frankreich um 24 Prozent und stellten damit die bisherigen Lieferungen von Konolfingen aus in Frage.[578] 1967 sah sich die Berneralpen Milchgesellschaft aufgrund der schlechten Resultate im EWG-Raum schliesslich veranlasst, sich nach neuen Absatzmärkten für Guigoz-Pulver umzusehen.[579] Ähnliches galt auch für den Schweizer Schokoladeexport, dessen Konkurrenzfähigkeit zunehmend unter den hohen Schweizer Milchpreisen und den Importzöllen in den EWG-Raum litt.[580] Aufgrund dieser Probleme sahen sich bedeutende Schweizer Schokoladeunternehmen in der zweiten Hälfte der 1960er-Jahre gezwungen, entweder ihre Produktion vermehrt ins Ausland zu verlagern oder durch den Bezug von billigem Milchpulver die Kosten zu senken.[581] Bei Chocolat Tobler zum Beispiel sank der Exportanteil in den Europäischen Wirtschaftsraum zwischen 1961 und 1968 kontinuierlich von 60 Prozent auf 18 Prozent[582] und auch bei Suchard liessen sich ähnliche Tendenzen feststellen[583]. Dadurch erfuhr der Absatz von Vollmilchpulver bei der Berneralpen Milchgesellschaft einen beträchtlichen Rückgang.[584] Mit den Unsicherheiten im Milchexport nach Südostasien und dem rückläufigen Milchpulververkauf an Schokoladeunternehmen waren die zwei ökonomischen Hauptpfeiler des Unternehmens Ende der 1960er-Jahre stark gefährdet.

Neben den zunehmenden Exportschwierigkeiten begann sich Ende der 1960er-Jahre auch ein Wandel in der Landwirtschaftspolitik abzuzeichnen: Anstatt die steigenden Milchmengen mit Exportsubventionen an die Milchindustrie zu bekämpfen beschloss der Bundesrat im Jahre 1968, der wachsenden Überproduktion mit einer Reduktion der Milchmenge entgegenzutreten.[585] Diese Bestimmungen führten bei der Berneralpen Milchgesellschaft, welche von der bisherigen Landwirtschaftspolitik profitiert hatte, zu einem Rückgang der eingegangenen Milchmenge von 80 Millionen kg im Jahre 1967 auf 70 Millionen kg im Jahre 1969. Obwohl gesamtschweizerisch kein Milchmangel bestand, ergaben sich für die Berneralpen Milchgesellschaft grosse Milchbeschaffungsprobleme, weil sich das Unternehmen in einem ausgeprägten Käsefabrikationsgebiet befand. Grosse Milchmengen mussten deshalb aus der Ostschweiz bezogen werden, was erhöhte Transportkosten verursachte.[586]

Obwohl die Produktion von Stalden-Crème, Soft-Ice oder Kaffeerahm in Portionenpackungen in den 1960er-Jahren erfolgreich war[587], geriet die Berneralpen Milchgesellschaft ab 1968 zunehmend in eine Krise: Einerseits verringerte sich durch die politischen Entschlüsse das Angebot an Milch und andererseits drohten die wichtigsten Einkommensquellen des Emmentaler Unternehmens, die Milchpulverproduktion für die Schweizer Schokoladeindustrie und der Milchexport nach Südostasien, immer mehr zu versiegen.

Von Freunden umzingelt – Probleme bei der Erschliessung neuer Produktgruppen

In gleichem Masse wie die Risiken und Schwierigkeiten auf dem Milchmarkt zunahmen, bemühte sich die Ursina, ihre Abhängigkeit vom Milchgeschäft zu reduzieren und in andere Nahrungsmittelbereiche zu expandieren.[588] Ein erster Diversifikationsversuch wurde 1959 in Erwägung gezogen, als mit Chocolat Villars eines der fünf grossen Schokoladeunternehmen[589] der Schweiz zum Kauf angeboten wurde. Dies hätte Ursina die Möglichkeit eröffnet, in den Schokolade- und Kaffeemarkt vorzudringen und das bereits in Frankreich vertriebene Frühstücksgetränk «Tonimalt» auch in Deutschland einzuführen, wo man ein Wachstumspotenzial für solche Produkte sah. Allerdings wäre Ursina dadurch zum direkten Konkurrenten der befreundeten Unternehmen Suchard und Lindt & Sprüngli geworden[590]. Da bei einer Übernahme von Villars die Freundschaft und damit die Milchpulverlieferungen an diese Schokoladefirmen verloren gegangen und die zukünftigen Umsätze der Villars-Produkte ungewiss gewesen wären, verzichtete Ursina schliesslich auf die Übernahme des Freiburger Unternehmens.[591] Ein Jahr später hätte Ursina gerne das Unternehmen Galactina aus Belp eingegliedert, um im Bereich der Kindernahrung weiter zu expandieren. Aber auch dieses Projekt scheiterte, weil der Vertrag mit Villars aus den 1930er-Jahren der

Ursina die Produktion von Malzprodukten untersagte.[592] Das gleiche Problem ergab sich, als Ursina mit der Biscuitfabrik Kambly in Trubschachen das Frühstücksgetränk «Caoforce» herstellen wollte.[593] Allerdings konnte mit Villars in diesem Falle eine Sonderregelung ausgehandelt werden[594], so dass Ursina 1963 das Frühstücksgetränk von Kambly übernehmen durfte.[595] Das Abkommen mit Villars wurde immer mehr zur Belastung für die Ursina, weil es einerseits die Diversifikation des Unternehmens behinderte und andererseits den Fachleuten in den 1960er-Jahren die Zusammensetzung von «Talismalt» und ähnlichen Produkten längst bekannt war, Ursina aber trotzdem Lizenzgebühren bezahlen musste.[596] Die endgültige Auflösung der Verträge mit Villars im Jahre 1967 kostete die Ursina schliesslich 12 Millionen Franken, wobei die Tochterfirma in Frankreich den Markennamen «Tonimalt» behalten durfte.[597]

Insgesamt waren die Diversifikationsbestrebungen der Ursina von geringem Erfolg, unter anderem wegen Freundschaften und Verträgen mit anderen Unternehmungen. Einziger Lichtblick war die Übernahme des Bonbon- und Biscuitunternehmens Disch in Othmarsingen im Jahre 1961[598], welche eine Erweiterung des Produktionssortiments auf dem Schweizer Markt erlaubte.[599]

Konzentrationstendenzen und der kurze Traum vom eigenen Weltkonzern

Vom Trio zum Duo: Die Fusion mit Interfranck

Im Jahre 1964 begann sich die Ursina unter dem Nachfolger von Louis de Castella, dem Genfer Banquier Albert Pictet[600], erstmals mit den Strukturproblemen des Unternehmens auseinanderzusetzen[601]. Die Ursina zählte zwar hinter Unilever und Nestlé zu den drei grössten Nahrungsmittelunternehmen auf dem europäischen Kontinent[602], erzielte aber 82 Prozent des Umsatzes auf dem Milchmarkt und war damit sehr stark auf einen einzigen Markt fokussiert.[603] Der Milchmarkt war aber immer grösseren politischen Risiken ausgesetzt und durch die Gründung der Europäischen Wirtschaftsgemeinschaft und der damit verbundenen Schaffung eines grossen Wirtschaftsraumes in Europa wurden amerikanische Unternehmen angespornt, direkt oder indirekt auf dem europäischen Kontinent Fuss zu fassen. Der steigende Wettbewerb in der EWG führte in den 1960er-Jahren zu starken Unternehmenskonzentrationen. Der europäische Markt stand immer mehr unter dem Einfluss von starken Grosskonzernen, welche die kleineren europäischen Unternehmen übernahmen, welche nicht über die nötigen finanziellen, technischen und kaufmännischen Mittel verfügten.[604] Aufgrund dieser neuen Entwicklungen begann die Ursina die Zusammenarbeit mit anderen Grossunternehmen zu suchen, um sich von der einseitigen Ausrichtung auf dem unsicheren Milchmarkt zu lösen und sich im verschärften Wettbewerb behaupten zu können.

Eine erste solche Zusammenarbeit wurde 1965 mit dem Unternehmen «Jacquemaire» in Frankreich angestrebt, welches der «Eau d'Evian-Gruppe» angehörte. Ab 1966 begannen die beiden Unternehmen in Frankreich gemeinsam Kindernahrungsmittel zu produzieren.[605] Damit reagierte Ursina auf die Tatsache, dass die Guigoz-Produkte in den 1960er-Jahren von der Konkurrenz (Nestlé und Gallia) überflügelt worden waren und zunehmend an Marktanteilen verloren.[606] Sowohl bei Ursina als auch bei der Evian-Gruppe wurde eine Fusion der beiden Unternehmen im Bereich der Kindernahrungsmittel vorangetrieben. Die Vorteile einer Fusion und damit der Gründung eines neuen Grosskonzerns im Kindernahrungsbereich sahen Evian und Ursina darin, dass aufgrund von Skalenerträgen (wie zum Beispiel der Vereinheitlichung von Markennamen) die Kosten gesenkt werden könnten und man eine führende Position im europäischen Kindernahrungsbereich erlangt hätte. Allerdings hätte die Ursina bei diesem Projekt die Kontrolle über ihre Babynahrung verloren.[607] Letztlich blieb die Fusion in einem Vorstadium stehen und wurde 1969 für definitiv gescheitert erklärt.[608]

Im Jahre 1967 wurde Ursina vom befreundeten Schokoladeunternehmen Suchard dazu ermuntert, gemeinsam ein relativ mächtiges Unternehmen der Nahrungsmittelbranche zu schaffen, dessen Kern sich aus den beiden Unternehmen Suchard und Ursina sowie der Interfranck-Gruppe zusammengesetzt hätte. Zudem sollten sich zu diesen drei Unternehmen später weitere Partner gesellen.[609] Als Grund der Kontaktierung nannten Interfranck und Suchard folgende Beurteilung: Ursina stehe zwar vom Umsatz und Ertrag her sehr gut da, werde aber schon in der nächsten Zeit wegen des Preiszerfalls auf dem Milchmarkt und der wachsenden europäischen und amerikanischen Konkurrenz im Bereich der Kindernahrung schweren Zeiten entgegengehen. Deshalb sei nach ihrem Gefühl offenbar eine bis vor kurzem nicht vorhanden gewesene Bereitschaft zur Kooperation oder Konzentration bei Ursina festzustellen.[610] Um auch in Zukunft auf dem europäischen Lebensmittelmarkt konkurrenzfähig zu bleiben, wurde es von Suchard als sinnvoll erachtet, sich mit anderen schweizerischen Gruppen aus dem Nahrungsmittelsektor zusammenzuschliessen, welche sich mit ihren Geschäften ergänzten und in ähnlichen Ländern und Geschäftsbereichen tätig waren. Schliesslich wurde zwischen den drei Unternehmen vereinbart, gegenseitig vertrauliche Unterlagen auszutauschen, um die Interessengebiete einer Zusammenarbeit auszumachen. Am 9. Dezember 1967 trafen sich Vertreter der drei Gruppen in Langenthal. Im Verlaufe dieser Besprechung liessen Ursina und Interfranck durchblicken, dass sie gleich von Anfang an auf eine engere und zentralisierte Verbindung hinarbeiten wollten, während Suchard eine lockere, gelenkige Zusammenarbeit anstrebte. Das Neuenburger Unternehmen gab zu bedenken, dass eine Zusammenarbeit nur in jenen Bereichen sinnvoll sei, wo gemeinsame Interessen bestehen würden. Diese sah Suchard vor allem in der gemeinsamen Zusammenarbeit von gewissen Tochtergesellschaften, der Erschliessung neuer Produkte und

Märkte sowie der Gründung einer zentralen Forschungs- und Entwicklungsgesellschaft in der Schweiz. In dieser Interessengemeinschaft, wie sie Suchard vorschwebte, wäre den drei Gruppen die Selbstständigkeit erhalten geblieben und die Kooperationen hätten sich auf gemeinsame Markt- und Forschungsinteressen beschränkt. Nachdem Ursina, Suchard und Interfranck im Januar alle Lösungen auf ihre Vor- und Nachteile geprüft hatten, zeigte sich bei einer gemeinsamen Besprechung am 15. Februar 1968, dass für Ursina und Interfranck nur eine engere Zusammenarbeit in Betracht kam. Am 1. März 1968 gaben die beiden Unternehmen Suchard schliesslich zu verstehen, dass die Verhandlungen nur auf ein Ziel hinauslaufen könnten, nämlich die komplette Fusion der drei Gruppen. Suchard sah dagegen keine zwingenden Gründe dafür, dass sich die drei Gruppen auf einen Schlag verschmelzen sollten.[611] «[...] die reine Fusion anzustreben, ist unserer Ansicht nach die einfachste Lösung, aber sicher nicht die, die den Umständen am besten entspricht. Was uns anbelangt, sind wir im gegenwärtigen Zeitpunkt auf keinen Fall gewillt, diesen Schritt zu machen»[612], meinte Suchard dazu, wobei das Schokoladeunternehmen eine Fusion zu einem späteren Zeitpunkt nicht ausschloss.[613] Auf die Option einer lockeren Verbindung wollte Interfranck jedoch nicht eingehen. Für sie hatte eine Fusion von Anfang an als unverkennbares Ziel im Vordergrund gestanden. Interfranck war der Meinung, man könne mit einer Fusion nicht mehr zuwarten, denn sowohl auf dem Markt, im Handel als auch in der Forschung würden sich neue Entwicklungen anbahnen, die immer grösseren Unternehmensgebilden mit grossen finanziellen Möglichkeiten den Vorzug gaben. In diesem Sinne müsse rechtzeitig und entschlossen auf eine europäische Firmenkonzentration reagiert werden.[614] «Nach eingehendem Studium und nochmaliger reiflicher Überlegung des ganzen Fragenkomplexes müssen wir an unserer Auffassung festhalten, nämlich dass nur eine rasche und totale Integration der drei Firmen die wirtschaftlichen Resultate erbringen könne, die wir erwarten, und dass andererseits der von ihnen aufgezeichnete Weg einer Zusammenarbeit den Interessen unserer Firma nicht gerecht werden kann. Angesichts der fundamental divergierenden Standpunkte betrachten wir es als zweckmässig, die Verhandlungen zu suspendieren: dies jedoch in der Hoffnung, dass früher oder später ein neues Gespräch über eine Zusammenarbeit in Gang gebracht werden kann»[615], beantworteten Ursina und Interfranck am 22. Mai 1968 die Vorschläge von Suchard. Damit scherte Suchard in freundschaftlichem Verhältnis aus den Fusionsplänen von Ursina und Interfranck aus.[616]

Sowohl Ursina als auch Interfranck erlebten in der Nachkriegszeit ein starkes Wachstum. Ihre Grösse genügte Ende der 1960er-Jahre aber nicht, um gegen transnationale Grosskonzerne wie Nestlé oder Unilever auf längere Sicht wettbewerbsfähig zu sein.[617] Zwar stellte Ursina mit einem Umsatz von 1,1 Milliarden Franken und einem Reingewinn von 5,7 Millionen Franken ein erfolgreiches Grossunternehmen dar, aber die Grundstrukturen entsprachen mit einem Aktienkapital von 14 Millionen Franken und einer einseitigen Ausrichtung auf den Verkauf von Milchprodukten[618] immer noch denjenigen eines kleineren Unternehmens.[619] Die Fusion mit Interfranck sollte bei Ursina vor allem die strukturellen Probleme lösen: Das Unternehmen wurde mit einer Erhöhung des Aktienkapitals auf insgesamt 50,4 Millionen Franken auf eine neue ökonomische Basis gestellt[620] und der Produktfächer konnte mit einer Fusion wesentlich erweitert werden. Mit der stark diversifizierten Interfranck schien Ursina dabei den richtigen Partner gefunden zu haben: Sie erzielte ihren Umsatz vor allem mit Kaffee-Ersatzmitteln (27 Prozent), Feinkost und Konserven (21 Prozent), Bohnenkaffee (14 Prozent), Kaltgetränken (8 Prozent) sowie dem Bankgeschäft der Zürcher Handelsbank (16 Prozent)[621]. Das Unternehmen war 1828 in Würtemberg unter dem Namen «Heinrich Franck's Söhne» gegründet worden und machte seine Geschäfte ursprünglich mit Kaffeeersatz (Zichorie). 1893 wurde in Basel ein Tochterunternehmen mit gleichem Namen gegründet. Zusammen mit den Kathreiner Malzkaffee-Fabriken ging Franck 1913 in eine Holding mit dem Namen «Internationale Nahrungs- und Genussmittel Aktiengesellschaft» (INGA) über, welche später in «Interfranck Lebensmittelwerke Gmbh» umbenannt wurde. In der Zwischenkriegszeit erweiterte die INGA ihr Sortiment auf dem Zichorienmarkt unter anderem durch die Übernahme von Helvetia Langenthal, welche seit 1907 den äusserst erfolgreichen Thomy-Senf herstellte. Nach dem Zweiten Weltkrieg wurde das Sortiment durch die Entwicklung der Thomy-Mayonnaise (1951) und Löslichkaffee (1957) sowie mit Mineralwasser, Wein, Bier, Tee, Konserven und Tomatenpüree erweitert. Zudem gehörte ab 1970 auch das Kuchenteig- und Cakeunternehmen «Leisi

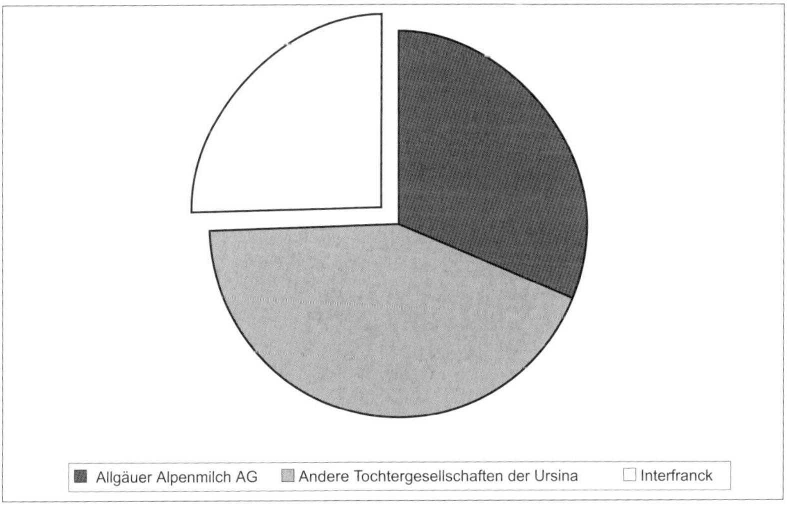

Grafik 8: Anteile der Ursina AG und der Interfranck am Umsatz des neuen Unternehmens Ursina-Franck im Jahre 1970. (Daten aus: AHN Ursina-Chronik 3-1.5, Konsolidierte Bilanzen 1970).

AG» zum weitverzweigten Netz der Interfranck.[622] Obwohl die Ursina AG und die Interfranck am 30. Januar 1970 offiziell zu einer neuen Gesellschaft mit dem Namen Ursina-Franck verschmolzen[623], stellte das Zusammengehen der beiden Unternehmen faktisch eine Absorption der Interfranck durch die Ursina dar.[624] Denn die Geschäftszahlen der neuen Gesellschaft aus dem Jahre 1970 zeigten, dass die Tochtergesellschaften der Ursina fast drei Viertel des Umsatzes bewerkstelligten, während Interfranck nicht einmal den Umsatz der stärksten Ursina-Tochter Allgäuer Alpenmilch übertraf.[625]

Dies bedeutete auch, dass die starke Abhängigkeit von den Milchprodukten, welche auch im neuen Unternehmen immer noch 60 Prozent des Gesamtumsatzes bewerkstelligten, durch die Fusion nicht beseitigt werden konnte.[626] Die ökonomischen Vorteile aus dem Zusammengehen von Ursina und Interfranck blieben nicht zuletzt aufgrund mangelnder Synergieeffekte bescheiden.[627] Durch die Fusion gewann die Ursina vor allem an Grösse und gehörte nun zu den zehn grössten Unternehmen der Schweiz.[628]

Da die strukturellen Probleme der Ursina, welche in der starken Abhängigkeit des Unternehmens vom stagnierenden Milchgeschäft lagen, mit der Fusion nicht gelöst werden konnten, versuchte das Unternehmen sich weiter zu diversifizieren. Am 4. November 1970 kaufte sich die Ursina-Franck für eine Million Franken die Aktienmehrheit der Dyna SA in Fribourg, welche für ihre Brotaufstriche unter den Marken «Le Parfait» und «Tartex» bekannt war. Die Dyna-Produkte hatten in der Schweiz eine bedeutende Marktstellung erworben und sollten mit der Übernahme durch Ursina auch im Ausland erfolgreich vertrieben werden.[629] Letztlich war die Dyna aber viel zu klein, als dass durch deren Übernahme die vorhandenen Strukturprobleme hätten gelöst werden können.

Die Übernahme der Ursina-Franck durch Nestlé Alimentana

Die Fusion der Ursina-Franck mit der Nestlé Alimentana war ein Zufallsprodukt, welches einen Zusammenhang mit den Problemen der Ursina in Frankreich hatte.[630] Sowohl bei der Tochtergesellschaft «Lait Mont-Blanc», wie sich ab 1965 die «Compagnie Générale du Lait» nannte[631], als auch bei «Claudel» klafften die Umsätze und Erträge Ende der 1960er-Jahre stark auseinander.[632] Dabei sah sich die Führungsspitze der Ursina der zunehmenden Kritik aus Rumilly ausgesetzt, sie hemme die Entwicklung in Frankreich mit unklaren strategischen Vorgaben. Als Folge dieser Kritik wurde die Beratungsfirma McKinsey beauftragt, die Ursina umfassend zu überprüfen.[633] Zwar bezeichnete der McKinsey-Bericht die Ursina-Franck aufgrund der stark ansteigenden Umsätze, Erträge und Einkommen sowie liquiden Mitteln von 100 Millionen Franken als gesundes Unternehmen, trotzdem stellte der Bericht dem Berner Lebensmittelkonzern eine düstere Zukunft in Aussicht.[634] Die Verkäufe der

Ursina-Franck konzentrierten sich geographisch sehr stark auf Frankreich und Deutschland, wo das Unternehmen über zwei Drittel seines Gesamtumsatzes erzielte.[635] Doch auf diesen Märkten waren laut der Studie rückläufige Gewinne zu erwarten[636], da die erfolgreichen Produkte der Ursina wie die «Bärenmarke» oder die Guigoz-Produkte im Produktzyklus längst ihre Reifephase erreicht hatten und mit keinem grossen Zukunftspotential mehr zu rechnen war. Das Wachstumspotenzial des Unternehmens schien ausgeschöpft zu sein.[637] Das Problem der Ursina-Franck lag grundsätzlich darin, dass das Unternehmen über starke, aber kaum noch verbesserungsfähige Altprodukte verfügte (Alpenmilch «Bärenmarke»), aber keine neuen Produkte entwickelt hatte, welche in Zukunft grossen Erfolg versprachen. Dazu gesellte sich die Tatsache, dass die nach dem Zweiten Weltkrieg gegründeten Tochterunternehmen wie Claudel, Tongala Milk, Orsina und Massanés y Grau, die 1963 in Spanien übernommen wurde, schwache Leistungen erbrachten.[638] Als Verbesserungsvorschläge empfahl der McKinsey-Bericht eine völlig neue Organisationsstruktur des Unternehmens, welche die unübersichtliche, dezentrale Organisation der Ursina-Franck in vier geographische Zonen gegliedert hätte: Den Ländern Deutschland und Frankreich wäre dabei je eine Zone zugeteilt worden, dazu wären die kleineren Märkte der Schweiz, Australiens, Spaniens, Italiens und Hollands sowie die Exportmärkte je in einer Gruppe zusammengefasst worden.[639]

Der McKinsey-Bericht ebnete im Verwaltungsrat die Ansicht, einen Zusammenschluss mit einem grossen Drittkonzern ins Auge zu fassen.[640] Dabei nahm man bei Ursina-Franck Verhandlungen mit dem französischen Grosskonzern BSN (Boussois-Souchon-Neuvesel) auf, welchem sich inzwischen die frühere Evian-Gruppe angeschlossen hatte. Am 11. September 1970 trafen sich die Spitzen von BSN und Ursina-Franck zu Gesprächen über die Übernahme des Kindernahrungsmittel-Unternehmens Jacquemaire. Die Eingliederung von Jacquemaire in die Ursina-Franck hätte dem Berner Unternehmen zwar neue Zukunftsperspektiven auf dem französischen Markt eröffnet, aber ein Aktientausch war in diesem Falle zum Scheitern verurteilt und der Kaufpreis in der Grössenordnung von 100 Millionen Franken hätte die Möglichkeiten der Ursina-Franck überstiegen.[641] Eine Lösung dieses Problems im Alleingang schien zu riskant, weshalb sich die Ursina-Franck nach einem Partner umsah, um dieses Projekt in Frankreich zu realisieren. Dabei erschien der damaligen Unternehmensspitze eine Zusammenarbeit mit Nestlé naheliegend. Diese neue Offenheit gegenüber Nestlé kam vermutlich dadurch zustande, dass mit Weidmann und Pictet die letzten langjährigen Verwaltungsratsmitglieder aus dem Unternehmen austraten und mit den Präsidenten Johann Friedrich Gugelmann[642] und Hans Schwarzenbach[643], sowie Alfred E. Sulzer[644] als Delegierter im Verwaltungsrat eine neue Führungsgruppe an die Spitze der Ursina trat, deren Mitglieder aus bedeutenden Schweizer Unternehmen wie der Swissair oder der Firma Sulzer in Winterthur stammten und im Gegensatz zu ihren Vorgängern weniger stark von der Unternehmenstradition der Ursina geprägt waren. Die neue Sichtweise dieser Manager aus externen Unternehmen war wesentlich für die Annäherung zwischen Ursina und Nestlé Ende der 1960er-Jahre. Am 21. September 1970 fand eine erste Begegnung[645] zwischen den Führungsspitzen der Ursina-Franck und Nestlé statt. Ursina-Franck schlug dem Nestlé-Konzern eine Beteiligung von 20 Prozent an ihrem Unternehmen zum Preise von 150 Millionen Franken vor, was Nestlé jedoch ablehnte und stattdessen zwecks Ausnutzung von Synergien auf einer Fusion[646] der beiden Unternehmen bestand. Dabei sicherte Nestlé dem Personal von Ursina von allem Anfang an grösste Rücksichtnahme zu.[647] Die Absorption der Ursina-Franck hatte für Nestlé den Vorteil, dass ein grosser Lebensmittelkonzern mit gewaltigem Synergienpotenzial durch einen Aktientausch in das Nestlé-Imperium eingegliedert werden konnte und dadurch keine substanziellen Finanzopfer aufgebracht werden mussten, denn bei Nestlé herrschte der strikte Grundsatz, dass am schweizerischen Charakter der Gesellschaft unter allen Umständen festgehalten werden musste, was den Aktientausch mit ausländischen Grossunternehmen ausschloss. Aus diesem Grund wollte man sich bei Nestlé die einmalige Chance nicht entgehen lassen, ein Schweizer Grossunternehmen im Nahrungsmittelbereich wie die Ursina-Franck einzuverleiben. Zudem wurde die Nestlé Alimentana mit der Fusion mit Ursina-Franck zum grössten Lebensmittelkonzern der Welt.[648] Auch die oberste Führungsspitze der Ursina-Franck sah bei einer Fusion ihres Unternehmens mit der Nestlé-Gruppe grosse Vorteile: Während Nestlé sich in der Nachkriegszeit produktemässig und geographisch stark diversifiziert hatte, stand die Ursina-Franck ihrer Ansicht nach auf dem ökonomischen Kulminationspunkt. Das Unternehmen lag 1971 nicht mehr in den richtigen Proportionen, es war zu gross geworden, um klein zu sein und zu klein, um gross zu sein. Die Kapitalbasis der Ursina war zu schmal, um zu expandieren. Die Ursina-Franck stand zweifellos vor einer ökonomischen Durststrecke, was die Börsen allerdings noch nicht realisiert hatten. So schätzte ein Zürcher Bankhaus den Ertrag der Ursina im Jahre 1970 auf 120 Millionen Franken, während er in Wahrheit nur um die 50 Millionen Franken betrug. Diese Überbewertung wäre bei der Bekanntgabe der Konzernbilanz ans Tageslicht getreten und die Aktienkurse der Ursina-Franck dementsprechend gefallen. Ein rasches Vorantreiben der Verhandlungen mit Nestlé erachtete die Führungsspitze deshalb für sinnvoll, weil Ursina zum jetzigen Zeitpunkt mit dem Konzern aus Vevey keineswegs aus einer Position der Schwäche heraus verhandeln musste. Im Interesse der Ursina-Aktionäre wollte die Führungsspitze deshalb die vorteilhafte Situation an der Börse ausnutzen. Die Verhandlungen mit Nestlé wurden von einer kleinen Gruppe innerhalb des Verwaltungsrates weitergeführt. Am 11. Januar 1971 wurde der Verwaltungsrat von dieser kleinen Gruppe informiert, dass Ursina am «Point of no return» stehe und eine Fusion zu günstigen Konditionen mit Nestlé möglich sei. Obwohl einige Mitglieder aus dem Verwaltungsrat den Unabhängigkeitsverlust des Berner Traditionsunternehmens gefühlsmässig nur schwer nachvollziehen konnten, stimmte der Verwaltungsrat schliesslich im Interesse der Aktionäre der Fusion mit Nestlé zu. Entscheidend für diese Zustimmung war letztlich die Überbewertung der Ursina-Aktien an der Börse, welche den Ursina-Aktionären ein gutes Übernahmeangebot ermöglichte.[649] Einen Tag später, am 12. Januar 1971, wurden in einer Pressekonferenz die Fusionsabsichten zwischen Ursina und Nestlé öffentlich bekanntgegeben.[650] Die plötzliche Aufgabe der Eigenständigkeit der Ursina-Franck löste bei vielen Aktionären grosses Erstaunen aus, denn es war noch kein Jahr her, da hatte die Führungsspitze der Ursina-Franck bei der Fusion zwischen Ursina und Interfranck die Zukunft äusserst zuversichtlich beurteilt. Deshalb mutete es bei vielen Aktionären merkwürdig an, dass sich dieselbe Führung nun laut den Zeitungsberichten zum beklemmenden Eingeständnis veranlasst sah, dass ein gesundes Fortbestehen des Unternehmens nicht mehr garantiert sei.[651] Während die Finanzwelt vorwiegend positiv auf die Fusionsabsichten reagierte, war die Mehrheit der Zeitungsberichte gegenüber diesem wirtschaftlichen Gigantismus negativ eingestellt. Besonders vernichtend war das Urteil der «Tribune de Genève», welche dem Verwaltungsrat der Ursina-Franck Inkompetenz und Fehlentscheidungen vorwarf, sowie den beiden Top-Managern Schwarzenbach und Sulzer unterstellte, sie hätten die Fusion aus Eigeninteressen akzeptiert.[652]

In der Öffentlichkeit lösten diese Behauptungen und die unklare Sachlage bei verschiedenen Interessengruppen Fragen und Bedenken aus. Sowohl aus Aktionärsgruppen als auch von Seiten der Politik erwuchs eine starke Opposition gegen die Absorption der Ursina-Franck. Der freisinnige Berner Grossrat Bonny stellte in einer Interpellation an den Regierungsrat fest, dass innerhalb kurzer Zeit mehrere grosse bernische Unternehmungen von ausserkantonalen Firmen absorbiert worden seien, wie zum Beispiel die Ursina von Nestlé, Wander von Sandoz, Tobler von Interfood und die Gurten-Brauerei von Feldschlösschen. Bonny forderte deshalb vom Regierungsrat eine klare Auskunft, welche Massnahmen getroffen würden, um diesen Verlusten für die bernische Wirtschaft entgegenzuwirken und wie hoch der steuerliche Substanzverlust zu beziffern sei.[653] Der bernische Regierungsrat wandte sich daraufhin an Nestlé und konnte schliesslich bewirken, dass der Konzern aus Vevey sich gegenüber dem Kanton Bern verpflichtete, nach der Absorption der Ursina die gegenwärtige Tätigkeit in Konolfingen aufrecht zu erhalten und zum Teil sogar auszubauen.[654] Trotzdem gingen dem Kanton Bern durch das Verschwinden der Ursina-Franck langfristig jährliche Einnahmen von 275 000 Franken verloren.[655] Neben dem Regierungsrat gab es auch eine Gruppe von Aktionären, welche den Plänen der Ursina-Führung skeptisch gegenüberstand und über die genauen Gründe für die Absorption der Ursina durch Nestlé aufgeklärt werden wollte.[656] Am 6. April 1971 kam der Präsident Hans R. Schwarzenbach in einem Schreiben an die Aktionäre dieser Forderung schliesslich nach. Dabei skizzierte er kurz die momentane Lage der Ursina-Franck mit ihren Schwierigkeiten auf den Exportmärkten in Südostasien und dem strukturellen Problem der einseitigen Ausrichtung des Unternehmens auf den Milchsektor, welches durch die Fusion mit Interfranck nicht gelöst werden konnte.[657] Zwar sei die Ursina als gesundes Unternehmen[658] zu betrachten, aber die Zukunft beschrieb er nicht sehr vertrauenerweckend: «Die Lebensmittelindustrie als Ganzes muss künftig wegen ihres relativ schwachen Wachstums und des verschärften Wettbewerbs bei erhöhten Lohn-, Werbe- und Materialkosten mit einer geringeren Gewinnspanne rechnen. Diese Entwicklung wird in besonderem Masse auch die Ursina-Franck treffen. Bei den verhältnismässig kleinen Margen, die künftig noch vermehrt unter Druck gelangen werden, sind negative Auswirkungen auf die Ertragslage kaum zu vermeiden. Die zunehmenden Schwierigkeiten in den verschiedenen Überseemärkten wirken sich namentlich bei unseren stark exportorientierten Konzerngesellschaften aus. Die Lage auf dem Arbeitsmarkt in vielen Ländern führt zudem zu einer massiven Kostensteigerung. Die Abhängigkeit von Agrarrohstoffen bringt uns in das Spannungsfeld von politischen Entwicklungen, welche den Bedürfnissen der Industrie oft zuwiderlaufen. Um uns aus dieser Abhängigkeit zu lösen, ist eine weitere geographische und produktemässige Diversifikation notwendig, die den Einsatz erheblicher Mittel erfordert»[659]. Aufgrund dieser Entwicklungen bestanden für die Ursina-Franck nach Ansicht des Präsidenten drei Alternativen:

1. die Fortsetzung der bisherigen Expansion,
2. die Konsolidierung des Erreichten und
3. der Zusammenschluss mit einem anderen Grossunternehmen.

Die erste Alternative, die weitere Expansion, wäre eine Fortsetzung der bisherigen Geschäftspolitik des Unternehmens gewesen. Sie hätte bedeutende Investitionen zur Erweiterung bestehender und zur Einführung neuer Produktlinien erfordert. Um die notwendigen Investitionen finanzieren zu können, hätten neue Mittel in der Grössenordnung von einigen hundert Millionen Franken beschafft werden müssen. Dies wäre mit Kapitalerhöhungen nicht realisierbar gewesen. Zur Beschaffung dieser Mittel hätte die Ursina-Franck einer starken ausländischen Gruppe eine Minderheitsbeteiligung einräumen müssen, wodurch der schweizerische Charakter des Unternehmens jedoch in Frage gestellt worden wäre. Zudem wäre diese Strategie laut der Unternehmensführung mit Risiken verbunden gewesen, die von einer mittelgrossen Unternehmensgruppe wie der Ursina-Franck, die unter den 50 Umsatzmilliardären fast am Ende der Rangliste stand, nicht tragbar gewesen wären. Die weitere Expansion des Unternehmens hätte zwangsläufig eine sehr zurückhaltende Ausschüttungspolitik zur Folge gehabt, so dass sich die Aktionäre voraussichtlich während Jahren mit geringen Dividenden hätten begnügen müssen, was zu Kurseinbussen der

Ursina-Aktien und damit zu einem Substanzverlust für die Aktionäre geführt hätte.

Mit der zweiten Alternative, der Konsolidierung des bisher Erreichten, hätte die Ursina die bisherige Geschäftspolitik aufgegeben. Dabei wäre auf Forschungs- und Entwicklungsaufgaben weitgehend verzichtet und das Sortiment stark gestrafft worden. Kurzfristig hätte diese Variante die Rentabilität gesteigert, langfristig wäre diese Alternative jedoch einem Rückschritt gleichgekommen.

Die dritte Alternative war schliesslich der Zusammenschluss mit einem anderen Grossunternehmen. Ein solcher Zusammenschluss hätte grosse Rationalisierungsmöglichkeiten in den Bereichen der Forschung, Werbung usw. ergeben und sicherte den Aktionären ein langfristiges Wachstum der Erträge und Dividenden.[660]

«Nachdem der Verwaltungsrat zur Überzeugung gelangte, dass nur die dritte Alternative eine dauerhafte Lösung gewährleistet, musste ein geeigneter Partner gefunden werden. Sollten die zu der Ursina-Franck gehörenden Unternehmen weiterhin in mehrheitlich schweizerischen Besitz bleiben, kam nur die Nestlé-Alimentana in Frage [...]»[661], begründete Schwarzenbach in seinem Schreiben den Entscheid des Verwaltungsrates. Dabei hob er die Vorzüge der Nestlé-Gruppe hervor, welche produktemässig und geographisch stark diversifiziert sei und langfristig höhere Gewinnausschüttungen machen könne, als dies für die Ursina-Franck möglich gewesen wäre.[662]

Diese Orientierung betrachtete die kritische Aktionärsgruppe als Kapitulation. Die Leitung der Ursina-Franck habe mit ihrer Expansionspolitik nichts anderes als eine Schmälerung des Reingewinns erreicht. Diese dramatische Lage erkläre die Eile und Geheimhaltung, mit welcher die Leitung ihre Gesellschaft an Nestlé veräussern wolle. Die Aktionärsgruppe rief deshalb an der Generalversammlung der Ursina-Franck vom 5. Mai 1971 zur Ablehnung der Fusion auf.[663] An der Generalversammlung plädierte sie denn auch gegen die Fusion: «[...] wir wollen kein Geschäft machen; wir müssen die Fusion aber ablehnen, weil wir die Ursina-Franck nicht begraben und beerdigen wollen, weil wir an deren Zukunft glauben. In der letzten Zeit hat unsere Geschäftsführer eine eigentliche Sucht gepackt; man könnte von einer epidemisch auftretenden Krankheit sprechen, einer Fusionitis, d.h. einer neuen ansteckenden Managerkrankheit. Diese Krankheit kann nicht wirtschaftlich begründet werden, eher psychologisch. Das Management verschiedener Firmen ist etwas müde geworden, resignierend, man gibt sich auf, man verkauft, um die Verantwortung nicht mehr tragen zu müssen. Der Verwaltungsrat hat sich unendliche Mühe gegeben, die Fusion als letzte Möglichkeit hinzustellen; das ist nicht richtig. Tatsache ist, dass die Geschäftsergebnisse der Gesellschaft rückläufig waren, das hätte aber nicht sein müssen. Die gesuchte Begründung im Aktionärsbrief und im Geschäftsbericht können wir nicht annehmen, weil bei Nestlé beispielsweise das Milchgeschäft floriert»[664]. Die Schuld an der Misere sah die Aktionärsgruppe eindeutig bei der damaligen Führungsspitze der Ursina-Franck und kritisierte auch deren Führungsstil mit scharfen Worten: «Daraus ersehen Sie, wie heute mit Ihnen umgegangen wird. Sie haben einfach Ja und Amen zu sagen zu Abmachungen, die im kleinsten Kreise über Ihren Kopf hinweg getroffen wurden, ohne dass sie in der Lage waren, diese Abmachungen überhaupt finanziell, konkret und präzise beurteilen zu können. Man stellt Sie vor fertige Tatsachen. Sie werden hierauf sagen, die Fusion sei heute das kleinere Übel. Damit kapitulieren Sie aber vor einer Wirtschaftsdiktatur, in der Sie auf die Dauer nur Verlierer sein können, denn man wird auch das nächste Mal wieder nicht auf Sie hören. Es geht hier also um schwerwiegende, grundsätzliche Fragen, ob der Aktionär zum blossen Kopfnicker degradiert werden soll»[665]. Trotz dieser Opposition wurde der Fusion der Ursina-Franck mit der Nestlé Alimentana schliesslich mit 92 Prozent der Aktienstimmen (336 298 Ja-Stimmen gegenüber 11 188 Nein-Stimmen) haushoch angenommen. Allerdings gab dieses klare Ergebnis nicht die Stimmung im Saal wieder, denn nur knapp zwei Drittel (63 Prozent) der abgegebenen Stimmzettel befürworteten dieses Ergebnis.[666] Daraus lässt sich schliessen, dass vor allem die Grossaktionäre der Fusion zugestimmt hatten. Die Übernahme war nun zwar beschlossen, aber noch nicht perfekt. Eine Gruppe von Aktionären, welche unter dem Namen Fusag (AG für Rechtsschutz in Fusionssachen) auftrat, versuchte die Beschlüsse vom 5. Mai 1971 auf dem Rechtsweg für nichtig zu erklären. Denn für die Fusion der Ursina-Franck mit Nestlé Alimentana war keine Bewertung der beiden Unternehmen als Ganzes vorgenommen worden. Das Umtauschverhältnis von zwei Ursina-Aktien gegen eine Nestlé-Inhaberaktie war laut der Fusag von den beiden Verwaltungsräten willkürlich festgelegt und die Ursina-Franck-Aktionäre dabei benachteiligt worden, weil das Umtauschverhältnis nicht anhand der Börsenkurse (die für die Ursina-Aktionäre vorteilhafter gewesen wären) ermittelt wurde. Die Mitglieder der Fusag sahen in den Beschlüssen vom 5. Mai eine Beraubung ihres Eigentums und reichten am 28. August 1971 eine Klage ein.[667] Es dauerte fast ein Jahr, bis die angeblich geprellten Aktionäre am 16. August 1972 ihre Klage zurückzogen und die Fusion von Nestlé und Ursina endgültig besiegelt war.[668]

Mit der Integration der Berneralpen Milchgesellschaft in die «Nestlé Schweiz» wurden die Aufgaben der Fabrik in Konolfingen auf die Produktion konzentriert, Aktivitäten wie Marketing und Vertrieb wurden in andere, bereits bestehende Nestlé-Strukturen integriert. Bis in die 1990er-Jahre war die Entwicklung der Fabrik von einem Rationalisierungsprozess geprägt, welcher eine umfassende Modernisierung der Anlagen, eine Straffung des Sortiments sowie die Halbierung der Mitarbeiterzahl in Konolfingen von 468 auf 192 Arbeiter und Arbeiterinnen beinhaltete. Die Verminderung der Arbeitsplätze führte aber gleichzeitig auch zu höheren Bildungsanforderungen an das Personal, höheren Löhnen und besseren Sozialleistungen.[669] In den letzten Jahren blieben die Mitarbeiterzahlen konstant, das Unternehmen befindet sich

Abb. 49: Frontansicht der Fabrik in Konolfingen um 1960 mit dem «Bärenmarke»-Bären und dem hohen Kamin. (Fabrik Nestlé, Konolfingen).

aber weiterhin in einem starken Strukturwandel: Mit der Neuausrichtung Nestlés von einem traditionellen Nahrungsmittelkonzern zu einem verstärkt auf spezielle Ernährung («Nutrition»), Gesundheit und Wohlbefinden orientierten Unternehmen verlagerten sich auch die Hauptaktivitäten der Fabrik in Konolfingen in die neuen Bereiche. Zwar haben traditionelle Produkte wie die Stalden-Crème auf dem Schweizer Markt nach wie vor ihre Bedeutung, doch der Export von Standardmilchprodukten wird durch die Liberalisierung der Agrarmärkte durch die Welthandelsorganisation (WTO) und das Wegfallen von Exportsubventionen zunehmend gefährdet. «Damit die Fabrik in Zukunft überleben kann, muss sie wachsen und wachsen meine ich im Wertschöpfungsbereich. Dieser Betrag wird bei den Standardmilchprodukten nicht steigen», erklärt Olivier Michaud, der heutige Fabrikmanager in Konolfingen. Deshalb konzentriert sich die Fabrik zunehmend auf neue, hochwertige (Milch)-Produkte wie Kindernährmittel und klinische Produkte. Seit dem Jahr 2006 gehört die Fabrik in Konolfingen der weltweit organisierten, autonomen Einheit «Nestlé Nutrition» an, welche sich auf die spezialisierte Ernährung von Säuglingen, Kindern, Sportlern, alten Menschen sowie im klinischen Bereich konzentriert.

Die Ursina-Franck im Vergleich mit anderen Unternehmungen der Milch- und Schokoladeindustrie

Die Entwicklung der Ursina nach dem Zweiten Weltkrieg war nicht aussergewöhnlich, sondern verlief ähnlich wie bei anderen grossen Unternehmen der Milch- und Schokoladeindustrie im heutigen Espace Mittelland (Wander, Suchard und Chocolat Tobler). Wie die Ursina in der Milchbranche konnte auch die Schweizer Schokoladeindustrie ihre Durststrecke in den 1950er-Jahren überwinden und erfuhr ab 1955 einen starken Aufschwung im Exportgeschäft.[670] Besonders erfolgreich war in dieser Zeit die Schokoladefabrik Tobler, welche sich dank den alten Flaggschiffen Toblerone und Tobler-o-rum zum grössten Schokolade-Exporteur der Schweiz entwickelte und sich stark internationalisierte, indem auch bei Tobler die Tochtergesellschaften in Deutschland, Frankreich und England wesentlich schneller wuchsen als die Gesellschaft in der Schweiz. Die hohen Investitionen wurden in beiden Unternehmen zum grössten Teil aus selbst erarbeiteten Mitteln finanziert und der Umsatz hauptsächlich in einem Kernsegment (den Milch- bzw. den Schokolademärkten) erzielt.[671] Diese Beobachtungen scheinen auch für Suchard zutreffend.[672] Neue Produktinnovationen und Diversifikationsbestrebungen wie das Kakaogetränk «Suchard Express» (1954), das Sucherba-Zuckerbonbon (1968) oder die Ammann-Schokoköpfe (1970) fanden beim Neuenburger Unternehmen vor allem auf den Nachbarmärkten der Schokoladebranche statt.[673] Die Firma Wander hingegen war sowohl im Nahrungsmittel- als auch dem Pharmabereich tätig und dadurch weniger einseitig ausgerichtet[674]. Trotzdem fiel auch hier der Apfel mit der Erfindung des «Caotinas» in den 1960er-Jahren nicht weit vom Stamm der «Ovomaltine».[675]

Aufgrund des steigenden Wettbewerbs, der neuen Konsummuster und der abgeschwächten Wirtschaftskonjunktur traten ab der Mitte der 1960er-Jahre sowohl bei den Schokoladeunternehmen Tobler und Suchard als auch bei Wander zunehmend Probleme auf. Bei Wander stagnierte der Absatz im Kraftmittel- und Diätetikbereich, die Gewinnmargen sanken aufgrund des starken Preiskampfes und die Forschungsausgaben stiegen stark an. Obwohl das Unternehmen auf einer gesunden finanziellen Basis stand, stimmte Wander im Jahre 1967 im Hinblick auf die weitere Zukunft einer Zusammenarbeit (welche de facto einer Fusion entsprach) mit dem Basler Pharmakonzern Sandoz zu.[676] Gleichzeitig verlangsamte sich das Wachstum des Schweizer Schokoladeexports Ende der 1960er-Jahre aufgrund der zunehmenden Benachteiligung der Schweizer Unternehmen durch die EWG-Zollbestimmungen und die hohen Milchpreise in der Schweiz.[677] Nachdem Ende Mai 1968 das «Projekt Caracol» zwischen Ursina, Suchard und Interfranck gescheitert war, realisierte Suchard im September desselben Jahres ihre Vision einer gelenkigen Zusammenarbeit mit den Schokoladeunternehmen Lindt & Sprüngli und Tobler.[678] Obwohl Tobler 1969 eine Fusion mit Suchard noch verneint hatte, billigte das

Berner Schokoladeunternehmen unter dem Eindruck eines Umsatzrückganges und ungünstiger Gewinnaussichten[679] im Jahre 1970 schliesslich eine Verschmelzung mit ihrem grössten Partner Suchard. Aus dieser Fusion ging das Unternehmen «Interfood» hervor, welches unter den Schokoladeunternehmen in der Schweiz und Europa eine Spitzenposition einnahm. In den 1970er-Jahren geriet das Nachfolgeunternehmen von Suchard und Tobler ins selbe Fahrwasser wie die Ursina-Franck. Aufgrund ihrer Grösse und der ansteigenden Kakaopreise versuchte sich Interfood zu diversifizieren und fusionierte 1982 schliesslich mit dem weltweit drittgrössten Kaffeeröstunternehmen Jacobs AG in Zürich. Hier werden wiederum Parallelen zu Nestlé oder Ursina sichtbar, welche sich beide von der Milch- und Schokoladebranche her ihr Sortiment auf dem Kaffeemarkt erweiterten. Liquiditätsengpässe zwangen die Jacobs-Suchard-Gruppe 1991 schliesslich zur Übernahme durch den amerikanischen Nahrungsmittelriesen Philip Morris/Kraft General Foods.[680]

Völlig anders als bei Ursina, Wander, Tobler oder Suchard verlief die Entwicklung der Nestlé Alimentana. Sie war bereits kurz nach dem Zweiten Weltkrieg mit der Übernahme von Maggi über die Milch-, Schokolade- und Kaffeesektoren hinaus in neue Märkte der Nahrungsmittelindustrie vorgedrungen und verzeichnete in den 1950er-Jahren ein rasches inneres Wachstum. Die Strategie von Nestlé visierte klar einen Spitzenplatz unter den Nahrungsmit-

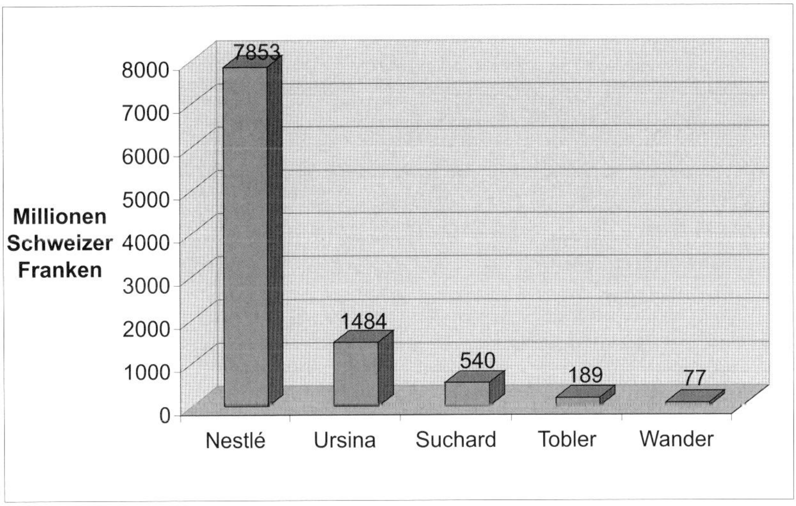

Grafik 9: Grössenverhältnisse zwischen den Schweizer Milch- und Schokoladeunternehmen im Jahre 1967 (bzw. 1970 bei Suchard) anhand des Umsatzes. (Daten aus: Edlin, Philipp Suchard: 77; SWA H+I Ba 232, Orientierung von Schwarzenbach an die Aktionäre: 7–8; SWA H+I Ba 281, Geschäftsbericht Tobler 1970; SWA H+I Ba 930, Geschäftsbericht Wander 1967). Als Weltkonzern bewegte sich Nestlé in ganz anderen Grössenordnungen als die Milch- und Schokoladeunternehmen im heutigen Espace Mittelland.

telunternehmen der Welt an. Während Ursina sich in jener Zeit auf ihr Kerngeschäft zurückzog, wuchs Nestlé in den Jahren des Wirtschaftswunders auf einer breiten Basis. Im Gegensatz zu den Unternehmen im heutigen Espace Mittelland reagierte Nestlé bereits Anfang der 1960er-Jahre auf den zunehmenden Konzentrationsprozess und gliederte mit Crosse & Blackwell (1960) sowie Findus (1962) bedeutende Unternehmen in ihre Gruppe ein. Mit der Übernahme von Findus reagierte der Konzern in Vevey auf die neuen Konsumgewohnheiten der 1960er-Jahre, welche den Tiefkühlsektor zum entscheidenden Marktsegment der Nahrungsmittelindustrie werden liessen. Geschickt vermochte Nestlé die Konzentrationswelle in den 1960er-Jahren zu nutzen, um sich zu einem der grössten Unternehmen der Welt zu entwickeln.[681] Dazu zählten die Übernahmen und Beteiligungen von Libby, Ursina-Franck und Vittel. Der Umsatz konnte dadurch von 1960 bis 1974 von 4,1 Milliarden auf 16,6 Milliarden Franken gesteigert werden. Heute ist Nestlé der grösste Lebensmittelhersteller der Welt.[682]

Zusammenfassung

Die Gründe für die Krise der Ursina während der Phase des wirtschaftlichen Aufschwungs zwischen 1950–1973 und die Absorption des Unternehmens durch Nestlé lassen sich anhand einer Abfolge von Ereignissen erklären, welche sich in drei Phasen gliedern lassen:

In einer ersten Phase profitierte die Ursina als kleines Milchunternehmen vom starken Wirtschaftsaufschwung in Westeuropa, welcher alle bisherigen Wachstumsraten in den Schatten stellte. Besonders in Deutschland, aber auch in den übrigen Ländern Westeuropas, führte dieses Wirtschaftswunder zu Wohlstand in breiten Bevölkerungsschichten. Mit den Mehreinnahmen kaufte sich die Bevölkerung vor allem mehr und bessere Nahrungsmittel, was der Milch- und Schokoladeindustrie einen enormen Wachstumsschub verlieh. Während der Milchkonsum in Deutschland mit wachsendem Einkommen abnahm, erfuhr der Kondensmilchverbrauch in den 1950er-Jahren einen starken Zuwachs. Dies traf besonders auf die Kondensmilch «Bärenmarke» von Ursina zu, welche in Deutschland als die teuerste und beste Kondensmilch galt und mit den wachsenden Einkommen für breite Bevölkerungskreise zugänglich wurde. Die Ursina erlebte in der Nachkriegszeit besonders in Deutschland und Frankreich ein enormes Unternehmenswachstum, welches vor allem auf den bewährten Produkten (Kondensmilch und Kindernahrung) unter den Namen «Bärenmarke» und «Guigoz» beruhte. Dazu kam, dass der Kondensmilchexport in der Schweiz aufgrund der drohenden «Milchschwemme» subventioniert wurde und die Berneralpen Milchgesellschaft dadurch sehr lukrative Geschäfte in Südostasien tätigen konnte.

Durch das enorme Unternehmenswachstum in dieser ersten Phase entwickelte sich die Ursina zu einem Grosskonzern. Allerdings wurde diesen Veränderungen von der Führungsspitze wenig Beachtung geschenkt, weshalb dieser Erfolg auch seine Kehrseite hatte: Die bisherigen Organisationsstrukturen wurden durch das Wachstum zunehmend überfordert, die ökonomische Grundlage des Unternehmens konzentrierte sich angesichts der Grösse auf sehr wenige Länder (Deutschland, Frankreich, Südostasien), weil Versuche einer geographischen Expansion scheiterten, und hing fast vollständig vom Milchgeschäft ab. Das Unternehmenswachstum in den 1950er-Jahren basierte also auf einem sehr einseitigen Entwicklungspfad, was das Unternehmen für einen «lock-in» sehr anfällig machte. Denn mit zunehmender Grösse wurde es für das Unternehmen immer schwieriger, sich flexibel den Marktgegebenheiten anzupassen.

In einer zweiten Phase, welche Ende der 1950er-Jahre ihren Anfang nahm, wurden mit der Schaffung eines grossen Wirtschaftsraumes (EWG) und der Öffnung der Finanzmärkte amerikanische Unternehmen angespornt, direkt oder indirekt auf dem europäischen Kontinent Fuss zu fassen. Dies führte in Europa zu steigendem Wettbewerb, in welchem die Grosskonzerne aufgrund von Skalenerträgen gegenüber kleineren Unternehmungen überlegen waren. Die Folge davon waren starke Unternehmenskonzentrationen auf den europäischen Märkten. Gleichzeitig führte das billige Erdöl als neuer Hauptenergieträger zu sinkenden Energiepreisen, welche energieintensiven Produkten wie Kühlschränken und Automobilen zum Durchbruch verhalfen. Diese neuen Standardprodukte führten zu tiefgreifenden Veränderungen der alltäglichen Konsumgewohnheiten wie zum Beispiel dem Grosseinkauf in Supermärkten und veränderten Anforderungen an Produkte. Diese Entwicklungen brachten das Hauptprodukt der Ursina – Die Kondensmilch «Bärenmarke» – immer mehr in Schwierigkeiten: Die Eigenschaften, welche die Kondensmilch als Qualitätsprodukt auszeichneten, nämlich der besondere Nährwert und die lange Haltbarkeit, entsprachen nicht mehr den Wünschen der Konsumgesellschaft. Anstelle des hohen Nährwerts waren nun kalorienarme Produkte gefragt, und die Pastmilch in bequemen Tetra-Packungen (welche dank dem Siegeszug der privaten Kühlschränke in den 1960er-Jahren ebenfalls lange haltbar wurde) gewann auf Kosten der Dosenmilch an Bedeutung. Zudem wurden die Gewinnspannen der Markenprodukte durch die Supermarkt-Ketten zunehmend untergraben. Die bis anhin sehr erfolgreichen Kondensmilchgeschäfte in Deutschland stagnierten und der Milchexport der Berneralpen Milchgesellschaft wurde aufgrund von politischen Massnahmen immer mehr in Frage gestellt. Erstens war der Bund nicht mehr bereit, den wachsenden Milchüberschüssen wie in den 1950er-Jahren mit Exportzuschüssen für die Milchindustrie entgegenzuwirken, sondern reduzierte 1968 die Milchmenge. Zweitens wurde der Export von der Schweiz in die EWG-Staaten ab 1957 immer schwieriger, was zur Folge hatte, dass der Absatz von Guigoz-Produkten in Frankreich und die Nachfrage nach Milchpulver durch Schweizer Schokoladeunternehmen, welche nun ihre Produktion vermehrt in den EWG-Raum verlagerten, abnahmen. Drittens strebten die ehemaligen Kolonialländer in Südostasien zunehmend nach ökonomischer Unabhängigkeit und begannen deshalb den Kondensmilchimport einzudämmen und selbst Kondensmilch zu produzieren. Damit ging der Berneralpen Milchgesellschaft die bedeutendste Einkommensquelle verloren. Ende der 1960er-Jahre stagnierten die Umsätze und Gewinne im Milchsektor und das Unternehmen geriet durch Grosskonzerne aus den Vereinigten Staaten zunehmend unter Druck.

In einer dritten Phase versuchte die Ursina auf diese neuen Herausforderungen zu reagieren, indem sie durch Fusionen mit anderen Unternehmen in neue Produktmärkte vorzustossen versuchte und sich dadurch als diversifizierter Weltkonzern (analog zu Nestlé) etablieren wollte. Nachdem eine verstärkte Ausrichtung des Unternehmens auf den Bereich der Kleinkindernahrung gescheitert war, versuchte die Ursina zusammen mit Suchard und Interfranck einen Grosskonzern im heutigen Espace Mittelland zu gründen. Aus diesem Vorhaben ging im Jahre 1969 schliesslich die Fusion zwischen Ursina und Interfranck hervor. Allerdings konnte der Zusammenschluss des Berner Milchkonzerns und des Basler Kaffee-Ersatz-Unternehmens den hohen Erwartungen, welche man bei der Fusion hegte, nicht gerecht werden, da die Partner zu unterschiedlich waren und die strukturellen Probleme der Ursina (Abhängigkeit von den Milchprodukten) nicht wesentlich reduziert wurden. Das Emmentaler Unternehmen war zu gross geworden, um sich als Kleinunternehmen flexibel den Marktanforderungen anzupassen, und zu klein, um als Weltkonzern im Kampf der Nahrungsmittelriesen bestehen zu können.

Als im Jahre 1970 eine Beratungsfirma der Ursina-Franck eine düstere Zukunftsprognose stellte und die Übernahme des französischen Kindernahrungsmittel-Unternehmens Jacquemaire an den Möglichkeiten der Ursina scheiterte, wandte sich die Führungsspitze des Unternehmens schliesslich an den grossen Nachbarn im Waadtland, den langjährigen Konkurrenten Nestlé Alimentana. Während bis Anfang der 1960er-Jahre eine engere Kooperation mit Nestlé bei Ursina noch undenkbar gewesen wäre, begann sich das Verhältnis der beiden Unternehmen unter der neuen Führungselite der Ursina zunehmend zu entspannen. Bereits 1968 war in Bangkok ein gemeinsames Tochterunternehmen gegründet worden, und am 21. September 1970 versuchte die Führungsspitze der Ursina-Franck Nestlé wiederum von einem gemeinsamen Projekt in Frankreich zu überzeugen. Dabei schlug Ursina-Franck der Nestlé eine Beteiligung von 20 Prozent an ihren Unternehmen zum Preise von 150 Millionen Schweizer Franken vor, was der Konzern aus Vevey jedoch ablehnte und stattdessen zwecks Ausnutzung von Synergien auf einer Fusion der beiden Unternehmen bestand. Sowohl von Nestlé als auch von der Führungsspitze der Ursina-Franck wurde eine Fusion der beiden Unternehmen für sinnvoll erachtet und vorangetrieben. Auf Seiten der Ursina-Franck sah man insbesondere die günstige Verhandlungsposition (aufgrund der überbewerteten Ursina-Aktien an der Börse) als einmalige Chance an, sich zu vorteilhaften Konditionen einem Grosskonzern anzuschliessen, und Nestlé erleichterte Ursina den Entscheid durch ihr weitgehendes Entgegenkommen zusätzlich. Doch schon kurz nach Bekanntgabe der Fusion machte sich von verschiedenen Seiten Opposition breit: Die bedeutendste Gegnerschaft betrachtete die Fusionspläne als Kapitulation unfähiger Manager, welche nun das kerngesunde Traditionsunternehmen Ursina-Franck zu Grabe tragen wollten, um ihre Fehler zu kaschieren. Der Führungsstil der Ursina-Franck wurde dabei als Wirtschaftsdiktatur bezeichnet, in der die Aktionäre vor fertige Tatsachen gestellt würden. An der Generalversammlung vom 5. Mai 1971 kam es schliesslich zu einem offenen Schlagabtausch: Während die Opposition die Eigenständigkeit des Unternehmens erhalten wollte, standen bei der Führungsspitze der Ursina-Franck die langfristige Sicherung der Aktionärserträge im Zentrum. In der entscheidenden Abstimmung wurde der Antrag zur Fusion mit Nestlé Alimentana schliesslich klar angenommen.

Die Absorption der Ursina-Franck durch Nestlé steht dabei exemplarisch für viele Unternehmen der Milch- und Schokoladebranche im heutigen Espace Mittelland: Praktisch zeitgleich wurde Wander 1967 von Sandoz übernommen, Tobler und Suchard verschmolzen 1970 zum Unternehmen Interfood zusammen und wurden später vom Lebensmittelriesen Philip Morris absorbiert.

DER WANDEL DER SCHWEIZER MILCH- UND SCHOKOLADEINDUSTRIE

Am Beispiel der Berneralpen Milchgesellschaft und anhand der vorhandenen Fachliteratur werden in diesem Kapitel die Gründe für den Aufstieg und den Niedergang der Milch- und Schokoladeindustrie des Kantons Bern sowie die Gründe für den Sonderweg von Nestlé zum grössten Nahrungsmittelkonzern der Welt anhand von drei Thesen beleuchtet und am Schluss miteinander verbunden.

These 1: Der Aufstieg der Schweizer Milch- und Schokoladeindustrie zwischen 1860 und 1914 hing wesentlich mit dem weitgehenden Freihandel des 19. Jahrhunderts und Cluster-Effekten zusammen.

Die Schweizer Milch- und Schokoladeindustrie nahm bis 1914 eine weltweit führende Position in ihrer Branche ein. Eine wichtige Grundlage für diese Spitzenposition war die *Verfügbarkeit des Rohstoffs Milch* in grossen Mengen. Wie Pfister zeigte, wurden die Grundlagen für die Herausbildung der Schweizer Milchwirtschaft in den Voralpen in den 1830er-Jahren gelegt, indem die Erträge in der Landwirtschaft mit der Agrarmodernisierung massiv erhöht werden konnten und die steigenden Milchquantitäten zu Käse verarbeitet wurden. Die Entwicklung hin zu einer Spezialisierung der Schweizer Landwirtschaft auf die Milch- und Käseproduktion erfolgte dann in den 1860er-Jahren mit der Öffnung der Schweizer Agrarmärkte durch den Freihandel und neue Transportmöglichkeiten. Vom Greyerzerlande bis nach Cham im Kanton Zug entstand entlang der Voralpen ein Landwirtschaftsgebiet, welches über grosse Milchmengen verfügte. Während der Milchindustrie in den Kantonen Bern und Freiburg aufgrund der dominierenden Käsewirtschaft (Emmentaler- und Greyerzerkäse) in den 1860er-Jahren die nötige Milch fehlte, um sich dort anzusiedeln, konnten an den Rändern des Kerngebietes der Milchwirtschaft in Vevey (Nestlé) und Cham (Anglo-Swiss) erste milchverarbeitende Unternehmen entstehen. Erst mit der Käseexportkrise ab 1885, welche plötzlich andere Milchverwertungsarten attraktiv machte, und der nötigen Infrastruktur in den ländlichen Regionen konnte sich die Milch- und Schokoladeindustrie auch in den Kantonen Bern und Freiburg ansiedeln. Anhand der Berneralpen Milchgesellschaft lässt sich zeigen, dass die Milchindustrie als Symbiose zwischen Landwirtschaft und Industrie in jener Zeit von grosser Wichtigkeit für die ländlichen Regionen war, da sie einerseits einen wichtigen Milchabnehmer für die Bauern darstellte und andererseits neue Arbeitsplätze schuf und somit die Abwanderung aus jenen Gebieten stoppen konnte.

Als zweite wichtige Voraussetzung waren *geeignete Nachfragebedingungen* vorhanden, welche den Milchkonsum förderten. Dank neuen Erkenntnissen aus der naturwissenschaftlich orientierten Medizin, dass die Gesundheit mit Hygiene und guter Ernährung (Milch, Bircher-Müesli usw.) gefördert und die Säuglingssterblichkeit wesentlich reduziert werden konnte, entwickelte sich die Milch in den urbanen Industriezentren zu einem gefragten Gut. Der Schweizer Milchindustrie kam dabei entgegen, dass die Alpen von den bürgerlichen Eliten als einer der letzten Rückzugsorte der heilen Natur wahrgenommen wurden und die Milch aus der Schweiz deshalb als besonders gesund betrachtet wurde. Den Unternehmen der Schweizer Milch- und Schokoladeindustrie wie Nestlé, Wander, Suchard, Tobler oder der Berneralpen Milchgesellschaft war gemeinsam, dass sie ihre Produkte ursprünglich als pharmazeutische Heil- und Stärkungsmittel verkauften. Entgegen der Cluster-Theorie von Porter war der Inlandmarkt für die Schweizer Milchindustrie jedoch nie von grosser Bedeutung. Von Anfang an war dieser Wirtschaftszweig auf den Export in die Industriemetropolen Europas ausgerichtet. Dabei kam der Schweizer Milchbranche der weitgehende Freihandel bis 1914 sehr entgegen.

Drittens stützte sich der Erfolg der Schweizer Milch- und Schokoladeindustrie auf Innovationen im Bereich der Herstellung von Kondensmilch, Milchpulver und Milchschokolade, welche dem Standort Schweiz gegenüber dem Ausland einen technischen Vorsprung verliehen. Wie Rossfeld zeigte, basierten Erfindungen wie die Herstellung von Milchschokolade mit Kondensmilch auf *unternehmensübergreifenden Netzwerken und dem Austausch von branchenspezifischem Wissen.* Aus dem gleichen Grund gelang Chocolat Suchard und der Berneralpen Milchgesellschaft im Jahre 1898 erstmals die Herstellung einer Milchschokolade mit Milchpulver, welche 1901 als Milka-Schokolade auf dem Markt gebracht wurde. Auch die Entwicklung der Stalden-Crème im Jahre 1903 dürfte auf einer Kooperation zwischen Suchard und der Berneralpen Milchgesellschaft beruhen und es ist wahrscheinlich, dass auch die Berner Firmen Tobler und Lindt in dieses Netzwerk eingebunden waren. Anhand des Verhältnisses zwischen der Berneralpen Milchgesellschaft und Suchard lässt sich zeigen, dass diese Unternehmensnetzwerke sehr persistent waren.

Und viertens regten *Konkurrenzunternehmen in der Region* zu ständigen Verbesserungen der Produkte an. Dieser Sachverhalt lässt sich anhand der Rivalitäten zwischen Nestlé und der Anglo-Swiss Ende der 1870er-Jahre, der Berneralpen Milchgesellschaft und Nestlé oder den Beobachtungen der Berneralpen Milchgesellschaft bezüglich der Weiterentwicklung des «Nescao» und der «Ovomaltine» in den 1940er-Jahren nachweisen.

Die vier genannten Befunde weisen darauf hin, dass es in der Schweiz bis 1914 ein Milch-Cluster gab, welches der Schweizer Milchindustrie zu Wettbewerbsvorteilen gegenüber dem Ausland verhalf. Mit der Milchknappheit und den hohen Milchpreisen während des Ersten Weltkriegs fiel dieses Cluster jedoch auseinander, die Unternehmensnetzwerke blieben aber bestehen.

These 2: Die Kriegs- und Krisenzeit zwischen 1914 und 1950 ist als Schlüsselphase für die unterschiedlichen Entwicklungen von Nestlé und den übrigen Unternehmen der Schweizer Milch- und Schokoladeindustrie zu sehen.

Obwohl Nestlé bereits vor dem Ersten Weltkrieg durch die Fusion mit der Anglo-Swiss im Jahre 1905 klar zum grössten Milchindustrieunternehmen der Schweiz aufgestiegen war, wies der Konzern als Exportunternehmen von Kondensmilch und Kindernahrung ähnliche Strukturen auf wie die Berneralpen Milchgesellschaft. Dies änderte sich jedoch während dem Ersten Weltkrieg mit der Verlagerung der Produktionsstätten der Milch- und Schokoladeindustrie ins Ausland. Während Nestlé ihre Produktion stark in die Vereinigten Staaten verlegte und das Unternehmen dadurch einen multinationalen Charakter erhielt, blieb die Berneralpen Milchgesellschaft im wesentlichen ein Schweizer Exportunternehmen, bei dem der Standort Stalden/Konolfingen dominant war.

Ausgelöst durch die Weltwirtschaftskrise, begannen sich viele Unternehmen der Milch- und Schokoladeindustrie in den 1930er-Jahren zu diversifizieren: Nestlé übernahm Peter-Cailler-Kohler und entwickelte den Nescafé, Ursina stiess durch die Zusammenarbeit mit Guigoz ins Kindernahrungsgeschäft vor, Suchard breitete sich mit «Sugus» auf dem Süsswarensektor aus und Wander erweiterte seine Produktpalette mit pharmazeutischen Produkten. Während Nestlé laut Lüpold vom Zerfall des Welthandels während der Weltwirtschaftskrise dank ihrer multinationalen Unternehmensstrategie, welche in den 1930er-Jahren noch verstärkt wurde, kaum berührt wurde, wurden die Exportunternehmen wie Tobler, Suchard oder Ursina von diesem Ereignis schwer getroffen und gerieten dadurch in Abhängigkeit von Exportsubventionen und nationalen Wirtschaftsinteressen.

Noch stärker drifteten die Entwicklungspfade von Nestlé und den übrigen Unternehmen der Schweizer Milch- und Schokoladeindustrie während dem Zweiten Weltkrieg auseinander, als sich Nestlé mit ihrer Zweikopf-Strategie sogar zum transnationalen Konzern weiterentwickelte, welcher auf den Märkten Amerikas mit dem «Nescafé» erfolgreich war, während die Berneralpen Milchgesellschaft, Tobler oder Wander im Dienste nationaler Interessen standen, indem sie zur Nahrungsmittelversorgung der Schweiz vollständig in die Kriegswirtschaft integriert wurden.

Während die Berner Milch- und Schokoladeunternehmen nach dem Zweiten Weltkrieg durch die Umstellung von der Kriegswirtschaft zur Exportwirtschaft erneut eine kurze Krisenphase zu überstehen hatten, welche bei Ursina zu einer Konzentration ihrer Kräfte auf das Kerngeschäft mit der Milch zur Folge hatte, führte Nestlé ihre Diversifikationsstrategie mit der Fusion mit Maggi und neuen Eigenproduktionen weiter fort.

Zwischen den beiden Weltkriegen divergierten die Entwicklungspfade von Nestlé und der Berneralpen Milchgesellschaft/Ursina grundsätzlich: Während

Nestlé Anfang der 1950er-Jahre einen multinationalen, diversifizierten Nahrungsmittelkonzern darstellte, welcher während des Wirtschaftswunders auf breiter Basis wachsen konnte, war die Ursina geographisch auf wenige Länder ausgerichtet, konzentrierte sich auf das Kerngeschäft im Milchsektor und wies damit eine sehr schmale Wachstumsbasis auf. Die weitere Entwicklung der beiden Unternehmen war dadurch vorgespurt. Deshalb stellt die Zeit zwischen 1914 und 1950 die entscheidende Schlüsselphase dar, in der die Voraussetzungen für den Aufstieg von Nestlé zum grössten Nahrungsmittelkonzern und die späteren Probleme der Ursina gelegt wurden. Es ist anzunehmen, dass die Ergebnisse der Berneralpen Milchgesellschaft/Ursina auch für die übrigen Milch- und Schokoladenunternehmen des Kantons Bern zutreffen, allerdings bestehen hier in der Forschungsliteratur noch Lücken.

These 3: Das enorme Unternehmenswachstum in den 1950er-Jahren überforderte die Strukturen der Berner Milch- und Schokoladeunternehmen und war zusammen mit dem Gesellschafts- und Wirtschaftswandel in den 1960er-Jahren eine der Hauptursachen für das Verschwinden der unabhängigen Unternehmen der Berner Milch- und Schokoladeindustrie.

Bis 1950 war die Ursina ein kleineres Milchunternehmen, welches trotz einiger Tochtergesellschaften stark auf den Produktionsstandort Schweiz und den Milchexport in die Kolonialländer in Afrika und Asien fokussiert war. Dabei war das Unternehmen auf einen einzigen Rohstoff (die Milch) ausgerichtet und besass eine einzige starke Marke (die «Bärenmarke»), welche um die Jahrhundertwende entwickelt wurde und sich im Produktzyklus bereits im fortgeschrittenen Alter befand. Ähnliche Beobachtungen lassen sich auch bei den übrigen Unternehmen der Milch- und Schokoladeindustrie des heutigen Espace Mittelland machen, wo Wander mit der «Ovomaltine», Suchard mit der «Milka»-Schokolade oder Tobler mit der «Toblerone» ebenfalls mit Produkten in fortgeschrittenem Alter erfolgreich waren[683]. Während des Wirtschaftswunders in den 1950er-Jahren konnten sich plötzlich breite Bevölkerungsschichten die relativ teuren Qualitätsprodukte der Berner Milch- und Schokoladeindustrie leisten, was bei diesen Unternehmen ein enormes Umsatzwachstum auslöste. Das Unternehmenswachstum in den 1950er-Jahren beruhte bei der Ursina also auf einer erhöhten Nachfrage der alten, bekannten Markenprodukte, nicht auf der Etablierung von neuen Produkten. Insofern scheint sich die Diagnose von Stocker/Risch eines übersteigerten Wirtschaftswachstums im Kanton Bern mit wenig Investitionen in die Grundsektoren wie die Forschung und Entwicklung neuer Produkte zu bestätigen. Durch den Nachfrageboom eilte die Ursina in den 1950er-Jahren von einem Rekordergebnis zum andern und entwickelte sich vor allem aufgrund des enormen Wachstumsschubs in Frankreich und Deutschland von einem kleineren Schweizer Milchunternehmen zu einem multinationalen Grosskonzern, welcher zu den grössten Unternehmen der Nahrungsmittelbranche Europas zählte. Der Erfolg in den 1950er-Jahren hatte allerdings auch seine Kehrseite, denn die Unternehmensstrukturen hielten mit diesen starken Veränderungen nicht Schritt: Die bestehenden Organisationsstrukturen wurden von diesem Wachstum des Unternehmens zunehmend überfordert und die einseitige Ausrichtung der Ursina auf Milchprodukte wurde mit wachsender Grösse des Unternehmens zum Risiko. Im Gegensatz zum «Nahrungsmittelriesen» Nestlé stellte die Ursina einen «gross gewachsenen Zwerg» dar, der auf wackligen Beinen stand.

Durch die politischen, wirtschaftlichen und gesellschaftlichen Veränderungen in den 1960er-Jahren trat die labile ökonomische Basis der Ursina immer mehr zu Tage: Politische Faktoren wie die Abschottungstendenzen in Südostasien durch die Dekolonisation und die staatlichen Massnahmen zur Einschränkung der Milchproduktion, verändertes Konsumverhalten der Gesellschaft durch die neuen Möglichkeiten der billigen Energiepreise, welches die Pastmilch in Tetrapackungen der Kondensmilch in Büchsen vorzog, und veränderte Wirtschaftsverhältnisse wie der Gründung eines europäischen Wirtschaftsraums (EWG) oder die zunehmende Konkurrenz von Grosskonzernen aus den Vereinigten Staaten, gefährdeten immer mehr die ökonomischen Grundlagen der Ursina. Auch die anderen Unternehmen der Berner Milch- und Schokoladeindustrie gerieten Ende der 1960er-Jahre aus ähnlichen Gründen zunehmend in Schwierigkeiten. Die Feststellung von Berghoff, dass traditionsbewusste Kleinunternehmen aus dem 19. Jahrhundert an den neuen Konsumgewohnheiten und der Beschleunigung des technischen Wandels scheiterten, scheint sich auch bei der Milch- und Schokoladeindustrie des Kantons Bern zu bewahrheiten.

In dieser heiklen Situation schloss sich Wander 1967 dem Basler Pharmakonzern Sandoz an und die Unternehmen Tobler und Ursina ergriffen die Flucht nach vorne, indem sie sich mittels Fusionen von der einseitigen Abhängigkeit von den Milch- und Schokoladeprodukten lösen wollten und sich durch Wachstum im verschärften Wettbewerb zu behaupten versuchten. Tobler fusionierte 1970 mit Suchard und 1982 mit dem Kaffeeunternehmen Jacobs zum Konzern Jacobs-Suchard, Ursina ging 1971 ebenfalls mit einem Unternehmen aus dem Kaffeesektor, der Interfranck, zur Ursina-Franck zusammen. In beiden Fällen war diese Fusionspolitik jedoch letztlich wenig erfolgreich: Bei Ursina zeigte sich schon bald, dass die Strukturprobleme, welche in der einseitigen Ausrichtung auf die Milchbranche bestanden, mit der Fusion nicht gelöst werden konnten. Das Unternehmen war zu klein, um als Weltkonzern bestehen zu können und zu gross, um als kleines Unternehmen eine Nischenposition einzunehmen. Zudem fehlte dem neuen Unternehmen eine klare strategische Ausrichtung. Die Unternehmensmentalität hatte sich nach dem Zweiten Weltkrieg unter der Führung neuer, externer Manager gewandelt, wie der Vergleich der Fusionsverhandlungen mit Nestlé von 1931 und 1971 zeigt: Während Ursina 1931 die Erhaltung der Eigenständigkeit und der «Bärenmarke» als wichtiger erachtete als das lukrative Angebot von Nestlé, standen 1971 die ökonomischen Gründe wie die Aktionärsgewinne klar im Vordergrund, während der Unternehmenstradition keine grosse Beachtung mehr beigemessen wurde[684]. Schliesslich wurde Ursina-Franck 1971 und Jacobs-Suchard 1991 von den beiden Nahrungsmittelgiganten Nestlé bzw. Philip Morris übernommen.

Obwohl die Führung der Ursina in der Nachkriegszeit mit dem Scheitern der geographischen Expansion nach Australien und Amerika, dem Fehlen einer kaufmännischen Abteilung oder mit der gescheiterten Fusion mit Interfranck alles andere als einen souveränen Eindruck hinterliess, war das Verschwinden der eigenständigen Berner Milch- und Schokoladeindustrie aufgrund des gleichzeitigen Auftretens ähnlicher Probleme in verschiedensten Firmen eher auf die grundlegenden Veränderungen der Wirtschafts- und Gesellschaftsstrukturen in der Nachkriegszeit zurückzuführen als auf Managementversagen. Die ähnlichen Vorgänge bei der Ursina, Tobler, Suchard und Wander weisen darauf hin, dass das Verschwinden dieser eigenständigen Traditionsunternehmen hauptsächlich auf ein Zusammenspiel von zu schnellem Unternehmenswachstum und ungünstigen Einflüssen aus Politik, Wirtschaft und Gesellschaft zurückzuführen ist, auf welches das Management dieser Unternehmen nicht adäquat reagierte.

Mit Hilfe der Wellentheorie werden in einem letzten Schritt diese drei Thesen zu verbinden versucht. Dabei soll die wechselhafte Geschichte der Schweizer Milch- und Schokoladeindustrie anhand einer «Milchwelle» schematisiert werden, um die Entstehung, die Entwicklung und das Verschwinden der Unternehmen dieser Branchen zu deuten.

Diese «Milchwelle» nahm im 19. Jahrhundert mit der Agrarmodernisierung ihren Anfang und erfuhr in den folgenden Jahrzehnten einen steilen Anstieg, bis sich die Schweiz um die Jahrhundertwende als bedeutendstes Milchexportland der Welt etabliert hatte und auch bei der Schokoladeherstellung einen weltweiten Spitzenplatz einnahm. Aufgrund günstiger Voraussetzungen wie der ersten Globalisierungswelle im 19. Jahrhundert[685], dem Wandel von der traditionellen Agrargesellschaft zur Industriegesellschaft[686] und den neuen Erkenntnissen auf den Gebieten der Chemie, der Biologie und der Medizin[687] entstand in der Schweiz ein Cluster der Milch- und Schokoladeindustrie. Dieses Milch-Cluster regte im heutigen Espace Mittelland zu starker Innovationstätigkeit an, welche zu unverwechselbaren Markennamen wie «Bärenmarke», «Milka», «Ovomaltine» oder «Toblerone» führte, hinter denen Qualitätsprodukte mit hohem Nährwert, langer Haltbarkeit und hoher Sicherheit vor Krankheitserregern[688] steckten. Diese Produkte galten damals aufgrund der vorzüglichen Ernährungseigenschaften der Alpenmilch als besonders gesunde Nahrungsmittel.

Diese Innovations- und Aufschwungphase der Schweizer Milch- und Schokoladeindustrie fand mit dem Zerfall des Milch-Clusters während des Ersten Weltkriegs ein Ende und die erfolgreichen Milch- und Schokolademarken aus dem Kanton Bern traten in die Reifephase, in der sich die Unternehmen vermehrter Konkurrenz von Billiganbietern erwehren mussten. Auf die Herausforderungen zwischen 1914 und 1950 (mit den beiden Weltkriegen und der Weltwirtschaftskrise) reagierten die Schweizer Milch- und Schokoladeunternehmen mit erstaunlicher Flexibilität, wobei Nestlé eine andere Krisenstrategie verfolgte als die Unternehmen im heutigen Espace Mittelland: Während Nestlé in dieser Zeit eine Metamorphose vom Schweizer Milchunternehmen zum transnationalen, diversifizierten Grosskonzern vollzog, blieben die übrigen Unternehmen ihren Erfolgsprinzipien aus dem 19. Jahrhundert treu und blieben Schweizer Milch- und Schokoladeunternehmen, welche Produkte von einwandfreier Qualität mit einem hervorragenden Marketing ins Ausland exportierten.

Ausgelöst durch den zunehmenden Wohlstand in breiten Bevölkerungsschichten, welcher zu einem Nachfrageboom führte, verzeichneten die Unternehmen im Espace Mittelland wie Tobler, Suchard, Wander oder die Ursina (Berneralpen Milchgesellschaft) in den 1950er-Jahren ein starkes Unternehmenswachstum, welches vermutlich auf einer Umsatzsteigerung der Qualitätsmarken aus dem 19. Jahrhundert beruhte.[689] Der Produktzyklus der «Bärenmarke» oder «Toblerone» nahm durch diesen Aufschwung einen atypischen Verlauf, welcher bei den Unternehmensführungen vermutlich zum falschen Schluss führte, ihre Unternehmen würden sich prächtig entwickeln – Dementsprechend gering war die unternehmerische Dynamik[690]. Gleichzeitig wurde die einseitige Ausrichtung der Unternehmen im heutigen Espace Mittelland auf ein Hauptprodukt (Milch bzw. Schokolade) mit zunehmender Grösse zu einem Risiko.

Als sich die Wirtschafts- und Gesellschaftsstrukturen mit der zweiten Globalisierungswelle und dem Wandel von der Industriegesellschaft zur Konsumgesellschaft Ende der 1950er-Jahre zu verändern begannen, gerieten die Milch- und Schokoladeunternehmen im heutigen Espace Mittelland zunehmend unter Druck. Mit den veränderten Kundenbedürfnissen[691] traten die bekannten Milch- und Schokoladeprodukte in die Schrumpfungsphase[692], während neue Erfolgsprodukte nicht genügend entwickelt waren. Die bisherigen Erfolgsstrategien der Milch- und Schokoladeindustrie im heutigen Espace Mittelland fanden mit dem Verschwinden der Industriegesellschaft ein Ende und die Gewinne auf dem Milch- und Schokolademarkt stagnierten.

Zwar versuchten sich die Unternehmen in dieser Phase den neuen Gegebenheiten mittels Fusionen anzupassen, was jedoch sowohl bei Suchard und Tobler als auch bei der Ursina nicht den gewünschten Erfolg brachte. Schliesslich wurden die Berner Milch- und Schokoladeunternehmen von Weltkonzernen wie Philip Morris und Nestlé absorbiert.

Die «Milchwelle» lässt vermuten, dass die Wirtschaftskraft der Berner Milch- und Schokoladeindustrie im Wesentlichen aus der Zeit zwischen 1890 und 1914 stammte und dass sich die damals entwickelten, erfolgreichen Produkte den veränderten Konsumbedürfnissen in den 1960er-Jahren nur noch bedingt anpassen konnten, während neue, erfolgsträchtige Produkte fehlten. Dies könnte ein Ansatz zur Begründung der Strukturkrise der Berner Milch- und Schokoladeindustrie sein.

ANHANG

Abkürzungen

AAA	Allgäuer Alpenmilch AG
AG	Aktiengesellschaft
AHN	Archives historiques Nestlé, Vevey
AVN	Archives de la Ville de Neuchâtel
BAMG	Berneralpen Milchgesellschaft
BBB	Burgerbibliothek Bern
BRD	Bundesrepublik Deutschland
EWG	Europäische Wirtschaftsgemeinschaft
FNK	Fabrik Nestlé, Konolfingen
Gmbh	Gesellschaft mit beschränkter Haftung
GV	Generalversammlung
Ltd.	Limited
MAB	Archiv des Museums zum Alten Bären, Konolfingen
OECD	Organization of Economic Cooperation and Development
o.J.	ohne Jahr
o.S.	ohne Signatur
PBR	Privatbesitz Fritz Rüegsegger, Konolfingen
PBW	Privatbesitz Familie Peter Weidmann, Bern
Rp.	Rappen
SA	Société Anonyme
sFr.	Schweizer Franken
St.A.B.	Staatsarchiv des Kantons Bern
SVP	Schweizerische Volkspartei
SWA	Schweizerisches Wirtschaftsarchiv, Basel
var.	variierend
VR	Verwaltungsrat
VRA	Ausschuss des Verwaltungsrates
VVM	Vereenigde Veluwsche Melkproductenfabrieken

Statistiken

Die Präsidenten der Berneralpen Milchgesellschaft/Ursina AG

1892–1910	Jean von Wattenwyl
1911–1918	Georges Marcuard
1919–1952	Hans Pfyffer von Altishofen
1952–1963	Louis de Castella
1964–1965	Albert Pictet
1965–1969	Johann Friedrich Gugelmann
1970–1971	Hans R. Schwarzenbach

Quellen: AHN Ursina Chronik 1 1.1, Geschäftsberichte der BAMG/Ursina 1905–1971. Ursina, 50 Jahre BAMG: 83–86.

Die Entwicklung des weltweiten Kondensmilchexports (1913–1938)

	1913	1928	1935
Schweiz	2 028 000 Kisten	1 865 000 Kisten	291 000 Kisten
Holland	1 725 000 Kisten	6 030 000 Kisten	7 767 000 Kisten
Dänemark	145 000 Kisten	1 190 000 Kisten	922 000 Kisten
England	1 025 000 Kisten	665 000 Kisten	838 000 Kisten
Vereinigte Staaten	366 000 Kisten	2 985 000 Kisten	1 399 000 Kisten
Andere Länder	1 185 000 Kisten	2 106 000 Kisten	2 086 000 Kisten
Gesamtexport	6 474 000 Kisten	14 841 000 Kisten	13 303 000 Kisten

Quelle: PBW, S. 3: März 1942, Querschnitt durch 50 Jahre Export.

Statistiken über den Geschäftsgang der Berneralpen Milchgesellschaft und der Ursina AG

	Milcheingang in Konolfingen in Millionen Liter	Milchpreis in Konolfingen in Rappen pro Liter	Gewinn der BAMG in 1000 sFr.	Dividende der BAMG	Gewinn der Ursina in 1000 sFr.	Dividende der Ursina	Aktienkapital in Millionen
1892	0.2	13		0%			0.4
1893	1.8	12		0%			0.5
1894	1.9	13		0%			0.6
1895	2.0	14		0%			0.7
1896	2.2	12		0%			1.1
1897	2.5	13		0%			1.1
1898	2.8	14		0%			1.1
1899	2.6	14		0%			1.1
1900	3.8	13		4%			0.5
1901	3.5	14		4%			0.75
1902	4.0	14		4%			0.75
1903	4.5	15		4%			0.75
1904	5.1	14		4%			1
1905	5.1	14		5%	53		1.25
1906	5.4	15		5%	102		1.25
1907	5.6	17		5%	74		1.25
1908	5.4	16		6%	74		1.25
1909	5.8	17		6%	92		1.25
1910	7.0	18		6%	123		1.6
1911	7.1	19		6%	147		1.6
1912	9.2	21		6%	146		2
1913	9.6	19		6%	156		2
1914	11.3	18		7%	157		2
1915	11.3	20		8%	220		2.5
1916	11.8	23		8%	313		2.5
1917	10.2	29		8%	422		2.5
1918	10.3	35		8%	605		2.5

	Milcheingang in Konolfingen in Millionen Liter	Milchpreis in Konolfingen in Rappen pro Liter	Gewinn der BAMG in 1000 sFr.	Dividende der BAMG	Gewinn der Ursina in 1000 sFr.	Dividende der Ursina	Aktienkapital in Millionen
1919	8.7	39		10%	476		2.5
1920	11.2	41		9%	419		2.5
1921	9.3	40		5%	311		2.5
1922	8.4	27		6%	364		4
1923	10.8	30		7%	417		4
1924	11.8	31		8%	490		4
1925	12.4	31		8%	532		4
1926	14.5	27	187	8%	729	12%	4
1927	16.7	26	237	8%	988	15%	4
1928	22.3	29	196	8%	980	15%	4
1929	19.2	28	185	8%	982	15%	4
1930	18.5	26	178	8%	993	15%	4
1931	17.3	25	38	0%	867	12%	4
1932	14.4	23	–626	0%	574	8%	4
1933	10.8	20	–120	0%	543	6%	4
1934	10.3	20	–138	0%	604	6%	4
1935	9.9	20	–102	0%	550	6%	4
1936	10.9	21	–23	0%	508	6%	4
1937	13.0	23	23	0%	630	7%	4
1938	14.5	22	33	0%	624	7%	5
1939	13.3	22	97	0%	657	7%	5
1940	13.8	26	208	0%	719	8%	6
1941	12.2	28	233	0%	740	8%	6
1942			–39	0%	747	8%	6
1943			20	0%	747	8%	6
1944	20.3		133	4%	759	8%	6
1945	18.8		129	4%	750	8%	6
1946	18.8		168	5%	745	8%	6
1947	17.0		106	3%	737	8%	6
1948	14.5		–145	0%	744	8%	6
1949	16.2		–228	0%	753	8%	6
1950	18.6	37	179	0%	782	8%	6
1951	21.1	38	119	3%	925	10%	6
1952	20.9	39	161	4%	1228	10%	8
1953	25.3	39	194	4%	1687	12%	8
1954	19.6	38	230	5%	1870	12%	8
1955	27.6	39	281	6%	2024	12%	10
1956	34.2	41	380	8%	2718	16%	10
1957	36.9	43	359	8%	2760	14%	10
1958	29.6	43	316	7%	2870	14%	10
1959	34.0	43	373	7%	2904	14%	10
1960	38.0	43	429	8%	3450	17%	10
1961	42.3	45	478	9%	3988	18%	10
1962	43.0	47	468	9%	4658	20%	10
1963	43.9	47	445	9%	4792	20%	14

	Milcheingang in Konolfingen in Millionen Liter	Milchpreis in Konolfingen in Rappen pro Liter	Gewinn der BAMG in 1000 sFr.	Dividende der BAMG	Gewinn der Ursina in 1000 sFr.	Dividende der Ursina	Aktienkapital in Millionen
1964	45.4	50	463	8%	5123	22%	14
1965	65.6	53	464	8%	5236	22%	14
1966	65.3	53	488	8%	5597	26%	14
1967	81.0	56	572	8%	5721	26%	14
1968	79.1	56	578	8%	6008	26%	14
1969	69.9	56	570	8%	6452	24%	16
1970	73.0	58	472	7%	10765	22%	50
1971							

Quellen:
Milcheingang in Konolfingen: PBW Weidmann, Querschnitt durch 50 Jahre Export: 50–51; AHN Ursina-Chronik 15, Weidmann-Manuskript 2: 63; AHN Ursina-Chronik 3-1.5, Konsolidierte Bilanzen 1961–1970.
Milchpreis in Konolfingen: Ursina, 50 Jahre BAMG: 81; AHN Ursina-Chronik 15, Weidmann – Manuskript 2: 63; AHN Ursina-Chronik 3-1.5, Konsolidierte Bilanzen 1961–1970.
Ausgewiesener Gewinn und Dividenden der Berneralpen Milchgesellschaft: AHN Ursina-Chronik 6-1.12, Jahresberichte der BAMG 1926–1971.
Ausgewiesener Gewinn und Dividenden der Ursina AG: Ursina, 50 Jahre BAMG: 80; AHN 1-1.1, Geschäftsberichte der BAMG/Ursina AG 1905–1971.
Aktienkapital der Berneralpen Milchgesellschaft (ab 1926 Ursina AG): AHN 1-1.1, Geschäftsberichte der BAMG/Ursina AG 1905–1971.

Anmerkungen

1 Cameron, Weltwirtschaft 2: 48.

2 Dabei wird der Reichtum als Lebensstandard, also pro Kopf gemessen (Cameron, Weltwirtschaft 2: 47).

3 1967 wurde Wander von Sandoz übernommen, 1970 fusionierten Tobler und Suchard zum neuen Unternehmen Interfood, welches zu Beginn der 1990er-Jahre von Philip Morris aufgekauft wurde, und 1971 wurde Ursina-Franck von Nestlé übernommen (Edlin, Philipp Suchard: 77 und 82. Thut, Zwei-Mann-Labor: 92).

4 Der Espace Mittelland ist seit 1994 ein überregionaler Wirtschaftsraum, welcher die Kantone Bern, Freiburg, Neuenburg und Solothurn umfasst (Egli/Messerli, Staat Bern: 16).

5 Die Diskussion um die Strukturschwäche des Kantons Bern begann 1965 mit einem Vorstoss im Grossen Rat, der Frage nach den strukturellen Schwächen des Steuersubstrats des Kantons Bern nachzugehen. Damit wurde die unterdurchschnittliche wirtschaftliche Dynamik der Volkswirtschaft des Kantons Bern im Vergleich mit anderen Kantonen verstanden (Risch/Stocker, Wirtschaftsstruktur des Kantons Bern: 1 f.). Diese Strukturschwäche trat also gleichzeitig mit dem Verschwinden der Berner Milch- und Schokoladeindustrie auf, weshalb die Geschichte der Berneralpen Milchgesellschaft Erklärungsansätze für diese Strukturschwäche liefern könnte.

6 Vergleiche Abbildung 2.

7 AHN Ursina-Chronik 11-67/4, S. 7: 1967, Studie über den Stand und die Entwicklung der AAA.

8 In der Agrargesellschaft lebten über drei Viertel der Bevölkerung ganz oder teilweise von der Landwirtschaft. Diese beruhte auf dem System der Dreizelgenwirtschaft, welche gemeindlich-genossenschaftlich organisiert war (Holenstein, Bauern-Frühe Zeit: 77–79).

9 Typische Merkmale der Industriegesellschaft waren u.a. die Kohle als Hauptenergieträger, welche energieintensive Industriezweige und neue Verkehrsmittel wie die Eisenbahn ermöglichte, eine verdichtete Siedlungsweise in den Industriezentren, in denen erste Umweltprobleme u.a. durch Kohlestaub auftauchten und bei den vermögenden Gesellschaftsschichten das Bedürfnis nach Erholung an der gesunden Luft in den Schweizer Alpen hervorrief (Tourismus). Die Industriegesellschaft war hierarchisch geschichtet und die Haushaltseinkommen wurden vor allem in den Bereichen Nahrung, Kleidung und

Wohnung ausgegeben. Dabei wurden die Einkäufe vorwiegend in dezentral organisierten Quartierläden getätigt (Pfister, 1950er-Syndrom: 26 und 62–65. Schärli, Höhepunkt des schweizerischen Tourismus: 56 f.).

10 Cameron, Weltwirtschaft 2: 192 f.

11 Matis/Stiefel, Weltwirtschaft: 107 f.

12 Bergier, Schlussbericht: 49.

13 Cameron, Weltwirtschaft 2: 240. Matis/Stiefel, Weltwirtschaft: 39.

14 Der Lebensstil der Konsumgesellschaft stammt aus den Vereinigten Staaten und ist stark mit dem Erdöl als Schlüsselenergieträger verbunden, welcher das Automobil oder das Flugzeug als Hauptverkehrsträger dieser Gesellschaft hervorbrachte. Die Produktion erfolgt in der Konsumgesellschaft am Fliessband und auch der Einkauf wird in Supermärkten fliessbandartig erledigt (Pfister, 1950er-Syndrom: 26 und 67).

15 Ursina, 50 Jahre BAMG: 86.

16 PBW Weidmann, Edwin: Querschnitt durch 50 Jahre Export der Berneralpen Milchgesellschaft Stalden, Emmenthal. Bern 1942.

17 AHN Ursina-Chronik 15: Weidmann, Edwin: Die Ursina A.G. und ihre Tochtergesellschaften. Band 1. Manuskript. Bern 1945. AHN Ursina-Chronik 15: Weidmann, Edwin: Die Ursina AG und ihre Tochtergesellschaften. Band 2. Manuskript. Bern 1960.

18 Edwin Weidmann sass zwischen 1946 und 1964 im Verwaltungsrat der Ursina AG und wird 1943 als Direktor der BAMG erwähnt (AHN 1-1.1., [Var.]: 1945–1965, Geschäftsberichte der Ursina. Ursina, 50 Jahre BAMG: 86).

19 AHN VRA-Protokoll der Ursina AG, 3.10.1941.

20 Ursina AG: 75 Jahre Ursina. Bern 1967.

21 MAB Nestlé SA: Jubiläumsschrift 1892–1992. 100 Jahre Nestlé Fabrik Berneralpen Milchgesellschaft Konolfingen. Konolfingen 1992.

22 SWA H+I Ba 232 Ursina-Franck, S. 3: 6.4.1971, Orientierung von Schwarzenbach an die Aktionäre.

23 Besonders in der Deutschen Werbegeschichte und in Büchern zum Wirtschaftswunder in den 1950er-Jahren wird die «Bärenmarke» oft erwähnt (zum Beispiel in Wildt, Konsumgesellschaft: 97–101).

24 Bohnenblust, Standort einer Milchkonservenfabrik: 30–32.

25 Die Ursina wird von Heer im Hinblick auf die Fusion mit Nestlé beschrieben (Heer, Nestlé: 336–354).

26 In Schmocker wird die Berneralpen Milchgesellschaft im Zusammenhang mit der Entstehung der Gemeinde Konolfingen betrachtet (Schmocker, Konolfingen: 87–91).

27 Zürcher, Berneralpen Milchgesellschaft: 296 f.

28 MAB [o.S.], S. 5–9: 10.12.2002, Hofer – Geschichtsreferat an der Universität Bern.

29 Vergleiche hierzu die Bücher von Maillard über Guigoz und Jordan über Villars.

30 Nussbaum beschäftigte sich in ihrer Lizentiatsarbeit mit der Entwicklung von Suchard zu einem multinationalen Unternehmen zwischen 1880 und 1930, während bei Chuat die Entwicklung des Neuenburger Schokoladeunternehmens zwischen 1960 und 1980 im Zentrum stand.

31 Leimgruber et al., Chocolat Tobler.

32 Fischer, Kondensmilch: 279–303.

33 Die Unternehmensgeschichte von Nestlé wird u. a. in den Büchern von Pfiffner über Henri Nestlé und Schwarz zum Thema «Macht durch Nahrung», sowie den Artikel von Lüpold über die Dezentralisierung von Nestlé zwischen 1920 und 1950 dargestellt.

34 Die Arbeiten von Edlin über Suchard (Heft Nr. 56) und von Thut über Wander (Heft Nr. 79).

35 Vergleiche dazu die Lizentiatsarbeit von Rossfeld (Milka, Milch und Matterhorn) sowie den Artikel von Berger, Ein Schweizer Trunk gegen die Leiden der Zeit: 40–55.

36 Risch/Stocker, Wirtschaftsstruktur des Kantons Bern: 14.

37 Berghoff, Hohner: 616.

38 Pierenkemper, Unternehmensgeschichte: 281 ff.

39 Berghoff, Unternehmensgeschichte: 7 f.

40 Ebenda: 61.

41 Ebenda: 42–46.

42 Ebenda: 47 f.

43 Ebenda: 103 f.

44 Bathelt/Glückler, Wirtschaftsgeographie: 158–161.

45 Pierenkemper, Unternehmensgeschichte: 262 f.

46 Bathelt/Glückler, Wirtschaftsgeographie: 160 f.

47 Ebenda: 161, 187 und 207.

48 Ebenda: 148 f. und 212 f.

[49] Ebenda: 275 f.
[50] Mankiw, Grundzüge der Volkswirtschaftslehre: 330. Berghoff, Unternehmensgeschichte: 31.
[51] Berghoff, Unternehmensgeschichte: 54 f.
[52] Freeman/Louçã, As time goes by: 3 f. und 10.
[53] Berghoff, Unternehmensgeschichte: 92.
[54] Bathelt/Glückler, Wirtschaftsgeographie: 195.
[55] Ebenda: 239–244.
[56] Ebenda: 199 f.
[57] Freeman/Louçã, As time goes by: 3 f.
[58] Schätzl, Wirtschaftsgeographie: 209 und 217.
[59] Berghoff, Unternehmensgeschichte: 271.
[60] Went, Globalisierung: 85 f. Schätzl, Wirtschaftsgeographie: 218–221.
[61] Berghoff, Unternehmensgeschichte: 37.
[62] Went, Globalisierung: 88.
[63] Die Aufteilung in Phasen ist dabei in den Theoriebüchern nicht einheitlich. Bathelt/Glückler unterscheiden zwischen drei Phasen, Schätzel unterteilt in vier Phasen. Das Resultat ist jedoch in beiden Büchern dasselbe.
[64] Bathelt/Glückler, Wirtschaftsgeographie: 230–232. Schätzl, Wirtschaftsgeographie: 210.
[65] Bathelt/Glückler, Wirtschaftgeographie: 236.
[66] Mensch, Technologisches Patt: 85 und 120.
[67] Cameron, Weltwirtschaft 1: 243.
[68] Tilly, Globalisierung: 18–20. Cameron, Weltwirtschaft 1: 191 und 309.
[69] Cameron, Weltwirtschaft 2: 85.
[70] Pohl, Aufbruch der Weltwirtschaft: 45 f.
[71] Cameron, Weltwirtschaft 2: 86 f.
[72] Pohl, Aufbruch der Weltwirtschaft: 45 f. Cameron, Weltwirtschaft 2: 87–91.
[73] Cameron, Weltwirtschaft 2: 101.
[74] Ebenda: 84.
[75] Tilly definiert Globalisierung als zunehmende Integration von Güter-, Kapital- und Arbeitsmärkten und eine Intensivierung internationaler Wirtschaftsbeziehungen (Tilly, Globalisierung: 9 ff.).
[76] Tilly, Globalisierung: 18–20. und 34.
[77] Pohl, Aufbruch der Weltwirtschaft: 22. Cameron, Weltwirtschaft 2: 84.
[78] So entstand im Zusammenhang mit der industriellen Urbanisierung die Nahrungsmittelindustrie, welche die Städte mit der nötigen Nahrung versorgten (König, Konsumgesellschaft: 138 f.).
[79] König, Konsumgesellschaft: 138 f. Cameron, Weltwirtschaft 1: 321 f.
[80] Cameron, Weltwirtschaft 2: 93 f. Tilly, Globalisierung: 28 f.
[81] Tilly, Globalisierung: 31.
[82] Cameron, Weltwirtschaft 2: 96 f.
[83] Ebenda: 192–194.
[84] Frey, Janusgesicht: 64 f.
[85] Pfister, Strom der Modernisierung: 173 f.
[86] Bernegger, Schweiz und die Weltwirtschaft: 438. Pfister, Strom der Modernisierung: 175.
[87] Bergier, Wirtschaftsgeschichte der Schweiz: 101.
[88] Pfister, Käsereien: 128. Pfister, Strom der Modernisierung: 178 f., 187 und 193.
[89] Pfister, Strom der Modernisierung: 182 f. und 226 f.
[90] Kästli, Wesen und Eigenschaften der Milch: 27 und 111–119.
[91] Kästli, Milchfehler: 8 und 53–55.
[92] Den Milchertrag von ca. 30 Kühen (Pfister, Käsereien: 128).
[93] Ebenda:128.
[94] Käseproduktion ist im Emmental seit dem 12. Jahrhundert nachgewiesen (Brodbeck, Agrarpolitisches Experiment: 21).
[95] Pfister, Käsereien: 128.
[96] Frey, Janusgesicht: 178.
[97] Pfister, Käsereien: 128.
[98] Cameron, Weltwirtschaft 2: 46 f.
[99] Bernegger, Schweiz und die Weltwirtschaft: 441. Cameron, Weltwirtschaft 2: 46 f.
[100] Pfister, Strom der Modernisierung: 258 f.
[101] Bernegger, Schweiz und die Weltwirtschaft: 441–443. Cameron, Weltwirtschaft 2: 48.
[102] Popp, Agrarrevolution: 13 f. Pfister, Strom der Modernisierung: 217.

[103] Pfister, Strom der Modernisierung: 213. Brodbeck, Agrarpolitisches Experiment: 21 f.
[104] Frey, Janusgesicht: 157 f.
[105] Brodbeck, Agrarpolitisches Experiment: 27.
[106] Fritzsche et al., Historischer Strukturatlas: 117 f. Pfister, Käsereien: 128 f.
[107] Ursina, 50 Jahre BAMG: 7.
[108] Pfiffner, Henri Nestlé: 23.
[109] Jütte, Geschichte der alternativen Medizin: 27 f. Pfiffner, Henri Nestlé: 91.
[110] Mesmer, Verwissenschaftlichung des Alltags: 241–243.
[111] Jütte, Geschichte der alternativen Medizin: 144 und 149 f.
[112] Die Säuglingssterblichkeit bei künstlicher Ernährung war damals 7 mal höher als bei Ernährung mit Muttermilch (Pfiffner, Henri Nestlé: 91).
[113] Ebenda: 87.
[114] Pfiffner, Henri Nestlé: 29 und 35 f. Heer, Nestlé: 33 ff.
[115] Schwarz, Macht durch Nahrung: 20–23.
[116] Heer, Nestlé: 54–57.
[117] Heer, Nestlé: 61. Schwarz, Macht durch Nahrung: 20–23.
[118] Bergier, Wirtschaftsgeschichte der Schweiz: 254.
[119] Fischer, Kondensmilch: 284.
[120] Heer, Nestlé: 62–64.
[121] Rossfeld, Innovation der Milchschokolade: 123 f.
[122] Heer, Nestlé: 149.
[123] Rossfeld, Innovation der Milchschokolade: 122–126.
[124] Ebenda: 129–132.
[125] Bergier, Wirtschaftsgeschichte der Schweiz: 255.
[126] Chiapparino, Land der Schokolade: 49.
[127] Cameron, Weltwirtschaft 2: 48 f.
[128] Bernegger, Schweiz und Weltwirtschaft: 442 f.
[129] Widmer, Schweiz in der Wachstumskrise: 757.
[130] Bernegger, Schweiz und Weltwirtschaft: 442 f.
[131] Frey, Janusgesicht: 158.
[132] Pfister, Strom der Modernisierung: 217 f. und 228.
[133] Jean von Wattenwyl gehörte damals zu den einflussreichsten Personen im Kanton Bern. Als liberaler Politiker gehörte er dem Burgerrat, dem Gemeinderat, dem Grossen Rat und während kurzer Dauer sogar dem Nationalrat an und pflegte eine enge Freundschaft mit Bundesrat Numa Droz (Von Mandach, Oberstdivisionär Jean Von Wattenwyl: 95–98).
[134] BBB GA Oek.Ges.14/15, Einzelblatt: 24.5.1892, Wahlergebnis in der Delegiertenversammlung der ökonomischen und gemeinnützigen Gesellschaft.
[135] Von Wattenwyl, Aufruf zur Bildung von Viehzucht-Genossenschaften: 4 ff.
[136] Von Mandach, Oberstdivisionär Jean Von Wattenwyl: 95 f.
[137] Chastonay, Cäsar Ritz: 9–19.
[138] Bergier, Wirtschaftsgeschichte der Schweiz: 320.
[139] Chastonay, Cäsar Ritz: 19–21.
[140] Chastonay, Cäsar Ritz: 27–29 und 58. Ritz, Cäsar Ritz: 84.
[141] Ritz, Cäsar Ritz: 8–10 und 106.
[142] AHN Forschung [o.S.], Beilage 35 S. 11 f.: 14.12.1998, Löliger, Willy - Forschung und Entwicklung der Ursina AG 1892–1971.
[143] Gegen Ende der 1880er-Jahre war in Deutschland nahezu ein Viertel aller in Stallfütterung stehender Kühe an Tuberkulose und der Maul und Klauenseuche erkrankt. Über den Milchkonsum wurden diese Krankheiten auf den Menschen übertragen und hatten Krankheiten wie Typhus, Tuberkulose und Diphterie zur Folge. Das kaiserliche Gesundheitsamt in Berlin unternahm daraufhin Anstrengungen, eine bakterienfreie Milch zu entwickeln. Aufbauend auf den Erkenntnissen von Pasteur und anderen Forschern entwickelten die deutschen Forscher Neuhauss, Gronwald und Oehlmann einen Apparat, mit welchem sich die Milch steril abfüllen liess. Diese beauftragten «The Improved Patent Sterilizer Syndicat» mit der wirtschaftlichen Verwertung dieser Erfindung (Ursina, 50 Jahre BAMG: 7).
[144] Ebenda: 7.
[145] SWA H+I Ba 232, S. 3: [o.J.], Der Alpenbote.
[146] Ursina, 50 Jahre BAMG: 8.
[147] PBW, S. 3: März 1942, Weidmann – Querschnitt durch 50 Jahre Export.

[148] Seit der Renaissance hatte die Familie Pfyffer über Jahrhunderte zehn Kommandanten der päpstlichen Garde gestellt. Alphons und Hans Pfyffer waren zudem direkte Nachfahren von Ludwig Pfyffer, welcher den Katholizismus in kriegerischen Auseinandersetzungen verteidigt hatte (Ammann, Ritz-Pfyffer-Ruchti: 6).
[149] In einem Brief schrieb Pictet an Ritz: «Je suis bien content de pouvoir vous donner des bonnes nouvelles de vos affaires de lait stérilisé qui, je crois, vont être pour la Suisse l'origine d'une importante amélioration quant à l'industrie laitière de notre pays» (Ursina, 50 Jahre BAMG: 10).
[150] Ursina, 50 Jahre BAMG: 10 f. Von Wattenwyl, Aufruf zur Bildung von Viehzucht-Genossenschaften: 6.
[151] AHN Ursina-Chronik 5-1.10, S. 1–4: 22.3.1932, Präsidialadresse an die Generalversammlung.
[152] Ursina, 50 Jahre BAMG: 12-14.
[153] AHN Ursina-Chronik 5-1.10, S. 1–6: 22.3.1932, Präsidialadresse an die Generalversammlung. Ursina, 50 Jahre BAMG: 12–16.
[154] Ursina, 50 Jahre BAMG: 95.
[155] Frey, Janusgesicht: 387–389.
[156] Ursina, 50 Jahre BAMG: 95 und 97.
[157] Pfister, Strom der Modernisierung: 265 f.
[158] Hofer, Zusammenschluss: 35–38.
[159] Ursina, 50 Jahre BAMG: 17–19.
[160] AHN Ursina-Chronik 5-1.10, S. 7: 22.3.1932, Präsidialadresse an die Generalversammlung.
[161] Ursina, 50 Jahre BAMG: 20 und 96.
[162] FNK [o.S.], Einzelblatt: [o.J.], Milchen der Berneralpen Milchgesellschaft im Jahre 1913.
[163] MAB [o.S.], Einzelblatt: 1893, Arbeiterordnung der Berneralpen Milchgesellschaft.
[164] PBR, S. 3, 8, 9, 25 und 37: 28.2.1905–31.3.1908, Lohnstatistik.
[165] MAB [o.S.], S. 3: 1896, Register und Empfangsbescheinigungen über Arbeitslöhne.
[166] PBR, S. 1–5: 28.2.1905, Lohnstatistik.
[167] Ursina, 50 Jahre BAMG: 19.
[168] MAB [o.S.], S. 1–100: 1896–1899, Register und Empfangsbescheinigungen über Arbeitslöhne.
[169] MAB [o.S.], S. 8: 10.12.2002, Hofer – Geschichtsreferat an der Universität Bern.
[170] Aufgrund der Eigenschaften, die man damals den beiden Geschlechtern zuschrieb, wurden Frauen vor allem für schlecht bezahlte Handlangerarbeiten eingesetzt, während man den Männern anspruchsvollere Arbeiten zumutete, die besser bezahlt waren (Leimgruber, Arbeit in der Chocolat Tobler: 110).
[171] MAB [o.S.], S. 8 f.: 10.12.2002, Hofer – Geschichtsreferat an der Universität Bern.
[172] Brodbeck, Agrarpolitisches Experiment: 144.
[173] Die Begründung für die Verwendung des Gewinns für die Pensionskasse lautete: «Mittelst der notwendigen finanziellen Kräftigung der Pensionskasse wird das Solidaritätsgefühl zwischen den leitenden und ausführenden Organen unserer Unternehmung weiter belebt und gekräftigt werden» (AHN Ursina-Chronik 1-1.1, S. 4: 15.3.1919, Verwaltungsratsbericht 1918).
[174] Ursina, 50 Jahre BAMG: 91–93.
[175] Matis versuchte Unternehmenskulturen zu unterscheiden und unterteilte diese in sechs verschiedene Gruppen. Nach dieser Aufteilung ist die «patriarchalische Stabilitätskultur» durch streng hierarchische Strukturen und grosszügige Sozialfürsorge gekennzeichnet (Berghoff, Unternehmensgeschichte: 149–151).
[176] Ebenda: 149–151.
[177] Ursina, 50 Jahre BAMG: 96 f. Vergleiche Abbildung 10.
[178] Ritz, Cäsar Ritz: 103.
[179] AHN Ursina-Chronik 5-1.10, S. 1–4: 22.3.1932 Präsidialadresse an die Generalversammlung. Ursina, 50 Jahre BAMG: 22.
[180] Aufgrund der enthaltenen Angaben über die Besetzung des Verwaltungsrats muss «Der Alpenbote» kurz nach der Jahrhundertwende veröffentlicht worden sein.
[181] SWA H+I Ba 232, S. 3: [o.J.], Der Alpenbote.
[182] Schärli, Höhepunkt des schweizerischen Tourismus: 56 f. Rossfeld, Milka und Matterhorn: 320 f.
[183] Jütte, Geschichte der alternativen Medizin: 115, 135 und 144.
[184] Vergleiche Abbildung 11.
[185] Rossfeld, Milka und Matterhorn: 320 f. und 327–329.
[186] Die Bezeichnung «Emmentaler Alpenmilch Gesellschaft» wäre ungeschickt gewesen, da das Emmental nicht in der Alpenregion liegt.
[187] AHN Ursina-Chronik 5-1.10, S. 1–4: 22.3.1932, Präsidialadresse an die Generalversammlung.
[188] Vergleiche Abbildung 12.

[189] Der Bär entsprang dem Wappen des Kantons Bern (Ursina, 75 Jahre Ursina: 3).
[190] Ursina, 50 Jahre BAMG: 21–23.
[191] AHN Ursina-Chronik 5-1.10, S. 7: 22.3.1932, Präsidialadresse an die Generalversammlung.
[192] Ursina, 50 Jahre BAMG: 25–29.
[193] Ebenda: 23.
[194] MAB Nestlé, Jubiläumsschrift: 3.
[195] Ursina, 50 Jahre BAMG: 23 f.
[196] AHN Protokolle der ordentlichen und ausserordentlichen Generalversammlungen der Aktionäre der Berneralpen Milchgesellschaft 1892–1899, Einzelblatt: 16. Januar 1895 Generalversammlung der Aktionäre.
[197] Ursina, 50 Jahre BAMG: 25.
[198] Berneralpen Milchgesellschaft, Sterilisierte Alpenmilch:13.
[199] Ursina, 50 Jahre BAMG: 31 und 39 f.
[200] SWA H+I Ba 232, Einzelblatt: [o.J.], Werbung (1900–1930). MAB Werbetafeln.
[201] Ursina, 50 Jahre BAMG: 40 f.
[202] SWA H+I Ba 232, Einzelblatt: 16.8.1898, Abdruck aus dem «Berner Tagblatt».
[203] Berneralpen Milchgesellschaft, Sterilisierte Alpenmilch: 14.
[204] SWA H+I Ba 232, S. 13: [o.J.], Der Alpenbote.
[205] Vergleiche Statistik im Anhang.
[206] Die Familie Marcuard spielte eine wichtige Rolle als Financiers im Kanton Bern. Georges Marcuard war u.a. Präsident des Gurnigelbades, Gründer der Berner Versicherungen und Verwaltungsrat der Jura-Bern-Luzern-Bahnen (Marcuard: Période bernoise: 15). Roger Marcuard, der älteste Sohn von Georges, gehörte ausserdem längere Zeit den Verwaltungsräten der Berneralpen Milchgesellschaft und der Firma Wander AG an (Wander AG, Hundert Jahre: 120).
[207] Ursina, 50 Jahre BAMG: 32 und 37 f.
[208] Ebenda: 31.
[209] Mauler, Suchard: 17. Nussbaum, Suchard: 102.
[210] Rossfeld, Innovation der Milchschokolade: 125.
[211] Ursina, 50 Jahre BAMG: 31 f.
[212] « Art. 1: Nous ne fournirons notre lec [lait] sec à aucune autre maison de chocolat. Art. 2 : Par contre vous vous engagez à ne vous couvrir de vos besoins en ce produit que chez nous» (AVN Suchard 1861, S. 2: 24.5.1901, Création Milka – Vertrag).
[213] AVN Suchard 1861, S. 2 f.: 24.5.1901, Création Milka – Vertrag.
[214] Rossfeld, Milka und Matterhorn: 274.
[215] Ursina, 50 Jahre BAMG: 41 f.
[216] Nestlé, Jubiläumsschrift: 5.
[217] Ursina, 50 Jahre BAMG: 41. AVN Suchard 1861, S. 6: 20.7.1904, Création Milka – Brief von Suchard an die BAMG.
[218] Auch hier wurde die Bezeichnung «Alpenmilch» bewusst im Firmennamen integriert, obwohl Biessenhofen nicht in den Alpen liegt.
[219] Ursina, 50 Jahre BAMG: 69.
[220] Ob dieser Umstand bei der Standortwahl eine Rolle spielte, bleibt offen (AVN Suchard 1861, S. 7: 6.3.1906, Création Milka – Brief).
[221] AVN Suchard 1861, Einzelblatt: 18.10.1912, Création Milka – Brief der BAMG an Suchard.
[222] «Art. 1: Nous continuerons comme par le passé à vous fournir le lait sec préparé à Stalden à l'aide des appareils Hatmaker qui sont votre propriété. Nous ne fournirons ce lait sec à aucune autre fabrique de chocolat» (AVN Suchard 1861, S.1: 28.11.1912, Création Milka – Brief der BAMG an Suchard).
[223] «Art. 5: L'arrangement actuel a été conclu pour la durée d'une année à partir du 31 Octobre 1912, en remplacement des arrangements précédents. Il continuera à l'avenir ses effets toujours pour la durée d'une année , allant du 1 Novembre au 31 Octobre, à moins qu'une des deux parties ne l'ait dénoncé six mois à l'avance, soit avant le 1 Mai chaque année» (AVN Suchard 1861, S. 1 f.: 28.11.1912, Création Milka – Brief der BAMG an Suchard).
[224] Ursina, 50 Jahre BAMG: 43.
[225] PBW, S. 9 ff.: März 1942, Weidmann – Querschnitt durch 50 Jahre Export.
[226] Ursina, 50 Jahre BAMG: 44 ff.
[227] FNK [o.S.], Einzelblatt: [o.J.], Werbung.
[228] 1914 gingen 44% des Exports aus Stalden in asiatische Länder und 20% nach Afrika. Die wichtigsten Exportgebiete neben Südostasien stellten Frankreich (34 000 Kisten), Westafrika (24 000 Kisten) und

England (19 000 Kisten) dar. Der Export nach Amerika und Ozeanien war unbedeutend (PBW, S. 22 f.: März 1942, Weidmann – Querschnitt durch 50 Jahre Export).

229 Ebenda: 22 f.

230 Ursina, 50 Jahre BAMG: 46.

231 Chiapparino, Land der Schokolade: 46.

232 Heer, Nestlé: 32 und 62.

233 Berger, Schweizer Trunk: 41. Chiapparino, Land der Schokolade: 46.

234 Chiapparino, Land der Schokolade: 46.

235 Heer, Nestlé: 54 und 67. Wander AG, Hundert Jahre: 20.

236 Wander AG: Entwicklung und Struktur: 1. Pfiffner, Henri Nestlé: 28.

237 Schneider, Mehr als Toblerone: 69.

238 Pierenkemper, Unternehmensgeschichte: 113.

239 AHN Nestlé SA, Historischer Rückblick: 3.

240 Nussbaum, Suchard: 117.

241 Heer, Nestlé: 59, 64 und 75.

242 In beiden Fällen sollte sich der Einsatz für die Kapitalgeber nicht auszahlen: 1899 musste das Aktienkapital der Berneralpen Milchgesellschaft zur Hälfte abschreiben werden und 1912 ereilte die Aktionäre von Chocolat Tobler das gleiche Schicksal (Schneider, Mehr als Toblerone: 71).

243 Ebenda: 69–71.

244 Heer, Nestlé: 76.

245 Rossfeld, Milka und Matterhorn: 320 f.

246 Die Kondensmilchindustrie hatte bereits um 1870 einen unbestrittenen Weltruf erlangt, während die Schokoladeindustrie sich erst in den 1890er-Jahren voll entfaltete (Steiner, Kondensmilchfabrik in Cham: 81. Chiapparino, Land der Schokolade: 49 f.). Auch die statistischen Daten von 1913 zeigen die Vormachtstellung der Schweiz auf dem weltweiten Kondensmilch-Markt (PBW, S. 3: März 1942, Weidmann – Querschnitt durch 50 Jahre Export). Vergleiche die Statistik zur Entwicklung des weltweiten Kondensmilchexports im Anhang.

247 Pfister, Strom der Modernisierung: 276. Thut, Zwei-Mann-Labor: 90.

248 Chiapparino, Land der Schokolade: 50. Bergier, Wirtschaftsgeschichte der Schweiz: 255.

249 Edlin, Philipp Suchard: 78.

250 Heer, Nestlé: 149.

251 Nussbaum, Suchard: 106.

252 Heer, Nestlé: 118 und 151 ff.

253 Nussbaum, Suchard: 102 und 106.

254 Ebenda: 106.

255 Während Nestlé seit der Fusion mit Anglo-Swiss einen Anteil von etwa 75% am Schweizer Export von Dauermilchprodukten hatte, lag der Anteil der Berneralpen Milchgesellschaft ungefähr bei 10% (PBW, S. 13: März 1942, Weidmann – Querschnitt durch 50 Jahre Export).

256 PBW, S. 5 f. und 21 f.: März 1942, Weidmann – Querschnitt durch 50 Jahre Export.

257 England war vor 1914 der bester Kunde der Nestlé&Anglo-Swiss Company. Fast die Hälfte der 1914 exportierten Milch ging nach diesem Lande (PBW, S. 4: März 1942, Weidmann – Querschnitt durch 50 Jahre Export). Der Name Anglo-Swiss wurde nicht zufällig so gewählt: Von Anfang an war das Ziel der Gebrüder Page, hauptsächlich Europa und insbesondere Grossbritannien mit Kondensmilch zu versorgen (Heer, Nestlé: 68).

258 PBW, S. 5 f. und 21 f.: März 1942, Weidmann – Querschnitt durch 50 Jahre Export.

259 Heer, Nestlé: 32.

260 Chiapparino, Land der Schokolade: 49. Fritzsche et al., Historischer Strukturatlas: 118 f.

261 Erst 1892 wurde in Cham die erste Käsereigenossenschaft gegründet (Steiner, Kondensmilchfabrik in Cham: 87–89).

262 Pfister, Strom der Modernisierung: 276. Steiner, Kondensmilchfabrik in Cham: 80.

263 Pfister, Strom der Modernisierung: 273–276. Maillard, Guigoz: 18.

264 Cameron, Weltwirtschaft 2: 192–196 und 200.

265 Ebenda: 207–209.

266 Matis/Stiefel, Weltwirtschaft: 107–111.

267 Bergier, Schlussbericht: 71 f.

268 Cameron, Weltwirtschaft 2: 226 f.

269 Bergier, Schlussbericht: 49 und 85–88.

270 Popp, Agrarrevolution: 41.

271 Brodbeck, Agrarpolitisches Experiment: 31 ff.

[272] Ebenda: 19 und 26.
[273] Ebenda: 34–36, 51 und 141.
[274] Ebenda: 60 und 63.
[275] PBW, S. 11–13 und 23: März 1942, Weidmann – Querschnitt durch 50 Jahre Export.
[276] Brodbeck, Agrarpolitisches Experiment: 85, 99–102 und 143.
[277] Vergleiche Statistik im Anhang.
[278] Vergleiche Statistik im Anhang.
[279] PBW, S. 11: März 1942, Weidmann – Querschnitt durch 50 Jahre Export.
[280] Dies geschah über Exporttaxen zur Verbilligung der Milch im Inland (Ursina, 50 Jahre BAMG: 50 f.).
[281] Ebenda: 50 f.
[282] Kompensationsgeschäfte waren eine Art von Naturalienhandel mit dem Ausland, welcher während dem Ersten Weltkrieg für die Schweiz eine wichtige Stütze der Landesversorgung darstellte (Brodbeck, Agrarpolitisches Experiment: 143).
[283] PBW, S. 11–13 und 23: März 1942, Weidmann – Querschnitt durch 50 Jahre Export.
[284] Vergleiche Statistik im Anhang.
[285] Vergleiche Statistik im Anhang.
[286] PBW, S. 13: März 1942, Weidmann – Querschnitt durch 50 Jahre Export.
[287] Brodbeck, Agrarpolitisches Experiment: 66.
[288] Ursina, 50 Jahre BAMG: 71 f.
[289] Die Compagnie Générale du Lait hatte ihr Quartier im Hotel Ritz am Place Vendôme in Paris aufgeschlagen (AHN Ursina-Chronik 15, S. 104: 1945, Weidmann – Manuskript 1). Diese Tatsache zeigt, dass die Verbindungen der Berneralpen Milchgesellschaft zum Hotelgeschäft der Ritz-Gruppe auch nach dem Tode von Caesar Ritz in der Person Hans Pfyffers von Altishofen als Präsident der Ritz-Gesellschaft Paris weiter intakt waren (Ammann, Ritz-Pfyffer-Ruchti: 7).
[290] AHN Ursina-Chronik 15, S. 99–105: 1945, Weidmann – Manuskript 1.
[291] Ebenda: 60 f.
[292] Eine Holdinggesellschaft hat die Partizipation an anderen Gesellschaften zum Ziel, um sie zu kontrollieren oder zu leiten (Chuat, Stratégies de développement: 228).
[293] AHN Ursina-Chronik 15, S. 4–8: 1945, Weidmann – Manuskript 1.
[294] SWA H+I 232, S. 2: 28.3.1927, Statuten der Berneralpen Milchgesellschaft.
[295] AHN Ursina-Chronik 1-1.1, S. 3 f.: 30.4.1917, Verwaltungsratsbericht.
[296] Die Milchproduktion weist saisonale Produktionsschwankungen von ca. 25% auf, da das Vieh im Sommer auf den Weiden mehr Milch liefern kann als im Winter. Deshalb wurden die Siedereien im Winterhalbjahr geschlossen. (Brodbeck, Agrarpolitisches Experiment: 18).
[297] PBW, S. 23 f.: März 1942, Weidmann – Querschnitt durch 50 Jahre Export.
[298] Brodbeck, Agrarpolitisches Experiment: 126–128 und 145.
[299] Popp, Agrarrevolution: 27.
[300] Ursina, 50 Jahre BAMG: 54 f.
[301] PBW, S. 26: März 1942, Weidmann – Querschnitt durch 50 Jahre Export.
[302] Der Einfachheit halber werden hier die Straits Settlements und britisch Malaya unter dem Begriff Malaysia zusammengefasst.
[303] PBW, S. 30 f.: März 1942, Weidmann – Querschnitt durch 50 Jahre Export.
[304] Ursina, 50 Jahre BAMG: 56.
[305] PBW, S. 28–30: März 1942, Weidmann – Querschnitt durch 50 Jahre Export.
[306] Berghoff, Unternehmensgeschichte: 88.
[307] Vergleiche Statistik im Anhang.
[308] PBW, S. 11: März 1942, Weidmann – Querschnitt durch 50 Jahre Export.
[309] 70% der Milch aus Stalden wurde 1928 nach Asien geliefert, 20% nach Afrika (wo der Belgische Kongo zum grössten Absatzmarkt aufstieg) und 10% nach Europa (Ebenda: 21 und 60).
[310] AHN Ursina-Chronik 15, S. 60–70: 1945, Weidmann – Manuskript 1.
[311] «Pour Loerrach aussi, deux facteurs principaux, deux buts à atteindre, question pour l'usine de vie ou de mort, l'augmentation des ventes et la compression des dépenses, permettant une diminution du prix de revient» (AVN Suchard 4629, S. 6: [o.J.], Année 1927 Résumé).
[312] AHN Ursina-Chronik 15, S. 70–75: 1945, Weidmann – Manuskript 1.
[313] AHN VR-Protokoll der Ursina AG, 15.11.1929.
[314] AHN Ursina-Chronik 15, S. 76–77: 1945, Weidmann – Manuskript 1.
[315] AHN VRA-Protokoll der Ursina AG, 14.11.1930.
[316] AHN VRA-Protokoll der Ursina AG, 10.12.1926.
[317] AHN VRA-Protokoll der Ursina AG, 14.11.1930.

318 AHN Ursina-Chronik 15, S. 76–81: 1945, Weidmann – Manuskript 1.
319 Ursina, 50 Jahre BAMG: 71.
320 Heer, Nestlé: 141–143.
321 AVN Suchard 4389, S. 7: 11.2.1931, Séance du conseil d'administration.
322 PBW, S. 30: März 1942, Weidmann – Querschnitt durch 50 Jahre Export.
323 AHN Ursina-Chronik 9-1/13.12, S. 1–5: 9.5.1931, Rapport des Treffens in Lausanne.
324 AHN Ursina-Chronik 9-1/13.12, S. 4: 9.5.1931, Korrespondenz Weidmann-Pfyffer.
325 « Il y a donc une bonne dose de bluff dans tout ceci, et c'est pourquoi je ne me laisse pas impressionner» (Ebenda: 7).
326 Ebenda: 5.
327 Ebenda: 6 f.
328 Ebenda: 5 f.
329 Ebenda: 6.
330 «Une simple réflexion démontre immédiatement que c'est là une marché de dupes que l'on nous propose» (Ebenda: 2).
331 AHN VRA-Protokoll der Ursina AG, 13.7.1931.
332 AHN Ursina-Chronik 9-1/13.12, S. 1–2: 13.8.1931, Gentleman's Agreement.
333 AHN VRA-Protokoll der Ursina AG, 13.7.1931.
334 PBW, S. 33: März 1942, Weidmann – Querschnitt durch 50 Jahre Export.
335 AHN Ursina-Chronik 15, S. 121: 1945, Weidmann – Manuskript 1.
336 Maillard, Guigoz: 35–37., 41 und 228.
337 Ebenda: 221 und 225.
338 AHN Ursina-Chronik 15, S. 149–151: 1945, Weidmann – Manuskript 1. Maillard, Guigoz: 295 f.
339 AHN Ursina-Chronik 15, S. 153: 1945, Weidmann – Manuskript 1.
340 Ebenda: 127–139.
341 Ursina, 50 Jahre BAMG: 74.
342 Die 1400 Stück Guigoz-Aktien wurden gegen 1400 Ursina-Aktien plus 112 sFr. in Bar pro Aktie umgetauscht, und die Empfänger der Ursina-Aktien hatten das Recht, auf je 7 der erhaltenen Aktien noch eine weitere zu 250 sFr. zu beziehen. Denjenigen Aktionären von Guigoz, die auf den Austausch verzichten wollten, wurden 650 sFr. pro Aktie offeriert (AHN Ursina-Chronik 15, S. 155–158: 1945, Weidmann – Manuskript 1).
343 Maillard, Guigoz: 229. Popp, Agrarrevolution: 27.
344 AHN VRA-Protokoll der Ursina AG, 15.1.1932.
345 Jordan, Entreprise atypique: 133 und 215-216.
346 «[...] à interdire à ses sociétés affilées de s'intéresser directement ou indirectement à toute entreprise ayant pour objet la fabrication ou la vente d'un produit similaire au «Talismalt» [...]» (AHN Ursina-Chronik 10-59/2.1, S. 3: 1.2.1932, Konvention zwischen Villars und Ursina).
347 Ebenda: 1–9.
348 Weitere Konventionen wurden 1935 und 1947 vereinbart, auf die hier nicht weiter eingegangen wird.
349 AHN Ursina-Chronik 10–59/2.3, S. 1: 4.1.1933, Amendement à la Convention.
350 Ursina, 50 Jahre BAMG: 65 f.
351 AHN Ursina-Chronik 15, S. 45: 1945, Weidmann – Manuskript 1.
352 MAB [o.S.], S.3: 1938, Preisliste Stalden Conserven und Milchprodukte 1938/39.
353 St.A.B. LS III 5, S. 711: 21.11.1950, Tagblatt des Grossen Rates.
354 FNK [o.S.], Einzelblatt: [o.J.], Früchte und Gemüse 1947/48.
355 FNK [o.S.], Einzelblatt: 1950, Wareneingang.
356 AHN Ursina-Chronik 15, S. 123: 1945, Weidmann – Manuskript 1.
357 Ursina, 75 Jahre Ursina: 34.
358 Ursina, 50 Jahre BAMG: 74.
359 PBW, S. 33: März 1942, Weidmann – Querschnitt durch 50 Jahre Export.
360 AHN Ursina-Chronik 5-1.10, S. 2: 19.3.1930, Präsidialadresse an die Generalversammlung.
361 Ebenda: 1 f.
362 PBW, S. 33–36: März 1942, Weidmann – Querschnitt durch 50 Jahre Export.
363 PBW, S. 42: März 1942, Weidmann – Querschnitt durch 50 Jahre Export. Ursina, 50 Jahre BAMG: 59–61.
364 PBW, S. 11: März 1942, Weidmann – Querschnitt durch 50 Jahre Export. Vergleiche Grafik 3.
365 AHN VRA-Protokoll der Ursina AG, 14.7.1933.
366 AHN VRA-Protokoll der Ursina AG, 17.2.1933.
367 AHN Ursina-Chronik 15, S. 10 und 44 f.: 1945, Weidmann – Manuskript 1.

368 PBW, S. 39: 1942, Weidmann – Querschnitt durch 50 Jahre Export.
369 Ebenda: 37–37.
370 AHN Ursina-Chronik 9-1/13.7, S.3: 29.4.1937, Vertrag mit Wilts United Dairies Ltd.
371 PBW, S. 35 ff. und 44: März 1942, Weidmann – Querschnitt durch 50 Jahre Export.
372 AHN Ursina-Chronik 15, S. 179–182: 1945, Weidmann – Manuskript 1.
373 AHN Ursina-Chronik 15, S. 163: 1960, Weidmann – Manuskript 2.
374 AHN Ettikettenbuch Band 1 – Nunspeet.
375 PBW, S. 34 und 54: März 1942, Weidmann – Querschnitt durch 50 Jahre Export.
376 AHN VRA-Protokoll der Ursina AG, 17.2.1933.
377 Der Umsatz in der Schweiz betrug vor 1930 mit wenigen Ausnahmen zwischen 1–2% des gesamten Milchumsatzes der Berneralpen Milchgesellschaft (PBW, S. 13 f.: März 1942, Weidmann – Querschnitt durch 50 Jahre Export).
378 PBW, S. 14: März 1942, Weidmann – Querschnitt durch 50 Jahre Export.
379 PBW, S. 11 und 40–42: März 1942, Weidmann – Querschnitt durch 50 Jahre Export. Vergleiche Grafik 3.
380 AHN VRA-Protokolle der Ursina AG, 16.2.1938.
381 AHN Ursina-Chronik 15, S. 49: 1945, Weidmann – Manuskript 1.
382 AHN VRA-Protokoll der Ursina AG, 9.1.1940.
383 AHN Ursina-Chronik 15, S. 85: 1945, Weidmann – Manuskript 1.
384 Dabei dürfte es sich um Zwangsarbeiter handeln.
385 AHN VRA-Protokoll der Ursina AG, 27.10.1943.
386 AHN Ursina-Chronik 15, S. 49: 1945, Weidmann – Manuskript 1. PBW, S. 46: März 1942, Weidmann – Querschnitt durch 50 Jahre Export.
387 AHN Ursina-Chronik 15, S. 41: 1945, Weidmann – Manuskript 1. AHN Ursina-Chronik 15, S. 49 f.: 1960, Weidmann – Manuskript 2.
388 In den Jahren 1939 und 1941 bezog die Armee über die Hälfte des Inlandumsatzes der BAMG (AHN Ursina-Chronik 15, S. 41: 1945, Weidmann – Manuskript 1).
389 AHN Ursina-Chronik 15, S. 51: 1945, Weidmann – Manuskript 1. Ursina, 50 Jahre BAMG: 79.
390 Vergleiche Grafik 3.
391 AHN Ursina-Chronik 15, S. 36: 1945, Weidmann – Manuskript 1.
392 AHN VRA-Protokoll der Ursina AG, 4.7.1945.
393 AHN 5-1.10, S. 4: 10.4.1946, Präsidialadresse an die Generalversammlung.
394 Der Preis der Bärenmarke lag 75% über demjenigen der Konkurrenz (AHN 5-1.10, S. 3 f.: 2.4.1948, Präsidialadresse an die Generalversammlung).
395 AHN VRA-Protokoll der Ursina AG, 3.10.1947 und 19.7.1949.
396 AHN Ursina-Chronik 6-1.12, S. 3 f.: 26.2.1948, Jahresbericht der BAMG 1947.
397 AHN 5-1.10, ohne Seitenzahl: 10.4.1947, Präsidialadresse an die Generalversammlung.
398 AHN VRA-Protokoll der Ursina AG, 19.7.1949.
399 AHN VRA-Protokoll der Ursina AG, 16.2.1949.
400 AHN Ursina-Chronik 5-1.10, S. 3 f.: 12.4.1950, Präsidialadresse an die Generalversammlung.
401 AHN Ursina-Chronik 10-65/1.1, S. 1–3: 19.5.1944, Wander und Nestlé als Konkurrenten.
402 AHN Ursina-Chronik 5-1.10, S. 2: 1929, Präsidialadresse an die Generalversammlung.
403 «Il en va, à mon avis, de l'avenir de l'Oursina. Qui n'avance pas, recule. […] A mon avis, la création de ce service des recherches scientifiques est absolument indisponsable à notre concerne. L'heure presse» (AHN Ursina-Chronik 10-65/1.1, S. 3: 19.5.1944, Wander und Nestlé als Konkurrenten).
404 AHN Ursina-Chronik 10-65/1.3, S. 1: 8.7.1950, Organisation des Unternehmens.
405 PBW, S. 49 f.: März 1942, Weidmann – Querschnitt durch 50 Jahre Export. Ursina, 50 Jahre BAMG: 78.
406 AHN Ursina-Chronik 5-1.10, S. 8 f.: 10.4.1951, Präsidialadresse an die Generalversammlung.
407 AHN Forschung [o.S.] Beilage 35, S. 11: Dezember 1998, Löliger, Willy – Forschung und Entwicklung der Ursina AG 1892–1971.
408 AHN Ursina-Chronik 5-1.10, S. 8: 10.4.1951, Mitteilungen an die Generalversammlung.
409 AHN Forschung [o.S.] Beilage 35, S. 11: Dezember 1998, Löliger, Willy – Forschung und Entwicklung der Ursina AG 1892–1971.
410 AHN Ursina-Chronik 5-1.10, S. 8: 10.4.1951, Mitteilungen an die Generalversammlung.
411 Ebenda: 8.
412 Ursina, 75 Jahre Ursina: 11.
413 AHN Ursina-Chronik 15, S. 42: 1945, Weidmann – Manuskript 1.
414 AHN Ursina-Chronik 15, S. 52 f.: 1960, Weidmann – Manuskript 2.

[415] AHN VRA-Protokoll der Ursina AG, 19.7.1949.
[416] AHN VRA-Protokoll der Ursina AG, 10.2.1950.
[417] AHN Ursina-Chronik 15, S. 54 f.: 1960, Weidmann – Manuskript 2.
[418] AHN Ursina-Chronik 6-1.12, S. 4: 21.2.1947, Jahresbericht der BAMG 1946.
[419] St.A.B.LS XIII 5, S. 702–704 und 713: 21.11.1950, Tagblatt des Grossen Rates.
[420] St.A.B.LS XIII 5, S. 712: 21.11.1950, Tagblatt des Grossen Rates.
[421] St.A.B.LS XIII 5, S. 709: 21.11.1950, Tagblatt des Grossen Rates.
[422] AHN Ursina-Chronik 6-1.12, S. 3: 5.3.1946, Jahresbericht der BAMG 1945.
[423] FNK [o. S.], Einzelblatt: 1946, Wareneingang.
[424] Da die Fabrik mit den Bauern Abnahmeverträge abgeschlossen hatte, war sie gezwungen, die Ernte zum festgesetzten Preis zu kaufen, obwohl die Erbsen durch die Trockenheit grobkörnig geworden waren und somit den qualitativen Anforderungen nicht entsprachen (AHN Ursina-Chronik 6-1.12, S. 4: 2.3.1950, Jahresbericht der BAMG 1949).
[425] So warteten zum Beispiel 100 Tonnen Zwetschgen während drei Jahren in Kellern auf irgendeine Verwertung. Die Vermutung, dass hier die Verantwortlichen, welche diese Zwetschgen bestellt hatten, versagt hatten, ist hier naheliegend (St.A.B.LS XIII 5, S. 709: 21.11.1950, Tagblatt des Grossen Rates).
[426] St.A.B.LS XIII 5, S. 702 f.: 21.11.1950, Tagblatt des Grossen Rates.
[427] AHN Ursina-Chronik 15, S. 57: 1960, Weidmann – Manuskript 2.
[428] Ebenda: 56 und 58.
[429] PBW, S. 3: März 1942, Weidmann – Querschnitt durch 50 Jahre Export.
[430] Ursina, 50 Jahre BAMG: 54 f.
[431] Vergleiche hierzu Grafik 5.
[432] Heer, Nestlé: 124–126.
[433] PBW, S. 26: März 1942, Weidmann – Querschnitt durch 50 Jahre Export. AHN Documentation Historique Crise 1921, Ordner mit Einzelblättern: 1916, Statistique «lait».
[434] PBW, S. 3 f. und 11 f.: März 1942, Weidmann – Querschnitt durch 50 Jahre Export.
[435] Schneider, Mehr als Toblerone: 71 f.
[436] 1926 wurde die leerstehende Fabrik in Neuenegg der Firma Wander AG verkauft (Wander AG, Hundert Jahre: 68).
[437] Heer, Nestlé: 128–133 und 141.
[438] Schneider, Mehr als Toblerone: 72–74.
[439] Lüpold, Krisenreaktionsstrategie: 214 f.
[440] Schneider, Mehr als Toblerone: 73 f. Nussbaum, Suchard: 98.
[441] Diese Diversifikationsphase begann 1928 und endete zu Beginn der 1940er-Jahre.
[442] Heer, Nestlé: 184–186.
[443] Thut, Zwei-Mann-Labor: 62 und 65. Edlin, Philipp Suchard: 75.
[444] Heer, Nestlé: 179–183.
[445] Schneider, Mehr als Toblerone: 74 f.
[446] Heer, Nestlé: 179–183. Lüpold, Krisenreaktionsstrategie: 211–216 und 229.
[447] Während die Schweiz 1913 noch ein Drittel des weltweiten Kondensmilchexports bewerkstelligte, waren es 1935 noch 2 Prozent (Vergleiche die Statistik zur Entwicklung des weltweiten Kondensmilchexports im Anhang).
[448] Nestlé,This is your company: 52 f.
[449] Berger, Schweizer Trunk: 54. Schneider, Mehr als Toblerone: 75 f.
[450] Schneider, Mehr als Toblerone: 76.
[451] Heer, Nestlé: 213 f.
[452] Edlin, Philipp Suchard: 76.
[453] Lüpold, Krisenreaktionsstrategie: 217–220 und 229.
[454] Schwarz, Macht durch Nahrung: 20–23.
[455] Heer, Nestlé: 223 f.
[456] Nestlé umging die Handelsblockaden während der Weltwirtschaftskrise, indem das Unternehmen in den Absatzländern selbst Produktionsanlagen erstellte.
[457] Durch die Handelsblockaden während der Weltwirtschaftskrise und die hohen Milchpreise in der Schweiz war der Export zunehmend von staatlichen Subventionen abhängig. Während dem Zweiten Weltkrieg wurden die Tochtergesellschaften der Ursina der Kriegswirtschaft der einzelnen Länder unterstellt.
[458] PBW, S. 13 f.: März 1942, Weidmann – Querschnitt durch 50 Jahre Export.
[459] AHN Ursina-Chronik 15, S. 18: 1945, Weidmann – Manuskript 1.
[460] PBW, S. 13 f.: März 1942, Weidmann – Querschnitt durch 50 Jahre Export.

[461] Cameron, Weltwirtschaft 2: 229 f. und 253.
[462] Matis/Stiefel, Weltwirtschaft: 143.
[463] Ebenda: 148 f.
[464] Cameron, Weltwirtschaft 2: 234 f. und 239 f.
[465] Nach der Sterling-Krise 1957 begann der Finanzplatz London seine internationalen Operationen vom Pfund auf den Dollar umzustellen. Diese Umstellung führte zu einer Liberalisierung der internationalen Finanzmärkte (Michie, Aufstieg der City of London als Finanzplatz: 35).
[466] Die Gründung der EWG im Jahre 1957 hatte politische und wirtschaftliche Wurzeln. Einerseits wollte man den europäischen Binnenmarkt vergrössern und damit ein Gegengewicht zum Markt der Vereinigten Staaten herstellen, andererseits sollten durch das gemeinsame Wirtschaftsprojekt kriegerische Auseinandersetzungen in Europa verhindert und das im Zweiten Weltkrieg verlorengegangene Gewicht Europas in der Weltpolitik und der Weltwirtschaft zurückgewonnen werden, da die militärische und politische Macht nicht zuletzt auf wirtschaftlicher Stärke beruhte. Angesichts der zunehmenden Dominanz der USA wurde sich Europa bewusst, dass man nur gemeinsam das Weltgeschehen aktiv beeinflussen konnte. Während sechs europäische Staaten (darunter die BRD und Frankreich) zur EWG zusammenschlossen, sprachen sich Grossbritannien, die skandinavischen Länder, Österreich, Portugal und die Schweiz gegen eine solche Wirtschaftszusammenarbeit aus und gründeten stattdessen die European Free Trade Association (Cameron, Weltwirtschaft 2: 261–265).
[467] Matis/Stiefel, Weltwirtschaft: 154 f.
[468] Cameron, Weltwirtschaft 2: 239 f.
[469] Tilly, Globalisierung: 35.
[470] Cameron, Weltwirtschaft 2: 239–242.
[471] Pfister, 1950er-Syndrom: 72–74.
[472] Polster, Wandlungen der Lebensweise: 223–226.
[473] Polster/Voy, Eigenheim und Automobil: 294. Pfister, 1950er-Syndrom: 26 f. und 65–75.
[474] Berghoff, Unternehmensgeschichte: 353 f.
[475] Brändli, Supermarkt im Kopf: 53.
[476] Pfister, 1950er-Syndrom: 26.
[477] Bernegger, Schweiz und Weltwirtschaft: 449–453.
[478] Der Bund verpflichtete sich dazu, die inländische Agrarproduktion zu festgesetzten Preisen abzukaufen. Die Preise richteten sich dabei an den Produktionskosten und den Einkommen in den anderen Sektoren (Popp, Agrarrevolution: 49).
[479] Ebenda: 46–50.
[480] Baumann/Moser, Bauern im Industriestaat: 360 f. und 385.
[481] Baumann/Moser, Bauern im Industriestaat: 385. Popp, Agrarrevolution: 63 ff.
[482] Vergleiche Grafik 6 und Statistik im Anhang.
[483] AHN Ursina-Chronik 6-1.12, S. 3: 27.2.1964, Jahresbericht der BAMG 1963.
[484] 1959 beliefen sich die Erträge von Stalden auf 742 000 sFr. in den Philippinen, 650 000 sFr. in Thailand, 140 000 sFr. in Malaysia und 156 000 sFr. in Südvietnam. Dazu lieferte die holländische Tochterfirma grosse Mengen an gezuckerter Kondensmilch nach Thailand, welche insgesamt einen Ertrag von 883 000 holländischen Gulden einbrachte (AHN Ursina-Chronik 10-60/2, S. 3: 9.6.1960, Bericht über filled und reconstituted Milk).
[485] Die Fabriken in Holland wurden nach dem Zweiten Weltkrieg stark ausgebaut und produzierten hauptsächlich Butter und Dosenmilch zum Export nach Südostasien (AHN Ursina-Chronik 15, S. 164–172: 1960, Weidmann – Manuskript 2).
[486] AHN Ursina-Chronik 4-1.6, S. 49: 1968, Analysen der Konzernumsätze. AHN Ursina-Chronik 15, S. 72: 1960, Weidmann – Manuskript 2.
[487] AHN Ursina-Chronik 6-1.12, S. 4: 3.3.1952, Jahresbericht der BAMG 1951.
[488] AHN Ursina-Chronik 6-1.12, S. 3 f.: 16.2.1955, Jahresbericht der BAMG 1954.
[489] AHN Ursina-Chronik 6-1.12, S. 3: 6.4.1961, Jahhresbericht der BAMG 1960.
[490] Die Alpura AG war 1951 zur Verwertung des UP-Verfahrens als neue Tochtergesellschaft gegründet worden (AHN Ursina-Chronik 15, S. 70: 1960, Weidmann – Manuskript 2).
[491] Dank dem UP-Verfahren konnte Wander die Qualität der «Ovomaltine» wesentlich verbessern (Wander AG, Hundert Jahre: 50).
[492] AHN VRA-Protokoll der Ursina AG, 4.12.1950.
[493] AHN VRA-Protokoll der Ursina AG, 18.6.1952.
[494] AHN Ursina-Chronik 9-1/13.12, S. 1: 16.9.1952, Beziehungen zwischen Nestlé und Ursina.
[495] AHN Ursina-Chronik 10-60/3, S. 1: 29.1.1955, Vertrag zwischen Ursina und Tetra-Pak.
[496] AHN Ursina-Chronik 10-60/3, S. 1: 22.11.1955, Vertrag zwischen Ursina und Tetra-Pak.

[497] Die Gewinne der Alpura bewegten sich in den 1950er-Jahren zwischen 1075 und 12 487 sFr., einzig im Jahre 1956 fielen diese mit 20 371 sFr. höher aus (AHN Ursina-Chronik 6-1.12, [Var.]: 1950–1971, Geschäftsberichte der Alpura).

[498] AHN VR-Protokoll der Ursina AG, 26.2.1958.

[499] AHN Ursina-Chronik 6-1.12, [Var.]: 1950–1971, Geschäftsberichte der Alpura.

[500] AHN Ursina-Chronik 15, S. 61: 1960, Weidmann – Manuskript 2.

[501] AHN Ursina-Chronik 13-70/3, S. 3: 5. März 1970, Informationen über den Zustand der Tochtergesellschaften der Ursina.

[502] Vergleiche Grafik 6.

[503] AHN Ursina-Chronik 15, S. 86 f.: 1960, Weidmann – Manuskript 2.

[504] Wildt, Konsumgesellschaft: 97–101.

[505] AHN Ursina-Chronik 11-67/4, S. 3: 1967, Studie über den Stand und die Entwicklung des Unternehmensverbandes der AAA.

[506] AHN Ursina-Chronik 15, S. 102: 1960, Weidmann – Manuskript 2.

[507] Ebenda: 60 f.

[508] AHN Ursina-Chronik 13-70/3, S. 2: 5.5.1970, Informationen über den Zustand der Tochtergesellschaften der Ursina.

[509] AHN Ursina-Chronik 4-1.6, S. 2 und 50: 31.12.1968, Analysen der Konzernumsätze.

[510] Vergleiche Statistik im Anhang.

[511] Der Buchwert der Produktionsanlagen in Rumilly, Biessenhofen und Holland stieg zwischen zwischen 1943 und 1958 deutlich an, während dieser in Stalden sogar fiel (AHN Ursina-Chronik 15, S. 21 f.: 1945, Weidmann – Manuskript 1. AHN Ursina-Chronik 15, S. 30 f.: 1960, Weidmann – Manuskript 2).

[512] AHN Ursina-Chronik 15, S. 2 f. und 79: 1960, Weidmann – Manuskript 2.

[513] Ursina, 75 Jahre Ursina: S. 31.

[514] AHN VRA-Protokoll der Ursina AG, 4.7.1945.

[515] AHN VRA-Protokoll der Ursina AG, 26.6.1946.

[516] AHN Ursina-Chronik 15, S. 3–5 und 13 f.: 1960, Weidmann – Manuskript 2.

[517] Ursina, 75 Jahre Ursina: S. 28.

[518] Hans Pfyffer von Altishofen sass von 1892–1952 im Verwaltungsrat des Unternehmens und war zudem von 1919–1952 Präsident des Unternehmens (AHN Ursina-Chronik 1-1.1, Deckblatt: 1905–1971, Geschäftsberichte der BAMG/Ursina). Neben seinem Amt bei der BAMG war er auch Präsident der Luzerner Kantonalbank (welche zu den befreundeten Banken der BAMG gehörte), des Grand-Hotel National in Luzern sowie der Ritz-Gesellschaft in Paris (Ammann, Ritz-Ruchti-Pfyffer-Reinhard: 7).

[519] Die Familie Muheim stammte aus der Oberschicht des Kantons Uri (Ursina, 50 Jahre BAMG: S. 83). Emmanuel Muheim war von 1892–1922 Direktor. Nach seinem Tod trat Hans Muheim 1922 in die Berneralpen Milchgesellschaft ein und wurde sein Nachfolger. Hans Muheim war danach von 1936–1950 im Verwaltungsrat des Unternehmens (AHN Ursina-Chronik 1-1.1, Deckblatt: 1905–1971, Geschäftsberichte der BAMG/Ursina).

[520] Georges Marcuard sass von 1892–1927 im Verwaltungsrat der Berneralpen Milchgesellschaft. Nahtlos trat nach seinem Rücktritt Roger Marcuard von 1928–1947 an seine Stelle, nachdem dieser bereits während der Präsidentschaft seines Vaters von 1911–1918 in diesem Gremium vertreten war (AHN Ursina-Chronik 1-1.1, Deckblatt: 1905–1971, Geschäftsberichte der BAMG/Ursina).

[521] Marcuard gab die Präsidentschaft 1918 wieder ab, wohl nicht zuletzt weil die Bank Marquard vom Ersten Weltkrieg schwer getroffen worden war und 1919 schliesslich von der Schweizerischen Kreditanstalt übernommen wurde (Marcuard, Période bernoise: 15).

[522] AHN VRA-Protokoll der Ursina AG, 31.10.1952.

[523] AHN Ursina-Chronik 15, S. 8: 1960, Weidmann – Manuskript 2.

[524] 1912 trat Castella als junger Exportkaufmann in die BAMG ein. Zwischen 1921und 1940 war er Präsident der Tochtergesellschaft in Rumilly, zwischen 1952 und 1963 Präsident der Ursina (AHN Ursina-Chronik 16-2/3, S. 11 f.: [o.J.], In Memoriam – Louis de Castella).

[525] AHN Ursina-Chronik 15, S. 26: 1960, Weidmann – Manuskript 2.

[526] AHN VRA-Protokoll der Ursina AG, 4.11.1958.

[527] AHN VRA-Protokoll der Ursina AG, 28.10.1955.

[528] AHN VRA-Protokoll der Ursina AG, 1.10.1959.

[529] Die französische Tochtergesellschaft sah sich in ihrer Entwicklung gehemmt, da sie nicht wisse, was Ursina eigentlich wolle (AHN VRA-Protokoll der Ursina AG, 16.1.1969).

[530] Vergleiche AHN Ursina-Chronik 1-1.1, S. 8: 9.3.1961, Geschäftsbericht Ursina 1960.

[531] Bei dieser Beurteilung fand ebenfalls die geographische Lage von Australien im Falle eines neuen Krieges Berücksichtigung (AHN Ursina-Chronik 15, S. 181–185: 1960, Weidmann – Manuskript 2).

[532] AHN Ursina-Chronik 15, S. 181–185: 1960, Weidmann – Manuskript 2.
[533] AHN Ursina-Chronik 10-59/3, S. 1–4: 27.5.1959, Bericht über Tongala Milk Products.
[534] AHN VRA-Protokoll der Ursina AG, 24.2.1959.
[535] AHN Ursina-Chronik 10-60/4, S.1: 2.11.1960, Aktennotiz über eine Besprechung mit Nestlé.
[536] Ursina, 75 Jahre Ursina: S. 41.
[537] Ebenda: S. 38.
[538] AHN VRA-Protokoll der Ursina AG, 4.11.1958.
[539] AHN VRA-Protokoll der Ursina AG, 10.6.1953.
[540] 1941 wurde das Gentlemen's Agreement mit Nestlé aus dem Jahre 1931 verlängert. Der neue Vertrag war auf die Dauer des Zweiten Weltkrieges beschränkt (AHN Ursina-Chronik 9-1/13.12, S. 2: 31.12.1941, Gentlemen's Agreement).
[541] AHN Ursina-Chronik 9-1/13.12, S. 1: 16.7.1947, Vertrag zwischen Nestlé und Ursina.
[542] AHN VRA-Protokoll der Ursina AG, 31.11.1952.
[543] AHN VRA-Protokoll der Ursina AG, 10.6.1953.
[544] AHN VRA-Protokoll der Ursina AG, 22.6.1954.
[545] AHN VR-Protokoll der Ursina AG, 20.2.1957.
[546] AHN VR-Protokoll der Ursina AG, 7.5.1958.
[547] AHN VRA-Protokoll der Ursina AG, 29.9.1960.
[548] AHN Ursina-Chronik 1.1, S. 10: 4.2.1966, Geschäftsbericht Ursina 1965.
[549] AHN VRA-Protokolle der Ursina AG, 1953–1963.
[550] AHN Ursina-Chronik 1.1, S. 8: 12.4.1961, Geschäftsbericht Ursina 1960.
[551] Das Umsatzwachstum der AAA in Deutschland stieg von 14,7% im Jahre 1949 auf 59,1% im Jahre 1954 an und flaute danach kontinuierlich wieder auf 19,1% im Jahre 1959 ab (AHN VR-Protokoll der Ursina AG, 4.4.1960).
[552] Pfister, 1950er-Syndrom: 69.
[553] Schindelbeck, Illustrierte deutsche Konsumgeschichte: 45. Polster, Wandlungen der Lebensweise: 223–226.
[554] Pfister, 1950er-Syndrom: 74.
[555] AHN Ursina-Chronik 12-69/1, S. 1–18: 9.10.1968, Die AAA heute und die Planung für morgen.
[556] Ebenda: 41.
[557] Tanner, Fabrikmahlzeit: 448 und 452.
[558] Pfister, 1950er-Syndrom: 402.
[559] AHN VRA-Protokoll der Ursina AG, 30.6.1959.
[560] Berghoff, Unternehmensgeschichte: 353 f.
[561] Welskopp, unmöglicher Konzern: 32–36.
[562] AHN Ursina-Chronik 1-1.1, S. 22: 3.5.1967, Geschäftsbericht Ursina 1966.
[563] Seit 1906 beruhte der Erfolg der Berneralpen Milchgesellschaft auf den Milchexporten nach Südostasien, den Milchpulverlieferungen an die exportorientierten Schweizer Schokoladeunternehmen sowie in geringerem Masse auf den Exportlieferungen von Guigoz-Produkten nach Frankreich.
[564] Dabei handelte es sich um sogenannte «filled und reconstituted Milk», bei welcher Magermilchpulver und Pflanzenfett miteinander gemischt und eingedickt werden. Diese Art von Kondensmilch konnte aufgrund des billigen Magermilchpulvers aus den USA, Australien und Neuseeland sehr günstig hergestellt werden (AHN Ursina-Chronik 10-60/2, S. 1: 9.6.1960, Bericht über filled und reconstituted Milk).
[565] Ebenda: 1–4.
[566] AHN Ursina-Chronik 10-66/3, S. 1: 16.6.1966, Projekt Südvietnam.
[567] AHN Ursina-Chronik 10-62/2, S. 1 f.: 9.4.1962, Bericht über die Zustände in Südvietnam.
[568] AHN Ursina-Chronik 10-66/3, S. 2–6: 16.6.1966, Projekt Südvietnam.
[569] 1969 war von einer Verteuerung des Vietnam-Projektes auf 6 Millionen sFr. die Rede, 1970 wurden insgesamt 1,3 Millionen sFr. in das Unternehmen in Saigon investiert (AHN VR-Protokolle der Ursina AG, 12.12.1969 und 23.3.1970).
[570] AHN VR-Protokoll der Ursina AG, 20.12.1966.
[571] Ebenda.
[572] AHN VR-Protokoll der Ursina AG, 13.9.1967.
[573] AHN VR-Protokoll der Ursina AG, 30.11.1967.
[574] AHN Ursina-Chronik 6-1.12, S. 5: 10.3.1970, Jahresbericht der BAMG 1969.
[575] AHN Ursina-Chronik 6-1.12, S. 4: 11.3.1971, Jahresbericht der BAMG 1970.
[576] AHN Ursina-Chronik 14-71/1.1, S. 1: 12.1.1971, Pressekonferenz.
[577] AHN Ursina-Chronik 1-1.1, S. 6: 4.2.1966, Geschäftsbericht Ursina 1965.

578 AHN Ursina-Chronik 6-1.12, S. 5: 22.2.1966, Jahresberichte der BAMG 1965.
579 AHN Ursina-Chronik 6-1.12, S. 6: 26.2.1968, Jahresberichte der BAMG 1967.
580 Chuat, Stratégies de développement: 61 f.
581 AHN Ursina-Chronik 6-1.12, S. 5: 25.2.1969, Jahresberichte der BAMG 1968.
582 SWA H+I Ba 281, S.13: 23.4.1969, Geschäftsbericht Tobler 1968.
583 SWA H+I Ba 200, S. 6: 7.3.1968, Geschäftsbericht Suchard SA 1967.
584 AHN Ursina-Chronik 6-1.12, S. 5: 25.2.1969, Jahresberichte der BAMG 1968.
585 Ebenda: 4.
586 AHN Ursina-Chronik 13-70/3, S. 1 und 4: 5.4.1970, Informationen über den Zustand der Tochtergesellschaften der Ursina.
587 AHN Ursina-Chronik 6-1.12, S. 4 f.: 10.3.1970, Jahresberichte der BAMG 1969.
588 Aufgrund der zunehmenden Risiken auf dem Milchmarkt stiegen die Abschreibungen der Ursina AG stark an. Aufgrund der Abschreibungen ist anzunehmen, dass sich die Unternehmensleitung bereits um 1960 der Problematik einer einseitigen Ausrichtung des Unternehmens auf den Milchmarkt bewusst geworden war. Konkret erwähnt wurde sie aber erstmals 1964, als die Milch zunehmend zum Politikum wurde (AHN VRA-Protokoll der Ursina AG, 26.6.1964).
589 Cailler, Suchard, Tobler, Lindt & Sprüngli sowie Villars deckten 80% des schweizerischen Schokoladebedarfs (AHN Ursina-Chronik 10-59/2.7, S. 13: 28.9.1959, Überlegungen zur Übernahme von Villars).
590 Ebenda: 1–13.
591 AHN VRA-Protokoll der Ursina AG, 24.2.1959.
592 AHN VRA-Protokoll der Ursina AG, 23.11.1960.
593 AHN VRA-Protokoll der Ursina AG, 4.11.1961.
594 AHN VR-Protokoll der Ursina AG, 12.4.1962.
595 AHN VR-Protokoll der Ursina AG, 1.5.1963.
596 AHN Ursina-Chronik 11-68/4.2, S. 7: 19.7.1967, Konflikt zwischen Chocolat Villars und Ursina.
597 AHN VR-Protokoll der Ursina AG, 30.11.1967.
598 Disch stellt unter anderem die heute noch bekannten Sport-Mint-Bonbons her.
599 AHN VRA-Protokoll der Ursina AG, 17.7.1961.
600 Albert Pictet war Banquier der Bank Pictet & Cie. in Genf und sass von 1934–1965 im Verwaltungsrat der Ursina und war zwischen 1964–1965 für kurze Zeit Präsident des Unternehmens (AHN Ursina-Chronik 1-1.1, Deckblatt: 1905–1971, Geschäftsberichte der BAMG/Ursina).
601 AHN VRA-Protokoll der Ursina AG, 26.6.1964.
602 AHN Ursina-Chronik 11-67/4, S. 7: August 1967, Studie über den Stand und die Entwicklung des Unternehmensverbandes der Allgäuer Alpenmilch AG.
603 AHN Ursina-Chronik 1-1.1, S. 4–6: 18.2.1968, Geschäftsbericht Ursina 1967.
604 AHN Ursina-Chronik 11-68/1.1, S. 1: 1.5.1968, Projekt Caracol.
605 AHN Ursina-Chronik 14-71/15, S. 1: 1971, Beziehungen der Ursina mit Evian.
606 AHN VRA-Protokoll der Ursina AG, 23.9.1965.
607 AHN Ursina-Chronik 11-68/3.1, S. 7–10: September 1967, Situation Kindernahrungsmittel. AHN VR-Protokoll der Ursina AG, 9.7.1968.
608 AHN VR-Protokoll der Ursina AG, 16.4.1969.
609 AHN Ursina-Chronik 11-67/3.1, S. 1: 7.11.1967, Besprechung zwischen Suchard und Ursina.
610 AHN Ursina-Chronik 11-67/3.3, S. 2: 30.11.1967, Besprechung zwischen Suchard und Ursina.
611 AHN Ursina-Chronik 11-68/1.1, S. 2–7: 1.5.1968, Projekt Caracol.
612 Ebenda: 7.
613 Ebenda: 9.
614 Ebenda: 2 f.
615 Ebenda: 1.
616 Ebenda: 3.
617 AHN VR-Protokoll der Ursina AG, 4.4.1960.
618 Ursina erzielte 85% seines Umsatzes mit Milch- und Milchprodukten. Es war symptomatisch für das Unternehmen, dass mit einer einzigen Marke – der «Bärenmarke» – 30% des gesamten Umsatzes erzielt wurden (AHN Ursina-Chronik 12-69/3.3, S. 4: 4.3.1969, Fusion zwischen Ursina und Interfranck).
619 AHN Ursina-Chronik 12-69/3.7, Einzelblatt: 5./6.7.1969, Holliger, Carl: Die Mitgift ist gezählt. Aus: ZW-Sonntags-Journal (Nr. 27).
620 AHN VR-Protokoll der Ursina AG, 17.10.1969.
621 AHN Ursina-Chronik 12-69/3.3, S. 5: 4.3.1969, Fusion zwischen Ursina und Interfranck.
622 Heer, Nestlé: 346–348.

[623] Bei der Fusion der beiden Unternehmen konnten die Interfranck-Aktien im Verhältnis 1:1 gegen Ursina-Aktien getauscht werden, wobei das Umtauschangebot bis zum 12. Januar 1970 befristet war (AHN Ursina-Chronik 12-69/3.10, S. 1 f.: 12.12.1969, Fusion zwischen Ursina und Interfranck).

[624] AHN Ursina-Chronik 12-69/3.7, Einzelblatt: 5./6.7.1969, Holliger, Carl: Die Mitgift ist gezählt. Aus: ZW-Sonntags-Journal (Nr. 27). AHN Ursina-Chronik 1-1.1, S. 4: 19.4.1971, Geschäftsbericht Ursina 1970.

[625] AHN Ursina-Chronik 3-1.5, ohne Seitenzahl: 31.12.1970, Konsolidierte Bilanzen.

[626] Heer, Nestlé: 350.

[627] AHN Ursina-Chronik 13-70/1, S. 52: 25.5.1970 , McKinsey Zwischenbericht #3.

[628] Heer, Nestlé: 350.

[629] AHN Ursina-Chronik 13-70/7, S. 1 f.: 16.9.1970, Projekt Dyna. AHN Ursina-Chronik 13-70/7, S. 1: 4.11.1970, Projekt Dyna.

[630] Heer, Nestlé: 336.

[631] Ursina, 75 Jahre Ursina: 25.

[632] AHN Ursina-Chronik 3-1.5, ohne Seitenzahl: 1968, Konsolidierte Bilanzen.

[633] AHN VRA-Protokoll der Ursina AG, 16.1.1969.

[634] AHN Ursina-Chronik 13-70/1.1, S. 2 f.: Februar 1970, Mc Kinsey-Bericht.

[635] Ebenda: Exhibit 8.

[636] AHN Ursina-Chronik 13-70/1.3, S. 48: 25.5.1970, Mc Kinsey-Bericht.

[637] AHN Ursina-Chronik 13-70/1.1, Exhibit 10 und 12: Februar 1970, Mc Kinsey-Bericht.

[638] AHN Ursina-Chronik 13-70/1.3, S. 48 und 52: 25.5.1970, Mc Kinsey-Bericht. Ursina, 75 Jahre Ursina: 40.

[639] AHN Ursina-Chronik 13-70/1.1, Exhibit 24 f.: Februar 1970, Mc Kinsey-Bericht.

[640] AHN VR-Protokoll der Ursina AG, 11.1.1971.

[641] Abt, Hansjörg. Nestlé im Doppelsprung an die Weltspitze. In: Neue Zürcher Zeitung, 17.1.1971: 17.

[642] Gugelmann war Präsident der Swissair, der Gugelmann & Cie. in Langenthal sowie der Elektrizitätswerke Wynau, sowie Verwaltungsratsmitglied bei der Schweizerischen Bankgesellschaft und Bally (AHN Ursina-Chronik 15, S.7: 1967, Salomon – 50 ans de Lait Mont-Blanc). Er gehörte von 1964–1970 dem Verwaltungsrat der Ursina an und war von 1966–1969 deren Präsident (AHN Ursina-Chronik 1-1.1, Deckblatt: 1905–1971, Geschäftsberichte der BAMG/Ursina).

[643] Schwarzenbach stand zwischen 1963 und 1971 im Verwaltungsrat der Ursina und von 1970–1971 als Präsident an der Sitze des Unternehmens (AHN Ursina-Chronik 1-1.1, Deckblatt: 1905–1971, Geschäftsberichte der BAMG/Ursina).

[644] Sulzer stand im Verwaltungsrat der Firma Sulzer in Winterthur und der Schweizerischen Kreditanstalt (AHN Ursina-Chronik 15, S. 7: 1967, Salomon – 50 ans de Lait Mont-Blanc). 1958 wurde er bei Ursina zum Delegierten im Verwaltungsrat gewählt und blieb bis 1971 in diesem Amt (AHN Ursina-Chronik 1-1.1, Deckblatt: 1905–1971, Geschäftsberichte der BAMG/Ursina).

[645] Die erste Begegnung, welche in unmittelbarem Zusammenhang mit der Fusion der beiden Unternehmen stand.

[646] Faktisch war es aber eine Absorption der Ursina-Franck durch Nestlé.

[647] AHN VR-Protokoll der Ursina AG, 11.1.1971.

[648] Abt, Nestlé im Doppelsprung an die Weltspitze. In: Neue Zürcher Zeitung: 17.

[649] AHN VR-Protokoll der Ursina AG, 11.1.1971.

[650] AHN Ursina-Chronik 14-71/1.1, S. 1: 12.1.1971, Pressekonferenz.

[651] Abt, Nestlé im Doppelsprung an die Weltspitze. In: Neue Zürcher Zeitung: 17.

[652] AHN Ursina-Chronik 14-71/1.3, S. 1: 19.1.1971, Pressekonferenz.

[653] AHN Ursina-Chronik 14-71/4.1, Einzelblatt: 1.2.1971, Interpellationen an den Regierungsrat des Kantons Bern.

[654] AHN Ursina-Chronik 14-71/4.4, S. 2 f.: 14.4.1971, Interpellationen an den Regierungsrat des Kantons Bern.

[655] Schwarz, Konzentrationsbewegungen. In: Der Bund: 11.

[656] AHN Ursina-Chronik 14-71/5, S. 1: 4.2.1971, Zeitungsausschnitte.

[657] SWA H+I Ba 232, S. 2: 6.4.1971, Orientierung von Schwarzenbach an die Aktionäre.

[658] Die Ursina-Franck wäre auch bei einer Ablehnung der Fusion nicht untergegangen (AHN Ursina-Chronik 14-71/8.4, S. 37: 5.5.1971, Protokoll GV Fusion mit Nestlé).

[659] SWA H+I Ba 232, S. 3: 6.4.1971, Orientierung von Schwarzenbach an die Aktionäre.

[660] Ebenda: 3 f.

[661] Ebenda: 4.

[662] Ebenda: 4–6.

663 AHN Ursina-Chronik 14-71/4, Einzelblatt: 27.4.1971, An die Aktionäre der Ursina-Franck. Aus: NZZ vom 27.4.71.

664 AHN Ursina-Chronik 14-71/8.4, S. 17: 5.5.1951, Protokoll GV Fusion mit Nestlé.

665 Ebenda: 19.

666 Ebenda: 47.

667 AHN Ursina-Chronik 14-71/11.2, S. 9: 28.8.1971, Einspruch der FUSAG. Heer, Nestlé:

668 AHN Ursina-Chronik 14-71/11.2, S. 1–2: 16.8.1972, Einspruch der FUSAG.

669 Nestlé, Jubiläumsschrift: 12.

670 Edlin, Philippe Suchard: 76.

671 Schneider, Mehr als Toblerone: 77 f.

672 70% des Umsatzes erzielte Suchard 1969 im Schokoladegeschäft (SWA H+I Ba 290, S. 8: 4.4.1970, Jahresbericht Suchard 1969).

673 Chuat, Stratégies de développement: 136.

674 Thut, Zwei-Mann-Labor: 66–69.

675 SWA H+I Ba 930, S. 9: 26.3.1965, Geschäftsbericht Wander 1964.

676 Thut, Zwei-Mann-Labor: 75 f. SWA H+I Ba 930, S. 4: 22.3.1968, Geschäftsbericht Wander 1967.

677 Chuat, Stratégies de développement: 61.

678 AVN Suchard 4391, S. 566: 10.9.1968, VR-Protokoll.

679 Auf dem Schweizer Inlandmarkt führte die Konkurrenz der Supermärkte (Migros, Coop) aufgrund der veränderten Einkaufsgewohnheiten zu schwindenden Margen (SWA H+I Ba 281, S. 7: 6.5.1971, Geschäftsbericht Tobler 1970).

680 Edlin, Philipp Suchard: 77–82.

681 Heer, Nestlé: 274–277. Schwarz, Nestlé: 23 f.

682 Schwarz, Nestlé: 14 und 23 f.

683 Die Milch- und Schokoladeindustrie zehrte also von ihren Errungenschaften aus der Blütezeit um die Jahrhundertwende, als innerhalb kürzester Zeit mit der Bärenmarke (1892), der Milka-Schokolade (1901), der Ovomaltine (1904) und der Toblerone (1908) sehr starke Marken entwickelt wurden, welche bis heute überdauerten.

684 Aus diesem Grund stiess die neue Führung der Ursina-Franck, bestehend aus externen Managern, bei den traditionsbewussten Aktionärskreisen mit ihren Fusionsvorhaben mit Nestlé auf grossen Widerstand.

685 Der weitgehende Freihandel und die neuen Transportmöglichkeiten (Eisenbahn) ermöglichten eine exportorientierte Milch- und Schokoladeindustrie in der Schweiz.

686 Nach Gerhard Mensch wären die Krisen der Agrarwirtschaft, wie zum Beispiel die Krise der Kornwirtschaft mit der Öffnung der Agrarmärkte oder die Käseexportkrise der Ausgangspunkt für die Entstehung der Schweizer Milch- und Schokoladeindustrie.

687 Diese Erkenntnisse führten zu einem neuen Körper- und Gesundheitsbewusstsein, welches ein verändertes Ernährungsverhalten hervorrief und zu Basisinnovationen (Schumpeter) wie Nestlé-Kindermehl, der Kondensmilch oder der sterilisierten Milch anregten.

688 Die Argumente der Haltbarkeit und Sicherheit vor Krankheitserregern beziehen sich auf die Milchindustrie.

689 Bei der Ursina erfuhr vor allem die Kondensmilch «Bärenmarke» einen enormen Wachstumsschub, aufgrund der Arbeit von Schneider dürften sich bei Tobler mit der «Toblerone» ähnliche Prozesse abgespielt haben. Bei Wander und Suchard ist dieser Sachverhalt anzunehmen, wobei hier kein gesicherter Forschungsstand besteht.

690 Bei der Ursina wurden in der «Ära Castella» (1953–1963) praktisch keine neuen, erfolgversprechenden Produkte entwickelt und das UP-Verfahren wurde zu wenig forciert.

691 Anstelle von nährreichen Produkten wie der «Bärenmarke» mit 10% Fettgehalt oder der Schokolade waren durch die zunehmende Gefahr der Überernährung und das neue Schlankheitsideal leichtere Produkte gefragt. Noch heute kämpft die Schweizer Schokoladeindustrie gegen das Argument, dass Schokolade dick mache (Chocosuisse. Chocologie – Geschichte und Gegenwart der Schweizer Schokoladeindustrie. Bern, 2001: 47).

692 Dies bedeutet nicht, dass die «Bärenmarke» oder die «Toblerone» gänzlich vom Markt verschwanden (auch heute noch werden diese Produkte in grossen Mengen verkauft), sondern dass ihre Gewinnspannen sanken.

Bibliographie

Ungedruckte Quellen

Archives historiques Nestlé (AHN), Vevey

AHN Documentation Historique: Crise 1921.
AHN Etikettenbuch Band 1 – Nunspeet.
AHN Forschung Löliger, Willy: Forschung und Entwicklung der Ursina AG, 1892–1971.
AHN Nestlé SA: Historischer Rückblick 1866–1991. Vevey 1991.
AHN Publicité groupe Nestlé parues dans les journeaux.
AHN Protokolle der ordentlichen und ausserordentlichen Generalversammlungen der Aktionäre der Berneralpen Milchgesellschaft 1892–1899.
AHN Ursina-Chronik 1-1.1 Verwaltungsratsberichte und Geschäftsberichte der Ursina beziehungsweise der Berneralpen Milchgesellschaft, 1905–1971.
AHN Ursina Chronik 2-1.3 Verwaltungsratsprotokolle und Protokolle des Auschusses des Verwaltungsrates, 1950–1971.
AHN Ursina-Chronik 3-1.5 Konsolidierte Bilanzen, 1957 und 1961–1970.
AHN Ursina-Chronik 4-1.6 Analysen der Konzernumsätze, 1964–1969.
AHN Ursina-Chronik 4-1.7 Höchst- und Tiefstkurse der Ursina-Aktien.
AHN Ursina-Chronik 5-1.10 Präsidialadressen an die Generalversammlung, 1929–1970.
AHN Ursina-Chronik 6-1.12 Jahresberichte der Berneralpen Milchgesellschaft Stalden, Emmental, 1944–1970 und Geschäftsberichte der Alpura, 1951–1971.
AHN Ursina-Chronik 9-1/13.7 Vertrag zwischen Ursina und Wilts United Dairies Limited, 1937.
AHN Ursina-Chronik 9-1/13.12 Beziehungen zwischen Nestlé und Ursina, 1931–1952.
AHN Ursina-Chronik 10-59/2 Verträge zwischen Chocolat Villars und Ursina, 1932.
AHN Ursina-Chronik 10-59/3 Bericht über Tongala Milk Products, 1959.
AHN Ursina-Chronik 10-60/2 Bericht über filled und reconstituted Milk, 1960.
AHN Ursina-Chronik 10-60/3 Vertrag zwischen Ursina und Tetra-Pak Lund, 1955.
AHN Ursina-Chronik 10-62/2 Bericht über die Zustände in Südvietnam, 1962.
AHN Ursina-Chronik 10-65/1 Empfehlungen für die Nachkriegszeit, 1944.
AHN Ursina-Chronik 10-66/3 Projekt Südvietnam, 1966.
AHN Ursina-Chronik 11-67/3 Besprechung zwischen Suchard und Ursina, 1967.
AHN Ursina-Chronik 11-67/4 Studie über den Stand und die Entwicklung des Unternehmensverbandes der Allgäuer Alpenmilch AG, 1967.
AHN Ursina-Chronik 11-68/1 Projekt Caracol, 1968.
AHN Ursina-Chronik 11-68/2 Unternehmensbewertungen von Ursina und Interfranck, 1968.
AHN Ursina-Chronik 11-68/3 Projekt Alpha, 1968.
AHN Ursina-Chronik 11-68/4 Konflikt zwischen Chocolat Villars und Ursina, 1968.
AHN Ursina-Chronik 12-69/1 Die AAA heute und die Planung für morgen, 1968.
AHN Ursina-Chronik 12-69/3 Fusion zwischen Ursina und Interfranck, 1969.
AHN Ursina-Chronik 13-70/1 McKinsey-Bericht, 1970.
AHN Ursina-Chronik 13-70/3 Information über den Zustand der Tochtergesellschaften der Ursina, 1970.
AHN Ursina-Chronik 13-70/7 Projekt Dyna, 1970.
AHN Ursina-Chronik 14-71/1 Pressekonferenz, 1971.
AHN Ursina-Chronik 14-71/4 Einsprachen durch Aktionäre und den Kanton Bern, 1971.
AHN Ursina-Chronik 14-71/5 Zeitungsausschnitte, 1971.
AHN Ursina-Chronik 14-71/8 Fusion zwischen Ursina und Nestlé, 1971.
AHN Ursina-Chronik 14-71/11 Einspruch der FUSAG, 1971.
AHN Ursina Chronik 14-71/15 Beziehungen zwischen Ursina und Evian, 1971.
AHN Ursina-Chronik 15 Salomon, Robert: 50 ans de Lait Mont-Blanc 1917–1967. Paris 1967.
AHN Ursina-Chronik 15: Weidmann, Edwin: Die Ursina AG und ihre Tochtergesellschaften. Band 1. Manuskript. Bern 1945.
AHN Ursina-Chronik 15: Weidmann, Edwin: Die Ursina AG und ihre Tochtergesellschaften. Band 2. Manuskript. Bern 1960.
AHN Ursina-Chronik 16-2/3 In Memoriam – Todesanzeigen leitender Personen der Ursina AG.
AHN Ursina Protokolle des Verwaltungsratsausschusses 1926–1949.

Archives de la Ville de Neuchâtel (AVN), Neuenburg

AVN Suchard 1861 Création Milka.

AVN Suchard 4389 Conseil 1930–1952.
AVN Suchard 4629 Situation 1926–1930.
AVN Suchard 4630 Rapports de la direction Générale 1930–1931.
AVN Suchard 4391 Conseil III 1966–1971.

Archiv des Museums zum «Alten Bären», Konolfingen

MAB Arbeiterordnung der Berneralpen Milchgesellschaft von 1893.
MAB Hofer, Barbara: Die Grosse Transformation. Geschichtsreferat am Sekundarlehramt der Universität Bern, 2002.
MAB Nestlé SA: Jubiläumsschrift 1892–1992. 100 Jahre Nestlé Fabrik Berneralpen Milchgesellschaft Konolfingen. Konolfingen 1992.
MAB Preisliste Stalden Conserven und Milchprodukte 1938/39.
MAB Register und Empfangsbescheinigungen über Arbeitslöhne 1896–1899.
MAB Werbetafeln.

Burgerbibliothek, Bern

BBB GA Oek.Ges. 14/15 Protokolle der OeG Juli 1890–Februar 1892.

Fabrik Nestlé, Konolfingen

FNK Herkunftsorte von Früchten und Gemüse der Konservenfabrik 1947/48.
FNK Milchen der Berneralpen Milchgesellschaft im Jahre 1913.
FNK Statistik Fabrik Konolfingen, 1917–1957.
FNK Umsätze Schweiz und Export, 1952–1963.
FNK Wareneingang in die Konservenfabrik, 1946.
FNK Wareneingang in die Konservenfabrik, 1950.

Privatbesitz Fritz Rüegsegger, Konolfingen

PBR Lohnstatistik vom 28. Februar 1905 bis 31. März 1908.

Privatbesitz Peter Weidmann, Bern

PBW Weidmann, Edwin: Querschnitt durch 50 Jahre Export der Berneralpen Milchgesellschaft Stalden, Emmenthal. Bern 1942.

Schweizerisches Wirtschaftsarchiv (SWA), Basel

SWA H+I Ba 232 Ursina-Franck AG
SWA H+I Ba 281 Chocolat Tobler
SWA H+I Ba 290 Chocolat Suchard SA
SWA H+I Ba 930 Wander AG

Staatsarchiv, Bern

St.A.B.LS XIII 5 Tagblatt des Grossen Rates 1950.

Gedruckte Quellen

Berneralpen Milchgesellschaft: Sterilisierte Alpenmilch der Berneralpen Milchgesellschaft. Stalden [o.J.].
Chocosuisse: Chocologie – Geschichte und Gegenwart der Schweizer Schokoladeindustrie. Bern 2001.
Nestlé: This is your company. Vevey 1946.
Ritz, Marie-Louise: Cäsar Ritz. Bern 1938.
Ursina AG: 50 Jahre Berneralpen Milchgesellschaft – Ab 1926 Ursina AG. Konolfingen 1942.
Ursina AG: 75 Jahre Ursina. Bern 1967.
Von Mandach, Conrad: Oberstdivisionär Jean von Wattenwyl 1850–1922. Bern 1923.
Von Wattenwyl, Jean: Aufruf zur Bildung von Viehzucht-Genossenschaften im Kanton Bern und Entwurf-Statuten für solche. Bern 1889.
Wander AG: Hundert Jahre Forschen und Wirken 1865–1965. Bern 1965.
Wander AG: Entwicklung und Struktur der Wander-Gruppe. Bern 1970.

Zeitungsartikel

Abt, Hansjörg: Nestlé im Doppelsprung an die Weltspitze. In: Neue Zürcher Zeitung (Nr. 25), 17. Januar 1971: 17–18.
Schwarz, Theodor: Konzentrationsbewegungen in der bernischen Wirtschaft. In: Der Bund (Nr.100), 2. Mai 1971: 11.

Fachliteratur

Ammann, Fred: Cäsar Ritz, Eduard Ruchti, Alphons Pfyffer, Familie Reinhard, 2x Familie Hammer. In: Genealogische Kartei dynastischer Hoteliers- und Gastwirte-Familien (Folgeheft Nr. 10). Biel 1998.
Bathelt, Harald/Glückler, Johannes: Wirtschaftsgeographie. Stuttgart 2002.
Baumann, Werner/Moser Peter: Bauern im Industriestaat. Agrarpolitische Konzeptionen und bäuerliche Bewegungen in der Schweiz 1918–1968. Zürich 1999.
Berghoff, Hartmut: Zwischen Kleinstadt und Weltmarkt – Hohner und die Harmonika 1857–1961. Unternehmensgeschichte als Gesellschaftsgeschichte. Paderborn 1997.
Berghoff, Hartmut: Moderne Unternehmensgeschichte. Paderborn 2004.
Berger, Myriam: Ein Schweizer Trunk gegen die Leiden der Zeit – Die Werbeversprechen der Ovomaltine von 1904 bis zum Zweiten Weltkrieg. In: Di Falco, Daniel/Bär, Peter/Pfister, Christian (Hrsg.): Bilder vom besseren Leben – Wie Werbung Geschichte erzählt. Bern 2002: 40–55.
Bergier, Jean-François: Wirtschaftsgeschichte der Schweiz. Von den Anfängen bis zur Gegenwart. 2. Auflage. Zürich 1990.
Bergier, Jean-François: Die Schweiz, der Nationalsozialismus und der Zweite Weltkrieg: Schlussbericht/ Unabhängige Expertenkommission Schweiz–Zweiter Weltkrieg. Zürich 2002.
Bernegger, Michael: Die Schweiz und die Weltwirtschaft: Etappen der Integration im 19. und 20. Jahrhundert. In: Bairoch, Paul/Körner, Martin (Hrsg.): Die Schweiz in der Weltwirtschaft. Zürich 1990: 429–465.
Brändli, Sibylle: Der Supermarkt im Kopf. Konsumkultur und Wohlstand in der Schweiz nach 1945. Wien. Köln. Weimar 2000.
Brodbeck, Beat: Ein agrarpolitisches Experiment. Entstehung, Zweck und Ziele der Schweizerischen Käseunion und einer neuen Milchmarktordnung 1914–1922. Lizentiatsarbeit an der Universität Bern. Bern 2003.
Bohnenblust, Emil: Konolfingen: Standort einer Milchkonservenfabrik. In: Bärner Brattig (Nr. 2). Gstaad 2001: 30–32.
Cameron, Rondo: Geschichte der Weltwirtschaft. Band 1. Vom Paläolithikum bis zur Industrialisierung. Stuttgart 1991.
Cameron, Rondo: Geschichte der Weltwirtschaft. Band 2. Von der Industrialisierung bis zur Gegenwart. Stuttgart 1992.
Chastonay, Adalbert: Cäsar Ritz – Leben und Werk. Niederwald 1994.
Chiapparino, Francesco: Das Land der Schokolade. Die Schweizer Schokoladenindustrie im internationalen Kontext des 19. und 20. Jahrhunderts. In: Leimgruber, Yvonne/Feuz, Patrick/ Rossfeld, Roman/Tobler, Andreas (Hrsg.): Chocolat Tobler – Zur Geschichte der Schokolade und einer Berner Firma. Bern 2001: 46–55.
Chuat, Isabelle: Suchard 1960–1980 Stratégies de développement: Diversification et Alliances. Lizentiatsarbeit an der Universität Neuenburg. Neuenburg 2003.
Edlin, Christa: Philipp Suchard 1797–1884 – Schokoladefabrikant und Sozialpionier. Schweizer Pioniere der Wirtschaft und Technik (Heft Nr. 56). Glarus 1992.
Egli, Hans-Rudolf/Messerli, Paul: Der Staat Bern – Vom grössten Stadtstaat nördlich der Alpen zum Teil des Espace Mittelland. In: Geographische Rundschau (Heft Nr. 9, Jg. 55). Braunschweig 2003: 12–19.
Fischer, Manuel: Kondensmilch. Vom Kindernährmittel zum vielseitigen Halbfabrikat der Nahrungsmittelindustrie, 1866–1900. In: Gilomen, Hans-Jörg/Jaun, Rudolf/Müller, Margrit/Veyrassat, Béatrice (Hrsg.): Innovationen – Voraussetzungen und Folgen, Antriebskräfte und Wiederstände. Zürich 2001: 279–303.
Freeman, Christopher/Louçã, Francisco: As time goes by. From the Industrial Revolutions to the Information Revolution. Oxford 2002.
Frey, Walter: Das Janusgesicht der Agrarmodernisierung: Der Verlust der sozialen Tragfähigkeit. Der demographische, ökonomische und soziale Transformationsprozess des bernischen Amtsbezirks Konolfingen zwischen 1760 und 1880. Dissertation an der Universität Bern. Bern 1991.

Fritzsche, Bruno/Frey, Thomas/Rey, Urs/Romer, Sandra: Historischer Strukturatlas der Schweiz – Die Entstehung der modernen Schweiz. Baden 2001.
Heer, Jean: Nestlé – Hundertfünfundzwanzig Jahre von 1866 bis 1991. Vevey 1991.
Hofer, Hermann: Der Zusammenschluss in der schweiz. Milchwirtschaft. Dissertation an der Universität Bern. Weinfelden 1923.
Holenstein, André: Artikel «Bauern – Frühe Zeit». In: Stiftung Historisches Lexikon der Schweiz (Hrsg.): Historisches Lexikon der Schweiz (Band 2). Basel 2003: 77–79.
Jordan, Samuel: Chocolats Villars S.A. (1901–1954). Le parcours d'une entreprise atypique. Fribourg 2001.
Jütte, Robert: Geschichte der Alternativen Medizin – Von der Volksmedizin zu den unkonventionellen Therapien von heute. München 1996.
Kämpfen, Werner: Ein Leben für den Gast. Brig 1991.
Kästli, Paul: Milchkunde und Milchhygiene. 1. Teil: Wesen und Eigenschaften der Milch. Bern 1972.
Kästli, Paul: Milchkunde und Milchhygiene. 2. Teil: Milchfehler. Bern 1974.
Kellner, Joachim/Kurth, Ulrich/Lippert, Werner: 50 Jahre Werbung in Deutschland – 1945–1995. Düsseldorf 1995.
König, Wolfgang: Geschichte der Konsumgesellschaft. Stuttgart 2000.
Leimgruber, Yvonne/Feuz, Patrick/Rossfeld, Roman/Tobler, Andreas (Hrsg.): Chocolat Tobler – Zur Geschichte der Schokolade und einer Berner Firma. Bern 2001.
Leimgruber, Yvonne: Arbeit in der Chocolat Tobler. Ein Abbild der gesellschaftlichen Geschlechterverhältnisse. In: Leimgruber, Yvonne/Feuz, Patrick/Rossfeld, Roman/Tobler, Andreas (Hrsg.): Chocolat Tobler – Zur Geschichte der Schokolade und einer Berner Firma. Bern 2001: 110–121.
Lüpold, Martin: Globalisierung als Krisenreaktionsstrategie. Dezentralisierung bei Nestlé 1920–1950. In: Gilomen, Hans-Jörg/Müller, Margrit/Veyrassat, Béatrice (Hrsg.): Globalisierung – Chancen und Risiken. Die Schweiz in der Weltwirtschaft 18.–20. Jahrhundert. Zürich 2003 : 211–234.
Maillard, Maryline: Guigoz – Les débuts d'une entreprise innovatrice dans l'industrie laitière (1908–1937). Fribourg 2002.
Mankiw, Gregory: Grundzüge der Volkswirtschaftslehre. Stuttgart 1999.
Marcuard, Bernard: Période bernoise. 1745–1982: livre de famille. Muri BE 1983.
Matis, Herbert/Stiefel, Dieter: Die Weltwirtschaft – Struktur und Entwicklung im 20. Jahrhundert. Wien 1991.
Mauler, Françis: Le chocolat Suchard 1826–1926. Neuenburg 1926.
Mensch, Gerhard: Das technologische Patt – Innovationen überwinden die Depression. Frankfurt 1975.
Mesmer, Beatrix: Die Verwissenschaftlichung des Alltags – Anweisungen zur richtigen Umgang mit dem Körper in der schweizerischen Populärpresse 1850–1900. Zürich 1997.
Michie, Ranald: Der Aufstieg der City of London als Finanzplatz. In: Merki, Christoph Maria (Hrsg.): Europas Finanzzentren. Geschichte und Bedeutung im 20. Jahrhundert. Frankfurt 2005: 23–52.
Nussbaum, Claire-Aline: Suchard – emergence d'une multinationale 1880–1930. Lizenziatsarbeit an der Universität Neuenburg. Neuenburg 2000.
Pfiffner, Albert: Henri Nestlé (1814–1890) – Vom Frankfurter Apothekergehilfen zum Schweizer Pionierunternehmer. Zürich 1993.
Pfister, Christian: Im Strom der Modernisierung – Bevölkerung, Wirtschaft und Umwelt im Kanton Bern 1700–1914. Bern 1995.
Pfister, Christian: «Das 1950er-Syndrom». In: Pfister, Christian (Hrsg.): Das 1950er-Syndrom. Der Weg in die Konsumgesellschaft. Bern 1996: 21–95.
Pfister, Christian: Käsereien 1813–1989. In: Egli, Hans-Rudolf/Pfister, Christian (Hrsg.): Historisch-Statistischer Atlas des Kantons Bern 1750–1995. Umwelt – Bevölkerung – Wirtschaft – Politik. Bern 1998: 128–129.
Pierenkemper, Toni: Unternehmensgeschichte. Stuttgart 2000.
Pohl, Hans: Aufbruch der Weltwirtschaft. Geschichte der Weltwirtschaft von der Mitte des 19. Jahrhunderts bis zum Ersten Weltkrieg. Stuttgart 1989.
Polster, Werner: Wandlungen der Lebensweise im Spiegel der Konsumentwicklung – Vom Dienstleistungskonsum zum demokratischen Warenkonsum. In: Polster, Werner/Voy, Klaus/Thomasberger, Claus (Hrsg.): Gesellschaftliche Transformationsprozesse und materielle Lebensweise. Beiträge zur Wirtschafts- und Gesellschaftsgeschichte der Bundesrepublik Deutschland (1949–1989). Band 2. Marburg 1993: 193–262.
Polster, Werner/Voy, Klaus: Eigenheim und Automobil – Die Zentren der Lebensweise. In: Wandlungen der Lebensweise im Spiegel der Konsumentwicklung – Vom Dienstleistungskonsum zum demokratischen Warenkonsum. In: Polster, Werner/Voy, Klaus/Thomasberger, Claus (Hrsg.): Gesellschaftliche

Transformationsprozesse und materielle Lebensweise. Beiträge zur Wirtschafts- und Gesellschaftsgeschichte der Bundesrepublik Deutschland (1949–1989). Band 2. Marburg 1993: 263–320.
Popp, Hans: Das Jahrhundert der Agrarrevolution. Schweizer Landwirtschaft und Agrarpolitik im 20. Jahrhundert. Bern 2000.
Risch, Paul/Stocker, Paul: Einkommenslage und Wirtschaftsstruktur des Kantons Bern. Wachstumspolitische Lageanalyse und Skizze eines Förderprogramms. Bern 1968.
Rossfeld, Roman: Milka, Milch und Matterhorn. Die Geschichte der schweizerischen Schokoladeindustrie und ihres Marketings von 1880–1920 dargestellt am Beispiel von Suchard. Lizentiatsarbeit. Zürich 2000.
Rossfeld, Roman: Die Innovation der Milchschokolade und der Aufstieg der schweizerischen Schokoladeindustrie, 1880–1920. In: Gilomen, Hans-Jörg/Jaun, Rudolf/Müller, Margrit/Veyrassat, Béatrice (Hrsg.): Innovationen – Voraussetzungen und Folgen, Antriebskräfte und Widerstände. Zürich 2001: 121–149.
Schärli, Arthur: Höhepunkt des Schweizerischen Tourismus in der Zeit der «Belle Epoque» unter besonderer Berücksichtigung des Berner Oberlandes. Zürich 1984.
Schätzl, Ludwig: Wirtschaftsgeographie 1. Theorie. Parderborn 2001.
Schmocker, Hans: Konolfingen: Texte und Bilder über die bernische Gemeinde. Konolfingen 1983.
Schneider, Urs: Mehr als Toblerone – Die wechselhafte Geschichte der Chocolat Tobler. In: Leimgruber, Yvonne/Feuz, Patrick/Rossfeld, Roman/Tobler, Andreas (Hrsg.): Chocolat Tobler – Zur Geschichte der Schokolade und einer Berner Firma. Bern 2001: 69–81.
Schindelbeck, Dirk: Marken, Moden und Kampagnen. Illustrierte deutsche Konsumgeschichte. Darmstadt 2003.
Schwarz, Friedhelm: Nestlé – Macht durch Nahrung. Stuttgart. München 2000.
Steiner, Hermann: 100 Jahre Nestlé – Zur Geschichte der ersten europäischen Kondensmilchfabrik in Cham. Zug 1968.
Tanner, Jakob: Fabrikmahlzeit – Ernährungswissenschaft, Industriearbeit und Volksernährung in der Schweiz 1890–1950. Zürich 1999.
Thut, Walter: Vom Zwei-Mann-Labor zum Weltkonzern: Georg Wander (1841–1897), Albert Wander (1841–1950), Georg Wander (1898–1969). Schweizer Pioniere der Wirtschaft und Technik (Heft Nr. 79). Näfels 2005.
Tilly, Richard: Globalisierung aus historischer Sicht und das Lernen aus der Geschichte. Köln 1999.
Welskopp, Thomas: «Ein unmöglicher Konzern»? Die Migros als Gegenstand der modernen Unternehmensgeschichte. In: Girschik, Katja/Ritschl, Albrecht/Welskopp, Thomas (Hrsg.): Der Migros-Kosmos. Zur Geschichte eines aussergewöhnlichen Schweizer Unternehmens. Baden 2003: 12–40.
Went, Robert: Ein Gespenst geht um... Globalisierung! Eine Analyse. Zürich 1997.
Widmer, Thomas: Die Schweiz in der Wachstumskrise der 1880er-Jahre. Zürich 1992.
Wildt, Michael: Am Beginn der Konsumgesellschaft. Mangelerfahrung, Lebenshaltung, Wohlstandshoffnung in Westdeutschland in den fünfziger Jahren. Hamburg 1994.
Zürcher, Christoph: Artikel «Berneralpen Milchgesellschaft». In: Stiftung Historisches Lexikon der Schweiz (Hrsg.): Historisches Lexikon der Schweiz (Band 2). Basel 2003: 296–297.

REGISTER

Umschlagrückseite

Bild aus einer Werbebroschüre für die «Bärenmarke»-Milch um die Jahrhundertwende. (Fabrik Nestlé, Konolfingen). Die «Bärenmarke»-Werbung verbreitete das Bild der Schweiz als Milchland mit der qualitativ besten Milch in der ganzen Welt: Die Blumen symbolisieren die würzigen Kräuter in den Alpen, welche der Schweizer Milch ihren unverwechselbar guten Geschmack geben.